Die Grenzen für Leben und Überleben setzen Physik, Chemie, Information, Geist

SIEGBERT GORBACH

Die Grenzen
für
Leben und Überleben
setzen
Physik, Chemie, Information,
Geist

Bibliografische Information der Deutschen Nationalbibliothek:
Die Deutsche Nationalbibliothek verzeichnet diese Publikation in der
Deutschen Nationalbibliografie; detaillierte bibliografische Daten sind im
Internet über dnb.dnb.de abrufbar.

Satz, Umschlaggestaltung, Herstellung und Verlag: BoD – Books on Demand,
Norderstedt
ISBN: 978-3-7562-9993-5

Inhalt

1 Vorwort

Das Buch ist kein Fachbuch, in dem Fakten nach wissenschaftlichen Kriterien beschrieben und Ergebnisse nachprüfbar veröffentlicht werden. Vielmehr ist es ein Sachbuch, in dem versucht wird, die allgemein zugänglichen Erkenntnisse und die in einem langen Leben gesammelten Erfahrungen so zu präsentieren, dass der Leser im Rahmen des Themas auch ohne Spezialwissen die für uns existenziellen materiellen aber auch geisteswissenschaftlichen Zusammenhänge erkennen kann. Zusammenhänge, die nicht nur für die Entstehung von menschlichem Leben, seiner geistigen Entwicklung, sondern auch für das Überleben des Menschen unabdingbar waren und sind. Obwohl wir selbst und alles um uns herum letztendlich der Domäne der Chemie angehören, ohne die kein Leben möglich ist, wird die Chemie in breiten Bevölkerungsschichten als menschengemachte lebensfeindliche geheime Kunst oder schlicht als giftig empfunden. Im sogenannten Gleichgewicht mit der Natur – voll bio – überlebte nur eine kleine Schar von Jägern und Sammlern die vielen Eis- und Warmzeiten. Unsere heutige Lebensentität lässt sich nicht einfach in bio und nicht bio aufteilen oder z.B. die Klimaneutralität aller Einflussgrößen erzwingen. Es wird uns nicht gelingen, geologische und klimatische Veränderungen auf unserem Globus auch nur für 1000 Jahre anzuhalten, sozusagen einzufrieren. Er, der Globus, ändert sich unaufhaltsam, wie schon seit Millionen Jahren, und unter menschlichem Einfluss beschleunigt. Die Giga-Menschenzahl, die sich in den letzten zehntausend Jahren entwickelte, hat keine Chance, die künftigen Jahrtausende zu überleben, wenn sie nicht alle naturwissenschaftlich möglichen Techniken geistreich und exzessiv nutzt, um das naturgegebene Auf und Ab zu überleben. Anderenfalls steht der Menschheit schon sehr bald eine chaotische Endzeit bevor.

Beabsichtigt ist darzulegen, dass die Bewältigung dieser gewaltigen real zu erbringenden Leistungen nicht auf Geglaubtes, Gewünschtes, Metaphysisches, sondern unnachgiebig konsequent auf naturwissenschaftlich gesicherte Fakten gegründet werden muss. Technologisch sind wir in der Lage, diese spezielle Herausforderung zu meistern. Aber der dafür nötige globale

Paradigmenwechsel wird nur dann gelingen, wenn der Mensch als Einheit agiert, sich wirklich sozialisiert, zum »homo socialis« mutiert, wie es schon der Quantenphysiker Erwin Schrödinger aufzeigte.

Es gibt einen Vorläufer zu diesem Buch (s. Siegbert Gorbach (2007)). Einige Textpassagen wurden daraus wörtlich übernommen.

Für die tatkräftige Hilfe bei der Abfassung des Textes danke ich Eva Ludwig.

Das Buch ist meiner Frau Marianne gewidmet, die mich über 65 Jahre begleitet hat und der ich sehr viel verdanke.

2 Begriffe, Einheiten

Im Titel des Buches werden vier Begriffe genannt, die beschreiben, was Leben ist.

Die Evolution schenkte dem Menschen die Fähigkeit zu erkennen, welche Grundvoraussetzungen für das gegeben sein müssen, was wir Leben nennen. Neben der Fähigkeit, darüber überhaupt nachzudenken, musste der Mensch physisch derart beschaffen sein, das Gedachte zu formulieren, es auszusprechen und das gesprochene Wort so zu speichern, dass es stets unverfälscht wiedergegeben werden kann.

Der Evangelist Johannes (s.a. Kapitel 18) brachte es bereits auf den Punkt. Er schrieb: »Im Anfang war der Logos«. Und weiter: »Der Logos ist Gott«. Luther übersetzte Logos mit »Wort«, und nach einigen Zeilen wird in Vers 14 des Evangeliums kundgetan: »Und das Wort ist Fleisch geworden und hat unter uns gewohnt«. Ohne die physische Fertigkeit, uns zu artikulieren, hätten wir wahrscheinlich nie gelernt, Begriffe zu formulieren. Und wie wahr – auch wenn die Theologen das Johannes-Evangelium so nicht ausgelegt wissen wollen. Die Menschheit lernte, viele Begriffe wortreich zu beschreiben: Liebe, Geist, Bewusstsein, Freiheit, Vaterland, Gerechtigkeit, Glaube, Materialismus, Idealismus, Humanismus, Krieg, Frieden usw. Die Beschreibungen der Begriffe, ihr Wandel im Lauf der Zeit, ihr »Für und Wider« füllen Bibliotheken. Ein Blick in eine Enzyklopädie (z.B. Wikipedia) eröffnet jedem das weite Feld der unterschiedlichen Definitionen.

Wir sind auf Begriffe angewiesen, um uns zu verständigen. Begriffe sollten eindeutig sein, um Interpretationsstreit zu vermeiden. Unterschiedlichen Kulturen, Zivilisationsebenen, Bildungsgraden, Sprachbarrieren und anderen Gegebenheiten geschuldet, ist Eindeutigkeit nur schwer zu erreichen. Weitgehende Eindeutigkeit gibt es bisher für Begriffe der Mathematik, der Naturwissenschaften und ihrer technischen Anwendung. Dafür waren langwierige Konferenzen zum einheitlichen Sprachgebrauch, zu Symbolen und Einigungen auf Bezugseinheiten nötig. Ein zentraler Begriff ist Eigenschaft. Er wird im Folgenden häufig gebraucht. Eigenschaften der unbelebten und belebten Materie sind es, die uns das Leben ermöglichen. Hier ein leicht nachvollziehbares Beispiel: Ohne die Eigenschaft von Kohlenstoff, vornehmlich im Temperaturbereich von etwa $-20°$ bis $200°$ Celsius mit Wasserstoff, Sauerstoff und einigen anderen Elementen eine gewaltige Anzahl unterschiedlicher Moleküle zu bilden, wäre unsere Form von »Leben« nicht entstanden. Zu diskutieren, warum der Kohlenstoff diese Eigenschaften hat und wer sie ihm verlieh, ist interessant, aber zunächst unbedeutend im täglichen Ablauf der Biochemie der Lebewesen.

Schon der Titel dieses Buches besagt, dass für die nachfolgenden Beschreibungen vor allem naturwissenschaftliche Begriffe, insbesondere aus der Physik, der Chemie und der Informatik benötigt werden. Der Begriff Energie hat für den Menschen in seiner jüngsten Geschichte eine besondere Bedeutung gewonnen. Es ist daher unvermeidlich, schon eingangs dieses interessante aber etwas trockene Thema näher zu behandeln. Es wird versucht, diese die Leselust vernichtende Barriere niedrig zu halten. Die Physik kennt 7 Basisgrößen und man hat sich international auf einheitliche Symbole und Einheiten geeinigt.

SI-Einheiten (Système International d'unités):

Größe	Symbol	SI-Einheit	SI-Symbol
Länge	L	Meter	m
Masse	M	Kilogramm	kg
Zeit	T	Sekunde	s
E-Stromstärke	I	Ampere	A
Temperatur	Θ	Kelvin	K
Stoffmenge	K	Mol	mol
Lichtstärke	J	Candela	cd

Eine Maßeinheit für den Informationsgehalt ist das »Bit«. Es ist der Informationsgehalt, der in zwei gleich wahrscheinlichen Möglichkeiten, die zur Auswahl stehen, enthalten ist. Das Bit ist keine SI-Einheit.

Auf der Grundlage der SI-Basisgrößen ist die Definition der davon abgeleiteten Begriffe z.b. in der klassischen Physik – die des Isaac Newton – wie Geschwindigkeit, Kraft, Energie (Arbeit), Leistung und andere widerspruchsfrei.

Die Kraft, die benötigt wird, um die Masse von einem Kilogramm (kg) gradlinig um 1 Meter (m) je Sekunde (s) zu beschleunigen, ist 1 Newton (N) = $1 kg * 1\ m/s^2$) Die dafür erforderliche Energie – Arbeit wird geleistet – ist 1 Joule = $1\ N^*m = 1\ kg^*m\ ^2/s^2$. Die erreichte Geschwindigkeit 1m/s bliebe erhalten, wenn von keiner Seite Krafteinwirkungen erfolgen. Auf der Erdoberfläche herrscht an jedem Ort nicht nur die etwas unterschiedliche Gravitationskraft, die jeden freifallenden Körper kontinuierlich beschleunigt, sondern auch atmosphärische und andere Kräfte aus unterschiedlichen Richtungen im Raum (Vektoren), die jeden kinetischen Prozess beschleunigen oder auch bremsen können. Ihre physikalische Beschreibung ist nicht trivial und ist das Arbeitsfeld der Kinematik. Solange die Gravitationskraft wirkt, erfolgt eine zunehmende Beschleunigung der Geschwindigkeit und auch eine Zunahme der kinetischen Energie. Springt man vom Dreimeterbrett ins Wasser, beschleunigt die Gravitation die Geschwindigkeit auf 25kmh, gleichgültig ob man 60 oder 100 Kilogramm Gewicht auf die Waage bringt, allerdings ist die Wucht des Aufpralls sehr unterschiedlich.

Die Leistung ist der Zeitraum, der für Arbeit benötigt wird. Die SI-Einheit ist das Watt (W) und die Energiemenge Joule (J), die dafür pro Sekunde (s) abgerufen wird, ist W = J/s = kg*m^2/s^3.

Die Energiemenge Joule (J) und die Leistung Watt (W) sind wesentliche Begriffe, die im Folgenden sehr häufig genannt werden. Sowohl die Wärmeenergie als auch die Energie der elektromagnetischen Strahlung (z.B. Sonnenlicht), die chemisch gebundene Energie, die Atomenergie und andere umfasst die SI-Einheit Joule.

Die im Haushalt benötigte Energie ist im Alltagssprachgebrauch der Verbrauch von Strom. Das Wort Verbrauch ist hier irreführend. Energie kann weder erzeugt noch vernichtet werden (s.a. Kapitel 5). Der Betrag an Joule ist vor und nach getaner Arbeit derselbe. Geändert hat sich der Energiezustand, sein Potenzial, z.B. die Temperatur. Die SI-Einheit der Temperatur K (Kelvin) wurde als Einflussgröße bisher noch nicht genannt. Ihr Nullpunkt liegt bei −273° Celsius und ist nach oben offen. Für uns ist die Temperatur neben der Schwerkraft ein im Alltag sehr bewusst empfundenes Phänomen. Alles um uns herum, ob fest, flüssig oder gasförmig, hat eine Temperatur, die wir als eisig, kalt, angenehm, warm, heiß, brennend heiß oder vernichtend beschreiben. Jedenfalls handelt es sich hier um ein überaus dominantes Phänomen des Lebens und unseres Wohlbefindens. Die physikalische Beschreibung der Natur der Temperatur war und ist nicht trivial und ist z.B. unter dem Namen Thermodynamik für viele Studierende ein ungeliebtes Studienfach.

Das Phänomen Temperatur kann am Beispiel der Mischung von kaltem und warmem Wasser veranschaulicht werden. Wassermoleküle (H$_2$O) bewegen sich in flüssigem Wasser. Je schneller sie sich pro Sekunde bewegen, umso höher ist ihre Bewegungsenergie und umso wärmer ist das Wasser. Stoßen schnellere auf langsamere Wassermoleküle, z.B. nach Mischen mit kaltem Wasser, verlieren die schnelleren solange Bewegungsenergie an die langsameren (Arbeit wird geleistet), bis alle Moleküle dieselbe Bewegungsenergie erreicht haben. Das Wasser ist danach etwas kälter als die ursprünglich wärmere Portion und etwas wärmer als die ursprünglich kältere Portion. Energie floss von warm nach kalt, ihr Gesamtbetrag bleibt unverändert.

Der Prozess ist irreversibel, d.h. er ist nicht umkehrbar. Der alte Traum der Menschheit, diesen Prozess trickreich reversibel zu machen, blieb und bleibt unerfüllt.

Die Wärmemengen in den Ausgangsportionen verbleiben als Anteile vollständig in der Mischung. Was sich verändert hat, sind die Temperaturen. Bildlich gesprochen hat sich die Unordnung, das Energiepotenzial der herumzappelnden Wassermoleküle in der wärmeren Portion als Anteil in der Mischung verringert und in der kälteren erhöht. Die Änderung der Energiequalität wird als Entropieänderung bezeichnet, d.h. die Entropie des warmen Wassers hat sich erniedrigt und die des kälteren erhöht.

Der Mensch ist eine Komposition sehr vieler organischer wohlorganisierter Zellen, die spezifische Aufgaben erfüllen, also Arbeit leisten, und zwar solange die dafür erforderliche Energie ständig angeliefert wird, um die bestehende Ordnung zu erhalten. Die zugeführte Energiemenge wird nach getaner Arbeit in die Umwelt abgeführt. Die Entropie der Umwelt wird dadurch erhöht. Ist die Entropie der Umwelt zu hoch, kehrt sich der Energiefluss um und erhöht die Entropie der Lebensprozesse, und zwar solange, bis die komplizierte Organisation in der Zelle nicht mehr aufrechterhalten werden kann. (s.a. Kapitel 10). Übersetzt heißt das: Wenn es draußen dauernd mehr als 50 Grad warm ist, schwitzen wir uns zu Tode.

Entropie (S) ist eine Zustandsgröße. Ihre Einheit im SI-System ist S=J/K, (Kelvin). Der energetische Zustand der Materie ist vielfältig. Die Materie besteht aus chemischen Verbindungen, deren Stoffmenge (Anzahl der Moleküle pro Mol) die SI-Einheit Mol hat. Meist liegen Gemische von Verbindungen vor. Stoffumwandlungen sind mit Änderungen des energetischen Zustandes gekoppelt und Änderungen des Aggregatzustandes ebenfalls. Die Änderung (d) des Energiezustandes von einer zu der darauffolgenden chemischen Verbindung wird Enthalpie genannt (dH) und hat die SI-Einheit (Joule/Mol). Sie ist eine bedeutende Zustandsgröße und wird im Folgenden verallgemeinernd als chemische Energie bezeichnet.

Aber auch die unterschiedliche Masse (Kilogramm, kg) der chemischen Verbindungen und Gemische bewirkt z.b. unabhängig von ihrer chemischen Zusammensetzung Gravitationskräfte unterschiedlicher Energie: in SI-Einheit ausgedrückt Joule pro Kilogramm.

Der korrekte Gebrauch der SI-Einheiten ist umgangssprachlich unbequem. Einheiten, die eigentlich nicht mehr gebraucht werden dürften, wie z.b. Kalorie, Pferdestärke, Zoll, Meile, Pound, sind im täglichen Sprachgebrauch so fest verankert, dass ihr Platz im Alltag auch auf Dauer gesichert erscheint. Die Leistungsangabe PS (1 Pferdestärke = 0.74 kWh) war aus der Perspektive des Kutschers sehr anschaulich, aber die Einheit Pferd zu variabel. Die Leistungsangabe in kWh setzt sich langsam durch, aber die Dimension weicht immer noch von der SI-Einheit ab. 1 kWh sind 1000*3600 W*s. Das kWh ist knapper und dennoch präzise formuliert. Im Sprachgebrauch ist die Kalorie fest verankert, und das wird vermutlich so bleiben. Sie, die Kalorie, entspricht der Energiemenge von 4,19 Joule.

Wo nötig, versuchen wir durch bestmögliche technische Maßnahmen die Nutzung und den Abfluss von Energie zu minimieren, d.h. mittels bestmöglicher Isolation uns warm zu halten. Im offenen System bestimmt der Energiefluss die zeitliche Entwicklung des physikalischen Systems. Im obigen Beispiel ist die Energieform thermisch. Andere Energieformen sind die potenzielle Energie, wie z.b. der Stausee, die kinetische Energie wie z.b. der Wind oder der heranrasende Komet, die elektrische Energie wie z.b. der Strom im Haus, aber auch der Blitzschlag, die schon oben erwähnte chemische Energie und nicht zuletzt die Kernenergie.

Die Dimensionen der Einheiten sind in der Praxis oft wenig handlich, denn wenn wir z.B. Elektrizität benötigen, sind das meist nicht nur wenige Watt, sondern 1.000 Watt oder sogar sehr viel mehr. Die Notationen kW, mW usw. sind dann handlicher. Eine Tabelle der Dimensionen und hilfreicher Hinweise für Umrechnungen sind im Anhang zu finden. Übrigens ab Mai 2019 ist das aus Platin bestehende Urkilogramm, dessen Gewicht sich verändert (Standort, Reinigungsschwund), nicht mehr der Standard. Wie schon das Meter und die Sekunde ist auch das Kilogramm inzwischen durch Naturkonstanten eindeutig definiert, was die SI-Einheiten in sich stimmig macht. Das Kilogramm wog am Äquator nämlich schwerer als an den Erdpolen.

3 Zur Sache

Wie schon der Titel dieser Schrift besagt, ist Leben etwas Ganzes, geformt nach den Gesetzen der Physik, der Chemie, der Information und des Geistes. Das ist sicherlich zunächst eine etwas ungewohnte Art, den Begriff Leben zu beschreiben. Alle Lebewesen sind ein wohlgeordnetes Ganzes, bestehend aus chemischen Verbindungen, die den Gesetzen der Physik und Chemie unterworfen sind und die mit einem gewaltigen bordeigenen Informationsnetz und Informationsfluss die belebte Materie bilden. Während die Physik und die Chemie durch Naturkonstanten determiniert sind, gilt das für die Information nur eingeschränkt, aber auch sie gibt es nur zusammen mit einer physischen Entität. Die Beschreibung sowohl der belebten als auch der der unbelebten Natur ist derzeit nur auf der Grundlage dieser Begriffsinhalte möglich. Die Evolution aller Lebewesen wurde seit Anbeginn unter anderem durch den Erwerb von bewusstem Wissen erst ermöglicht. Unterschiedliche Arten mit sehr unterschiedlichen Lebensentwürfen entstanden, die sich den wandelnden Umwelteinflüssen anpassen mussten und immer noch müssen. Aber wie auch immer die belebte Materie sich dabei wandelt, sie konnte und kann den von der Natur gesetzten Rahmen nicht verlassen. In sehr langen Zeiträumen konnte sich aus der gewaltigen Masse der Lebewesen aufgrund ihrer speziellen physischen und psychischen Eigenschaften eine Art entwickeln, die schließlich zum »Homo sapiens« führte. Eine Art, die sich zunehmend so verhält, als gälten die naturgegebenen eingrenzenden Rahmenbedingungen für sie nicht mehr.

Es fehlt in der Literatur und in den Medien keineswegs an ernsthaftem Bemühen, die Menschen auf die bestehenden Rahmenbedingungen hinzuweisen und die Gefahren zu nennen, die Verletzungen der von der Natur gesetzten Grenzen nun einmal verursachen. Aber die Warnungen werden nicht richtig verinnerlicht, verschwinden auch in der täglichen Informationsflut, widersprechen dem Zeitgeist und werden herausgefiltert. Zu hoffen, durch einen weiteren Beitrag den Mangel an Aufmerksamkeit zu beheben, erscheint daher wenig erfolgversprechend. Dennoch sollte die Anzahl informierender Beiträge zu diesem Thema weiter anwachsen, denn die allgemein zugängliche Informationsdichte und Vielfalt wird dadurch erhöht, und die Wahrscheinlichkeit, dass die notwendigen Informationen »rüberkommen«, ebenfalls.

Dass wir den Gesetzen der Physik unterworfen sind, wird jedem spätestens dadurch bewusst, dass er Arbeit leisten muss, um von A nach B zu kommen, einen Kasten Mineralwasser ins dritte Stockwerk zu tragen, im Winter ein warmes Zimmer zu haben usw. Mit der Chemie ist das so eine Sache. Der rote Apfel, wenn er aus kontrolliertem Anbau kommt, ist «bio» und daher gesund und hat mit Chemie nichts gemein. Kommt er aus konventionellem Anbau, ist er nicht »bio«, ist mineralisch gedüngt, pestizidbelastet, kurz gesagt »giftige Chemie«. Chemie ist für den sogenannten informierten Bürger alles, was von der chemischen Industrie in den Verkehr gebracht wird, wie z.B. Haushalts-Chemikalien, Medikamente, Kunststoffe, Kunstdünger, Pflanzenbehandlungs- und Vorratsschutzmittel und vieles mehr. Übrigens: Sieben Milliarden Menschen würden auf unserem Globus ohne die moderne Chemie keine zwei Jahre überleben. Noch vor einhundert Jahren wurden Menschen selbst in dünn besiedelten Landstrichen mit guten landwirtschaftlichen Bedingungen von Hungersnöten geplagt. Die Ernteerträge waren aus heutiger Sicht »bio« und so niedrig, dass sie selbst für die damals geringen Populationsdichten nicht immer ausreichten.

Der Mensch empfindet sich selbst nicht als raffinierte Chemikalienfabrik. Sehr vielen Menschen fehlt jede Kenntnis der komplizierten chemischen Reaktionen wesentlicher biologischer Stoffwechselprozesse. Der Mensch fühlt sich eigentlich nicht als Mitglied der übrigen belebten Natur, vielmehr als ein bedeutendes mit Geist ausgestattetes Lebewesen, das physisch leider wie alle Lebewesen essen, ausscheiden und sich reproduzieren muss, und das gefühlt auch noch ganz ungerechtfertigt stirbt. Aber unausweichlich bestehen wir alle aus einer riesigen Zahl komplizierter chemischer Moleküle, die sich vorübergehend zu einem lebendigen Ganzen zusammenfinden. Allerdings erscheint es befremdlich, den Menschen auf ein Produkt aus Chemie und Physik zu reduzieren und den menschlichen Geist in den Begriff Information einzubetten. Weniger befremdlich hingegen wird der Zusammenhang, wenn die Frage gestellt wird, wie sich derart viele Moleküle zu einem Lebewesen, insbesondere dem Menschen, zusammenfinden können. Hierfür bedarf es offensichtlich schon auf molekularer Ebene eines gewaltigen Informationsaustauschs und eines ebenso gewaltigen fortlaufenden Informationsflusses, ohne den auch Geistiges nicht artikuliert werden könnte.

Informieren muss sich jedes Lebewesen, um leben zu können. Die vornehmlich benötigte Information ist: Wo finde ich Stoffe, die mir die nötige Energie zur Erhaltung meiner Lebensprozesse bereitstellen – ein Prinzip, das die Metapher »Fressen und gefressen werden« kurz und bündig beschreibt. Es folgt ein Bündel notwendiger Informationen zur Erhaltung und Weiterentwicklung der Art. Die primitive Metapher hierfür ist: »Erst das Fressen, dann der Sex.«

Die Erhaltung der Art ist mit einem Optimierungsprozess gekoppelt, der zumeist darin besteht, dass der Stärkste sich weiter vermehren darf. Und weil lebende Materie so verletzlich und unbeständig ist, werden besonders an der Basis der Nahrungskette gewaltige Zahlen (Redundanz) von Einzelobjekten ins Rennen geschickt, jedes ausgestattet mit der gesamten Information, die notwendig ist, um sich selbst zu reproduzieren und die beabsichtigte Art zu erhalten und zu verbessern. Das Prinzip: Einige werden es schaffen. Ein Prinzip, das auch die Artenvielfalt fördert. Sodann bestimmen die jeweils herrschenden klimatischen Bedingungen, aber auch die Hierarchie der Arten in der Nahrungskette, welche Arten unter den gerade gegebenen Umweltbedingungen leben können. Das hört sich extrem vereinfacht an, aber ist eine geeignete Grundlage, um ein halbwegs realistisches Existenzszenario für alle Lebewesen zu entwerfen.

Und, wiederum stark vereinfacht, hat sich der Mensch an die Spitze nicht nur der Nahrungskette emporentwickelt. Seine vor allem intellektuelle Dominanz hat ihm sehr viel Macht über die belebte Umwelt gegeben. Selbst die unbelebte Umwelt bleibt vor dem Eingriff des Menschen nicht verschont, und zwar in einem Maße, dass die Erdoberfläche geordnete Strukturen aufweist, die es auf unbelebten Himmelskörpern so nicht gibt. Nur die vorgegebenen chemischen und physikalischen Grenzen und die von ihrer Mächtigkeit her nicht beeinflussbaren Ereignisse wie z.B. tektonische (Vulkanismus und Erdbeben), atmosphärische und astronomische Einflüsse sind dem menschlichen Zugriff noch weitgehend enthoben.

Die menschliche Dominanz und der Zugriff auf zahlreiche unterschiedliche Energiequellen bringen die Menschheit »selbst« in Gefahr. So z.B. erlauben moderne Landwirtschaft, Hygiene und Medizin Populationsdichten aufzubauen, die schon bei geringsten Störungen des Systems zum Kollaps der Art führen könnten. Das Gebot »Mehret euch und macht euch die Erde untertan«, strikt befolgt, führt derzeit zwangsläufig zu Übervölkerung, zwingt zu progressivem Verbrauch unserer begrenzten Ressourcen. Das Gebot, das noch vor wenigen Jahrhunderten den Völkern half, nicht auszusterben, sich wehrhaft durchzusetzen, wird bei der jetzt erreichten Populationsdichte zum Problem. Dennoch halten nicht nur die Religionen an diesem speziellen Gebot fest (s.a. Kapitel 18).

Obwohl also eine Fülle naturwissenschaftlicher Informationen darüber, wie alles entstand, in Büchern, Hörsälen, Medien und im Internet angeboten wird, bleiben selbst in entwickelten Ländern breite Bevölkerungsschichten diesbezüglich uninteressiert und sträflich uninformiert. Es herrscht eine eigenartige Gemengelage in den Köpfen der Menschen bezüglich des Wissens realer Fakten und geglaubter Fakten, die mangels besseren Wissens galten und immer noch gelten. Jacques Monod schrieb in den 50er-Jahren des letzten Jahrhunderts: »Der Alte Bund zwischen Gott und dem Menschen ist zerbrochen. Der Mensch weiß endlich, dass er in der teilnahmslosen Unermesslichkeit des Universums allein ist, aus dem er zufällig hervortrat.«

Der Satz ist nicht tröstlich, und die meisten Menschen können sich dieser Aussage aus überlieferter Tradition und aufgrund archaisch einprogrammierter Denkmuster nicht anschließen. Aber die naturwissenschaftlichen Fakten lassen keine andere Schlussfolgerung zu. Monod fordert die Menschheit auf, ihr Denkmuster nicht von transzendenten und obsoleten Denkmustern abhängig zu machen, sondern es auf Basis von naturwissenschaftlich gesichertem Wissen vernunftbetont zu gestalten.

Dem Menschen ist entwicklungsgeschichtlich der Glaube an Übermächtiges, Metaphysisches, ja Unrealistisches, dem man schicksalhaft ausgeliefert ist, einprogrammiert. Auf dieser Basis mussten sich die Völker organisieren, und entsprechend waren ihre Weltanschauung und ihre Verfasstheit. Die rasante Enthüllung naturwissenschaftlicher Fakten schuf eine Realität und menschliche Lebensqualität, die mit der bisherigen Verfasstheit in Konflikt gerät. Deutlich wird der Konflikt, wenn man die Einhaltung religiöser Gebote mit denen in nationalen Verfassungen vergleicht. Zum Teil ergeben sich krasse Widersprüche. Diese werden im täglichen Leben der entwickelten Länder meist ausgeblendet. Sehr viele Menschen, besonders in urbanen Ballungszentren, begehen Gottesdienste jeder Couleur nur noch, wenn es gesellschaftlich förderlich oder weil es »einfach so Tradition« ist. Ihr Glaube zerbröselt angesichts naturwissenschaftlicher Fakten, die herkömmliche metaphysische Begriffsinhalte fast unbewusst eliminieren. Mancherorts veröden nicht nur in der Christenheit die monumentalen klerikalen Bauwerke zu musealem Kulturgut.

Dagegen erheben einige Völker ihre Religion zur Staatsreligion und setzen die Einhaltung ihrer spezifischen Gebote mit Nachdruck durch. Erstaunlich ist, dass selbst diejenigen, die sich der Technik, der elektronischen Datenverarbeitung, ja sogar der künstlichen Intelligenz bedienen, metaphysisch-religiösen und irrationalen Weltanschauungen anhängen. Ein deutliches und alles andere als friedliches Beispiel ist Israel, in dem ein Teil der Bevölkerung wissenschaftlich und technologisch hoch entwickelt ist und eine Parallelgesellschaft orthodoxer Juden toleriert, die fast unbehelligt eine archaische Gesellschaftsordnung praktiziert.

Weltweit besteht eine Kluft zwischen den Verfasstheiten der Völker, und daraus erwachsen immer noch blutige Konfrontationen.

Wir stehen vor einer wachsenden Anzahl von Problemen, die gelöst werden müssen, wobei allein die strikte Einbeziehung der Gebote der Naturwissenschaften zum Erfolg verhelfen kann. Es muss uns gelingen, schon bestehendes naturwissenschaftliches Wissen, das uns sagt, wo unsere Grenzen sind, in die Köpfe aller Schichten der menschlichen Gesellschaften einzuprogrammieren, und zwar so, dass es vernunftbetont zu unserem Wohle angewendet wird. Dafür ist ein Paradigmenwechsel notwendig. Gelingt er, so bestünde die kleine Chance, den Planeten »Erde« für uns als Lebensraum über einen langen Zeitraum zu erhalten und nicht unbewohnbar zu machen. Der Paradigmenwechsel ist kein Zuckerschlecken, denn auf unserem Planeten wird die hohe Populationsdichte noch lange anhalten. Sie bedingt hohen Nahrungsmittelbedarf, Energiebedarf, Organisation von Menschenmassen in Ballungsräumen, medizinische Versorgung, Altenpflege, Transport, Arbeit, und vor allem genug Einkommen. Letzteres wird durch den zunehmenden Einsatz der elektronischen Datenverarbeitung und durch den Einsatz von elektronisch gesteuerten Maschinen zu einer besonderen Herausforderung. Und je höher die Populationsdichten in den Ballungszentren werden, umso stringenter ist der erforderliche Organisationsgrad der Population, und umso enger wird für jeden Einzelnen der persönliche Freiheitsgrad.

Alles um uns herum, ob anorganisch oder organisch, ist also durch und durch eine Domäne der Chemie, und die erforderliche Energie, die alles in Bewegung hält, ist eine Domäne der Physik. Und nicht zuletzt: Gäbe es nicht den auf eine materielle Basis angewiesenen Informationsfluss, so gäbe es im weitesten Sinne weder Leben noch Geist noch Seele.

4 Erkenntnis, Glaube

Erkenntnis und Glaube sind zwei Begriffe, die flüchtig gesehen nicht sehr viel gemeinsam haben. Erkenntnis ist das Ergebnis eines Prozesses, in dem ein Sender Muster von Informationen sendet, die vom Empfänger als verwertbar erkannt, entschlüsselt, verstanden werden und in dem die gewonnenen Erkenntnisse als Wissen gespeichert werden. Entschlüsseln ist ein langwieriger Prozess. Ein Blitz z.B. zuckt blendend und donnernd vom Himmel. Etwas Gewaltiges geschieht, Tod und Brand drohen, aber was genau ist eigentlich der Blitz? Es dauerte sehr lange, bis man verstand und wusste, dass es besser ist, einen Blitzableiter zu bauen, als auf Gott zu vertrauen.

Enzyklopädien bezeichnen den Begriff Erkenntnis unterschiedlich und somit als nicht einheitlich definiert. In einer ersten Annäherung wird Erkenntnis als erworbenes Wissen bezeichnet, das als Ergebnis aus der Verarbeitung von Erfahrung und Einsicht gewonnen wurde. Damit nähert sich die Definition der oben beschriebenen.

Das Statement »Ich glaube …« wird im Alltag in jeder Diskussionsrunde und im Alltagsgespräch im Sinne von »eine wahrscheinlich richtige Aussage« gebraucht. Der Begriff »Glaube« bietet eigentlich nur ein Art Benutzeroberfläche, die etwas Unbestimmtes, auch Metaphysisches, umhüllt. Erfährt der Mensch einen Blitzschlag, der tötet, eine Scheune in Brand setzt, so ist das zunächst ein für ihn unerklärliches Phänomen, wie sehr viele andere auch. Mangels verständlicher Information »glaubte« man an nicht real erfassbare metaphysische Mächte. Bekräftigt wurde der Glaube für die Gläubigen in Wort, Bild und Schrift von Schamanen, Geistlichen, Wahrsagern, Astrologen. Vermeintlich beherrschten metaphysische Mächte, die nicht analysiert werden konnten, das Schicksal der Menschen. Und sehr viele Menschen glauben das noch heute. Für Theologen ist »Glauben« der zentrale Begriff, der den Gläubigen darin bestärkt, Erhofftes und Ersehntes zu erhalten, von wem auch immer. Der Begriff beinhaltet meist einen vollständigen Lebensentwurf.

Allerdings: Wird das Metaphysische enthüllt – der Blitz ist eine elektrische Entladung – so ist das Geglaubte eliminiert und obsolet (s.a. Kapitel 17,2 eliminativer Materialismus).

Es ist zu kurz gegriffen, den Begriff »Erkenntnis« ausschließlich auf den Menschen zu beziehen, denn jedes Lebewesen gewinnt aus Erfahrung, Erfolg und Misserfolg u.a. Erkenntnisse, die zum Überleben oder auch nur für ein besseres Leben notwendig sind.

Lebewesen verfügen über Sensoren, die geeignet sind, lebenswichtige Informationen zu empfangen und an ihre spezifische Informationsverarbeitungszentrale zur Veranlassung notwendiger Aktionen weiterzuleiten (Nervenzentren, Gehirn).

Es erscheint selbstverständlich, dass die Erkenntnisse einer Spinne, eines Hundes, eines Schimpansen und letztlich des Menschen jeweils eigene Kategorien bilden. Der Mensch beginnt nach dem zweiten Lebensjahr, sich seiner selbst bewusst zu werden: Er erkennt sich im Spiegel. Danach besitzt er ein ausgeprägtes Selbstbewusstsein und gewinnt Erkenntnis bewusst. Es wird argumentiert, nur bewusst sei Erkenntnisgewinn möglich, also nur dem Menschen sei Erkenntnis vorbehalten. Aber den Spiegeltest bestehen die uns nahestehenden Menschenaffen, wie z.B. Schimpansen, Orang-Utans und teils auch Gorillas. Der Schimpanse wischt sich vor dem Spiegel die ihm auf die Nase aufgebrachte rote Markierung ab, die, das ist ihm bewusst, seine eigene Nase ungewöhnlich sichtbar macht, also sofort weggewischt werden muss. Die Frage, ob der intelligenteste Schimpanse, der Feuer machen, darauf Essbares erwärmen und das Feuer mit Wasser löschen kann (Video, 3sat am 7. Sept. 2018), nur dressiert ist, oder ob er sich seiner durchgeführten Handlungen tatsächlich bewusst ist, bringt das Phänomen auf den Punkt. Viele Erkenntnisse sammelt das Kind in den ersten zwei Jahren unbewusst, meist durch Abgucken bei Älteren, und zwar auch dann noch, wenn es zweijährig und seiner selbst bewusst geworden ist. Somit erscheint es schwierig, die bewusste Erkenntnis allein dem Menschen zuzuschreiben. Es gibt die schon erwähnten Kategorien.

Letztlich ist das Erkennen vorhandener nutzbarer Information eine unverzichtbare Eigenschaft des Prinzips Leben. Auch der Ablauf des komplizierten Prozesses des bewussten Erkennens ist physiologisch vorprogrammiert.

Zwei unterschiedliche Begriffsinhalte vermengen sich, »selbst« und »bewusst«. In Enzyklopädien findet man zu jedem Begriff zahlreiche Inhalte aufgeführt, und zwar aus der Umgangssprache (dem Alltagsvokabular) sowie aus der Philosophie, der Medizin, der Psychologie usw. In »bewusst« steckt der Begriff »Wissen«, und der Begriff Wissen ist wiederum mit dem Begriff »Denken« verwoben, Denken wiederum mit »Zusammenhänge erkennen«, also Erkenntnisse und Lösungen für reale Probleme zu finden. Damit wiederum stellt sich die Frage, was überhaupt »real« ist, usf. Es folgen Fragen wie diese: Besteht die Welt nur aus Physischem oder gibt es auch Metaphysisches? Anschließend folgen zwangsläufig die Gottesfrage und die Frage, wie der Mensch mit der Erde, die er glaubt, sich untertan gemacht zu haben, in Zukunft umgeht, und wie lange er seinen Herrschaftsanspruch und vor allem sich selbst auf dem Planeten Erde erhalten kann. Und vieles mehr.

»Was die Welt im Innersten zusammenhält«, wollte schon Johann Wolfgang von Goethe wissen – und er wusste im Vergleich zu dem, was wir heute wissen können, weitaus weniger.

Praktisch alle physischen Fakten, die wir bisher bewusst erkannt haben, hält unser Universum schon seit jeher bereit. Die physikalischen und chemischen Fakten sind seit Anbeginn des Universums so wie sie sind, und ihre Eigenschaften konnten schon lange vor dem Auftritt des »Homo sapiens« jederzeit von jedem dazu Befähigten ebenfalls bewusst erkannt werden.

Erkenntnis erschließt sich allerdings nicht von selbst; der Mensch musste sie in einem für ihn mühevollen Prozess erarbeiten, sie sich bewusst machen und verfügbar halten. Und dieser Prozess unterscheidet die Spezies Mensch von der übrigen Welt des Lebendigen.

Wie noch ausführlich zu beschreiben sein wird, dauerte die Entwicklung von Leben Milliarden von Jahren, bis sich die so spezielle Spezies »Homo sapiens«, der vernünftige, weise Mensch, herausbildete. Es dauerte weitere Millionen Jahre, bis sich der heute lebende Typ »Mensch« entwickelte. In einem mühsamen, aber im Vergleich zu einem Erdzeitalter kurzen, plötzlich einsetzenden, quasi Picosekunden schnellen, rasanten Prozess, erwarb in den letzten drei Jahrhunderten eine geringe Anzahl von Menschen einen signifikanten und verwertbaren Erkenntnisgewinn, der es dem »Homo sapiens« ermöglichte, neue Lebensräume zu gewinnen, hoch organisierte Populationen aufzubauen und die Erdoberfläche eigennützig zu verändern. Wie bewerkstelligte es diese Spezies, für sich ein so herausragend selbstbestimmtes Dasein zu führen, das in der belebten Natur einzigartig erscheint und das für die Entwicklung unseres Planeten und damit unseres weiteren Schicksals so bedeutend ist? Der Erwerb kognitiver Potenz und die Möglichkeiten der Speicherung erworbenen Wissens (Alphabet, Buchdruck, EDV) waren hierfür Vorbedingungen. Damit steht heutzutage fast allen Menschen eine umfangreiche Wissensbasis über physikalische und chemische Gesetzmäßigkeiten, aber auch über das Prinzip »Leben« zur Verfügung. Letzteres erweist sich als ein besonders kompliziertes, vernetztes, sehr empfindliches, ständig mutierendes Etwas, dessen Prinzipien sich eben nur schwer erkennen lassen.

Die Deutung der Zukunft ist dem Menschen besonders wichtig, und sie ist auch notwendig, denn die heutige Populationsdichte ist mit den Techniken und Ressourcen vergangener Jahrhunderte und Jahrtausende nicht aufrechtzuerhalten. Zudem erzeugte die enge Verflechtung von Hochtechnologie mit unserem biologisch geprägten Leben ein neues Problem, das in dieser Dimension noch keinem Lebewesen (auf unserem Planeten) aufgebürdet worden ist.

Wie eingangs schon erwähnt, müssen nicht nur einige wenige, sondern praktisch alle Menschen die Parameter erkennen, die für unser Überleben entscheidend sind; aber auch diejenigen, die uns dabei helfen, unseren Wunsch, ja unseren Anspruch auf ein erfülltes Leben ohne Angst, Hunger, Krankheit und Diskriminierung zu verwirklichen.

»Erkennen«« bedeutet mehr, als das Wissen aus Hörsälen, aus Büchern oder aus dem Fernsehen passiv an sich vorbeiziehen zu lassen. Der Erkenntnisprozess muss so gestaltet werden, dass er, sozusagen wie selbst erlebt und verinnerlicht, nachhaltig im Bewusstsein verankert bleibt. Das jedoch ist leichter gefordert als zu erreichen.

Es ist wohl leider wahr: Das Grauen eines Krieges verinnerlicht nur derjenige, der ihn selbst erlebt hat.

Das vorliegende Buch zu lesen wäre demnach nicht hilfreich oder gar ein Gewinn. Doch kann man nicht oft genug mögliche Wege aufzeigen, die jeder gehen kann, um letztlich zu verinnerlichen, was und wer wir eigentlich sind. Einsicht und Selbsterkenntnis sind wichtige Voraussetzungen, die uns befähigen, die menschliche Zukunft zu gestalten.

Die Mehrzahl der Menschen muss erkennen, dass nachprüfbares Wissen für das Leben die bessere Basis bietet als der Glaube an Irrationales. Wie zäh der Prozess des Paradigmenwechsels vom Glauben zur Akzeptanz der Faktenrealität ist, zeigt der Fall des Galileo Galilei. Die katholische Kirche machte ihm 1632/1633 den Prozess und Galilei wurde erst postum 1992 von der katholischen Kirche rehabilitiert. Auch diejenigen, die glauben, die Welt und der Mensch seien vor ca. 5000 Jahren in sieben Tagen erschaffen worden, folgen immer noch Texten aus Religionsbüchern einer Zeit, in der Glaube als reales Wissen galt. Und wenn selbst heute noch junge Menschen massenhaft Mitmenschen und sich selbst in Fetzen sprengen, weil ihnen versprochen wird, sie kämen dann aus ihrer derzeitigen Bedeutungslosigkeit in ein Paradies, in dem 72 Jungfrauen auf grünen Wiesen an silbrigen Bächen lagernd auf sie – die Mörder – warten, erscheint der notwendige Paradigmenwechsel eigentlich nicht möglich.

Doch die Vermittlung von naturwissenschaftlichen Fakten und die Verankerung ihrer Akzeptanz im Alltagsleben muss unverdrossen und zäh weiterhin erfolgen. Zugänglich für jedermann geschah und geschieht das in den Medien, zum Teil mit beeindruckenden Videoanimationen. Dennoch: Jede weitere Schrift, also auch die vorliegende, die dazu beitragen kann, den noch herrschenden Zeitgeist und seine inhärenten Heucheleien zu marginalisieren, muss und sollte willkommen sein.

Die Evolution unseres Planeten ist nun einmal ein kosmisches Phänomen und erfolgte nach den physikalischen und physikalisch-chemischen Gesetzmäßigkeiten, die für unseren Kosmos gelten. Aus dieser Sicht erleben wir unseren Planeten vor allem als das, was er nachweislich ist: als Materie. Es ist eine aufregende Geschichte, wie daraus entgegen aller Wahrscheinlichkeit das Leben und letztlich der wissende Mensch entstand.

5 Kräfte, Energie und Materie

Die Existenz von Materie und ihren Eigenschaften ist eine notwendige Voraussetzung für lebende biologische Systeme, und diese wiederum sind die Voraussetzung für die Existenz von Geistigem in unserer als real empfundenen Welt.

Wir kennen folgende vier Naturkräfte (s.a. Kapitel 2):

- die Gravitationskraft (Erdanziehung, Schwerkraft)

- die elektromagnetische Kraft (z.B. Licht und Elektrizität)

- die starke Kernkraft

- die schwache Kernkraft

Die Schwerkraft ist eine Kraft, die jeder schweren Masse innewohnt, sie ist eine Eigenschaft der Materie. Der Erdball hat eine große Masse, und seine Gravitationskraft ist die Kraft, der jedes Lebewesen, also auch der Mensch, von Anbeginn ausgesetzt ist. Jeder Mensch bewegt sich wie selbstverständlich in seiner Wohnung, in seiner Kommune, auf Feld und Flur und inzwischen auch im erdnahen Weltall. Er verspürt sehr deutlich die Schwerkraft des Erdballs, z.B. wenn er sich selbst und einen Kasten Bier eine Treppe hochquält oder auf einen harten Stein fällt. Der Kasten Bier hat mit seiner Masse sein eigenes Schwerkraftfeld, das aber so schwach ist, dass es keinen praktisch fühlbaren Einfluss hat. Die Gravitationskraft ist eine schwache Kraft, aber sie hat eine unendliche Reichweite. Frei bewegliche Massen werden durch die Schwerkraft beschleunigt und die Materie speichert kinetische Energie. Damit kann die eigentlich schwache Kraft für den Menschen zum tödlichen Impuls werden, z.B. wenn ihn ein vom Dach herabfallender Ziegel trifft, ein Steinschlag überrollt oder Erdbebentrümmer ihn verschütten. Verheerend ist die Wirkung beim Einschlag eines tatsächlich gar nicht großen Meteoriten; nur wenige Kubikkilometer reichen aus, und schon hat nicht nur die Menschheit, sondern der Planet Erde ein massives Problem. Denn die beim Einschlag freigesetzte Energie des Impulses (p) ist proportional einem Produkt aus Masse und dem Quadrat der Geschwindigkeit; Meteoriten sind sehr, sehr schnell. Die freiwerdende Energie einer Wasserstoff-Atombombe ist dagegen vergleichsweise harmlos.

Die Gravitationskraft ist die Kraft (auch mit dunkler Energie und dunkler Materie?), die zusammen mit dem Impuls maßgeblich das heute bestehende räumliche Bild des Universums prägt. Sie formt die Sonnenmaterie zu einer riesigen Kugel, deren Schwerkraftfeld ihre Planeten in ihre Umlaufbahnen zwingt.

Die Beschreibungen der Dynamik und der Eigenschaften und Zustände der Objekte im Universum sind durch Beobachtungen, Messungen und kleine Ausflüge des Menschen in den erdnahen Weltraum, aber auch durch Experimente weitgehend gesichertes Wissen. Die dabei erarbeiteten Formeln und Terme sind die Grundlage für weitere Theorieansätze. Die eigentlich als schwache Kraft apostrophierte Schwerkraft wird extrem wirksam, wenn riesige ausgebrannte Sterne zu extrem massereichen Objekten kollabieren und Supernovaexplosionen verursachen. Die Schwerkraft extrem dichter Materieobjekte ist derart gewaltig, dass selbst Licht diesen Objekten nicht mehr entkommen kann; sie erscheinen schwarz und werden als schwarze Löcher bezeichnet. Selbst Sterne, die einem schwarzen Loch zu nahe kommen, werden zerrissen und aufgesaugt.

Die elektromagnetische Kraft ist hingegen eine unendlich weit wirkende starke Kraft. Die wärmenden Strahlen des lodernden Feuers, der kraftvolle Blitz, das Licht der Sonne und der Sterne, die Lang- Mittel- Kurz- und Ultrakurzwelle, der Röntgenstrahl, die Gamma- Alpha- und Betastrahlung, der elektrische Strom, sie alle gehören der Kategorie der elektromagnetischen Kraft an, und die Wortteile –strahlung und –welle deuten auf die Natur dieser Kraft hin. Sie ist eine sich wellenförmig ausbreitende Kraft. Kennzeichnend für eine Welle sind ihre Wellenlänge und ihre Frequenz, d.h. wie oft pro Zeiteinheit ein Wellenmaximum und ein Wellenminimum erscheinen. Je kürzer die Wellenlänge, umso höher ist ihre Frequenz. Ordnet man die verschiedenen Erscheinungsformen nach diesem Kriterium, so erhält man das sogenannte »elektromagnetische Spektrum«. Die kürzeste Wellenlänge besitzt die Höhenstrahlung; mit zunehmender Wellenlänge folgen z.B. die Gammastrahlen, das Röntgenlicht, das sichtbare Sonnenlichtspektrum, der Kurzwellenbereich, die Radiowellen und die von uns genutzten elektrischen Wechselströme.

Der leistungsstarke Elektromotor und selbst das wärmestrahlende Feuer sind sehr deutliche Repräsentanten für die Nutzung der »elektromotorischen Kraft«. Wie noch zu beschreiben sein wird, ist sie in unserer greifbaren Welt verantwortlich für die meisten alltäglichen Erscheinungsformen der Materie, sie ist dafür die bestimmende Kraft.

Energie ist ein zentraler Begriff in der öffentlichen Diskussion, insbesondere in der Klimadebatte. Energie ist keine Eigenschaft der Materie, sondern ein Zustand der Materie, der in der Lage ist, etwas zu erwärmen, zu bewegen, kurz, Arbeit zu leisten. So ist es z.B. eine Eigenschaft von Wasser, sich bei 0°C in die energieärmere geordnete kristalline Struktur umzubilden, also den Aggregatzustand Eis zu bilden, und bei 100°C im Aggregatzustand Wasserdampf (Dampfmaschine) Arbeit zu leisten. Die Einheit der Energie ist im SI-System (s.a. Kapitel 2) das Joule und das Produkt aus Kraft (Newton) und Weg (N*m), wobei die Kraft von 1 Newton die Masse von 1 kg in einer Sekunde von null auf die Geschwindigkeit von 1 Meter pro Sekunde beschleunigt. Im Alltag erfahren wir vorwiegend die thermische, elektrische und kinetische Form von Energie. Wenn Energie Arbeit leistet, wird die dafür benötigte Energie nicht verbraucht, sondern ihr Potenzial vermindert (Energieerhaltungssatz). Veranschaulicht wird das mit dem beschriebenen Beispiel in Kapitel 2. Mischt man warmes mit kaltem Wasser, so leisten die energiereicheren Wassermoleküle Arbeit, indem sie unter Abgabe von eigener Energie die kälteren Moleküle energiereicher und damit wärmer machen. Die Mischung besitzt noch die gesamte Energiemenge, aber auf einem verminderten Temperaturniveau. Die Energie der ursprünglich wärmeren Moleküle wird durch den Mischprozess also nicht verbraucht oder vernichtet. Die Größe für den Energiezustand ist die Entropie (S) und entspricht im SI-System dem Quotienten aus der Energiemenge Joule und der Temperatur in Kelvin, $S=J/T$. Auf diesen Aspekt wird im Text wiederholt Bezug genommen. Nahe dem absoluten Temperaturnullpunkt geht die thermische Energie und damit die Entropie gegen null. Allerdings ist die Supraleitfähigkeit bei nahezu 0 Kelvin noch gegeben, was heißt, dass selbst nahe am Temperaturnullpunkt Elektronen, solange sie keine Arbeit leisten, durch supraleitende Stoffe gleiten, also bildlich gesprochen eine potentielle Energie darstellen. Im Alltag sind wir und unsere gesamte Umwelt von einer weiteren zur Entropie gehörenden Zustandsgröße, der Enthalpie (s.a. Kapitel 2), beherrscht. Dafür ein Beispiel: Ein Kaminfeuer lodert und ich werfe ein feuchtes Stück Holz hinein: Zuerst wird das Wasser die Holzphase verlassen (Phasenübergang) und in den Aggregatzustand Dampf übergehen. Dafür ist Energie nötig, das Feuer wird gedämpft. Danach erfolgt eine Pyrolyse des Holzes zu niedermolekularen Stoffen und letztlich zu Kohlenstoffmonoxid, Kohlenstoffdioxid, nochmals Wasserdampf und einigen anderen Stoffen. Der gesamte Prozess besteht aus sehr vielen einzelnen Prozessen, die einerseits endotherm ablaufen, also Energie benötigen, andererseits exotherm Energie abgeben. Zuletzt überwiegen die exothermen Prozesse: Das Kaminfeuer wärmt. Den Stoff, aus dem die unbelebte und belebte Natur besteht, nennen wir Materie. Sie ist eine Domäne der Chemie, und die auf die Materie einwirkenden und von ihr ausgehenden Wirkungen sind meist Prozesse, die anhand des obigen Beispiels veranschaulicht sind. Vor allem der Mensch ist in der Lage, durch geschickten Einsatz von Energie mit Hilfe der Rechengröße Enthalpie die Prozesse zu seinen Gunsten zu steuern (chemische Industrie).

Das Wissen, woraus die stoffliche Umwelt und die Lebewesen bestehen, war noch vor dem 17. Jahrhundert sehr lückenhaft.

Der Begriff »Materie« stammt ursprünglich aus dem Lateinischen »materies« und bedeutete Holz, Stämme. Der Begriff »mater« ist darin enthalten und bedeutet etwa »Substanz, die Mutter aller Dinge«. Griechische Philosophen versuchten, den Begriff auszubilden. Für Demokrit (griechischer Philosoph, 460 v.Chr.) bestand Materie aus kleinsten Einheiten, dem nicht mehr teilbaren Atom, ein Geistesblitz, der damals nicht wirklich zündete.

Der Mensch lebte sehr lange in der Steinzeit. Für ihn war Materie der Stein, aus dem er den Faustkeil herstellen konnte, mit dem er die übrige Materie für sich nützlich machte. Dann entdeckte der Mensch bewusst die metallische Materie, nämlich neben gediegenem Gold und Silber die Metalle Kupfer, Zinn und Blei. Letztere besaßen für die weitere Entwicklung des Menschen vorteilhafte Eigenschaften. Wahrscheinlich gerieten die oxydischen Minerale von Kupfer und Zinn (z.B. Malachit und Zinnstein) in die reduzierend wirkende Holzkohlenglut des vom Menschen gezähmten Feuers und wurden in der Asche der Feuerstätten als Metallschmelzen beobachtet. Verschmolzen bilden Kupfer und Zinn die schon bei relativ niedriger Temperatur schmelzende Bronze. Ca. 4000 Jahre alte aus Bronze bestehende Artefakte zeigen, dass die Menschen der damaligen Zeit bereits über ein sehr gutes empirisch erworbenes metallurgisches Wissen verfügten. Der Zinnstein muss nämlich mit Holzkohle bei geringem Luftzutritt, dagegen der in Kupfererzlagerstätten mehrheitlich anzutreffende sulfidische Kupferkies zuerst mit genügend Luftzutritt und danach ohne Luftzutritt, mit der reduzierend wirkenden Holzkohle aufgeschlossen werden. Reines Kupfer, das Metall der Kupferzeit, ist ziemlich weich und war nur als Arsenkupferbronze eingeschränkt zu nutzen. Dagegen besitzt die Legierung von Kupfer und Zinn, die Bronze, eine erstaunliche Härte und Zähigkeit und war zur Herstellung von Werkzeugen und Waffen geeignet. Bronze wurde bis Anfang des 19. Jahrhunderts noch zur Herstellung großkalibriger Kanonen genutzt. Für künstlerische Artefakte riesigen Ausmaßes (Buddhastatuen) ist Bronze bis heute ein bevorzugter Werkstoff. Die Gewinnung von Eisen aus Eisenerzen wurde erst später beherrscht. Die zugrunde liegende Chemie der Metallgewinnung blieb weitgehend unbekannt. Erst Mitte des 19. Jahrhunderts waren mit Hilfe der chemischen Analyse alle Elemente, aus denen sich die Materie in und auf unserem Planeten zusammensetzt, identifiziert. Alle natürlich vorkommenden chemischen Elemente waren soweit isoliert und ihre Eigenschaften beschrieben, sodass Dimitri Iwanowitsch Mendelejew und nur wenig später Lothar Meyer 1869 das periodische System der natürlich vorkommenden Elemente vorstellen konnten. Die elementare Zusammensetzung jedweder Materie konnte fortan bestimmt werden, die chemische Technologie war planbar geworden und wurde zu einem bedeutenden Motor der Entwicklung unserer Zivilisation. Aber wie entstanden die so unterschiedlichen Elemente, und woher kommen sie?

6 Das Atom, die Elemente

Entsprechend der aktuellen Theorie begann alles mit dem sogenannten Urknall. Ihr zufolge entstand, von einem Punkt ausgehend, in Sekundenbruchteilen aus einem Gluonen-Quark-Plasma (Komponenten des Atomkerns) das sich inflationär ausdehnende Universum.

Nicht nur für den Laien ist es kaum vorstellbar, wie sich aus einem Punkt, sozusagen aus dem Nichts heraus, die riesige Masse an hellen und an bereits erloschenen Objekten im Universum bilden konnte.

Die Kosmologen sind sich diesbezüglich auch nicht ganz einig. So titelte das Wissenschaftsmagazin »Spektrum der Wissenschaft« seine Ausgabe von Juni 2017: »Eine neue Kosmologie: Gibt es den Urknall wirklich?« Neben dem Urknall (Big Bang) wird der Begriff Urprall (Big Bounce) geprägt. Statt des Urknalls erfolgte ein Urprall, durch den vor 13,8 Milliarden Jahren eine noch frühere kosmologische Periode in die gegenwärtige Expansionsphase überging. Das macht das Geschehen zwar eher nachvollziehbar, aber verschiebt die Frage, wie denn alles begann, im Grunde nur weiter zurück in die dunkle Entstehungsgeschichte von allem.

Mit Sicherheit entstanden nach dem »Big Bang« – oder gab es bereits schon vor dem »Big Bounce« die positiv geladenen Protonen? – gleichartige ungeladene Neutronen und die negativ geladenen Elektronen. Sie alle besitzen eine wenn auch sehr unterschiedliche spezifische Masse. Die Atommasse vereint sich auf die Protonen und Neutronen, das Elektron hat dagegen eine vernachlässigbare Masse, ist aber auf Grund seiner elektrostatischen Ladung (starke elektromagnetische Kraft) für das chemische Verhalten einer Atomsorte entscheidend. Aus Protonen, Neutronen und Elektronen bestehen alle chemischen Elemente. Sie unterscheiden sich aber hinsichtlich der Anzahl der genannten Komponenten. Der Wasserstoff enthält als Atomkern nur ein Proton und ein Elektron, das den Kern quasi als Wolke umkreist. Das im Vergleich zum Wasserstoff nächste schwerere Element ist das Helium. Der Atomkern besteht hier aus zwei Protonen und zwei Neutronen sowie aus zwei Elektronen, die eine sehr stabile Elektronenwolke ausbilden. Das Element ist ein sogenanntes Edelgas; es reagiert so gut wie nicht mit anderen Elementen.

Die Elemente Wasserstoff, Helium und Spuren von Lithium entstanden schon Sekunden nach dem Urknall oder irgendwann nach oder auch schon vor dem Urprall in der Phase der sogenannten primordialen Nukleosynthese.

Dass sich im Universum alle übrigen Elemente bilden konnten und sich immer noch bilden, ist ausgerechnet der Wirkung der schwächsten Kraft, der Gravitationskraft zuzuschreiben. Sie verdichtet die im Universum vorhandenen Gasmassen (Wasserstoff), wobei die Gravitationsenergie die Temperatur der Materieballungen dramatisch erhöht. Mit zunehmender Dichte erhöht sich die Temperatur derart gewaltig, dass es unter Materieverlust zur Kernverschmelzung (Kernfusion) von Wasserstoffatomkernen kommt und das Element Helium entsteht (Wasserstoffbrennen), aber auch die Heliumatomkerne verschmelzen (Heliumbrennen) und das Element Lithium sich bildet. Weitere Kernfusionen führen zur Bildung schwerer Elemente. Das Ende der Fusionsreaktionen ist das Siliziumbrennen und das Endprodukt das Element Eisen. Bei Kernfusionen entstehen Materieverluste. Materie wird hierbei in gewaltige Energiemengen umgewandelt ($E=Mc^2$): Sterne leuchten auf.

Je nach Größe der ursprünglichen Gasmassen entstanden und entstehen immer noch Sterne unterschiedlicher Größe (Masse). Die Temperaturen, die im Inneren der Sterne herrschen, sind abhängig von ihrer Masse. Die Temperaturhöhe wiederum ist ausschlaggebend dafür, welche Elemente sich durch Fusionsprozesse bilden können.

Sterne, wie z.B. unsere Sonne, können Elemente bis hin zum Kohlenstoff erbrüten. Sterne mit der vierfachen Sonnenmasse erschaffen Elemente bis hin zum Bor. Für die Bildung von Eisen (28 Protonen, 29 Neutronen und 28 Elektronen) muss der Stern 20 Sonnenmassen aufweisen. Zum Ende des Siliziumbrennens hat sich im Stern sehr viel Eisen angesammelt. Unter den dann herrschenden Bedingungen verringern sich die Kernfusionen so weit, dass die noch restlichen Kernverschmelzungsprozesse nicht mehr ausreichen, um die Gravitationskraft zu kompensieren. Je nach Größe des Ursprungssterns wird dann die Gravitationskraft so groß, dass der Stern immer dichter zusammengepresst wird, bis er endlich explodiert oder aber z.B. zu einem Neutronenstern oder auch zu einem schwarzen Loch kollabiert. Im Falle einer Explosion – z.B. einer Supernovaexplosion – entstehen gewaltige Energiemengen, sodass sich, ausgehend vom dann reichlich vorhandenen Eisen, jetzt unter Energieverbrauch weitere schwerere Elemente bilden. Elemente bis zu einer Anzahl von 82 Protonen sind stabil. Man beachte: Energie wird hierbei in Materie umgewandelt. Es wurden und werden aber auch noch Elemente mit höherer Protonenzahl gebildet, die instabil sind, z.B. Uran mit 92 Protonen, das mit der Zeit (Halbwertszeit $4,5*10^9$ Jahre) unter Energieabgabe (Strahlung) in Atomsorten mit kleinerer Protonen- und/oder Neutronenzahl zerfällt. Sehr vereinfacht beschrieben wird beispielsweise das Element Uran beim Bildungsprozess hinsichtlich der zugewonnenen Materie so sehr überfüttert, dass es sich langsam wieder unter Abgabe von Strahlungsenergie in masseärmere Elemente spaltet.

Wiederum wird Masse in Energie umgewandelt!

Bei diesen sogenannten Supernovaexplosionen werden die neu entstandenen Elemente mit den Trümmern und dem Staub der Explosionen ins All geschleudert. Dort bildeten sie und bilden noch heute die interstellare

Materie und kontaminieren die aus Fusionsprozessen neu entstehenden Sterne mit den schwereren Atomsorten (unsere Sonne ist z.B. ein solcher Stern). Die interstellare Materie ist aber auch wesentlicher Bestandteil der Planeten. Ein Kuriosum: Die Goldvorräte der Erde stammen ausschließlich von solchen Trümmerteilen.

So bilden sich im Universum Elemente durch Kernverschmelzung bis zum heutigen Tage unter Freisetzung unvorstellbarer Energiemengen.

Zur Erinnerung: Das vorherrschende Element im Universum ist bis zum heutigen Tage der Wasserstoff.

Als alle Elemente bekannt waren, galten ihre Atomkerne zunächst als unteilbar.

Die Entdeckung der Radioaktivität revolutionierte die Chemie, aber auch die Physik. Das Unvorstellbare war ein nachweisbares Faktum: der Atomkern war teilbar. Der Weg zur Kernchemie tat sich auf. Die bei der Kernspaltung entstehenden Elemente konnten auf chemischem und bei Isotopen – sie haben gleiches chemisches Verhalten – auf physikalischem Wege (Zentrifugen) isoliert und ihre Eigenschaften bestimmt werden. So wurde auch Uran 235 in Natururan angereichert, das sich bei ausreichender Masse in einer Kettenreaktion unter gewaltiger Energiefreisetzung zu niedrigeren Atomsorten spaltet (Atomkraftwerk, Atombombenexplosion).

Um eine Vorstellung des bereits beschriebenen Aufbauprinzips von Atomen zu verdeutlichen, muss man die vertrauten Größenordnungen Meter, Zentimeter, Millimeter, mit denen wir unsere begreifbare Welt vermessen, verlassen. Der Wechsel zu atomaren Größenordnungen ist ein Schritt hin zu unvorstellbar kleinen Abmessungen (Dimensionen). So beträgt z.B. der Durchmesser eines freien Protons etwa $1,7 \cdot 10^{-15}$ m, also 1,7 Femtometer (fm), und der Kovalenzradius (halber Abstand zwischen zwei Atomen) des kleinsten Moleküls, dem molekularen Wasserstoff, $32 \cdot 10^{-12}$ m, also 32 Picometer. Zur Veranschaulichung: In unserer Alltagsdimension 100 zu 1 Meter gemessen, wären die beiden Atomkerne im Molekül H_2 ca. 20 km voneinander entfernt!

Der Wechsel von unserer begreifbaren Welt in die Welt einzelner Atome ist mit einer gravierenden Veränderung der Eigenschaften verbunden, die man nur mit den Instrumenten und der Theorie der Quantenmechanik bearbeiten und erforschen kann. Teilweise sind die Ergebnisse für den Laien paradox und nicht in Einklang mit unserer Makrowelt zu bringen.

Der Begriff Quant wurde vom deutschen Physiker Max Planck (1854 – 1947) geprägt. In seinen Experimenten gab Licht seine Energie nur in bestimmten Portionen an Materie ab, und zwar proportional dem Produkt aus der Frequenz des Lichts und einer Konstante. Die Konstante wird heute als Planck'sches Wirkungsquant »h« bezeichnet und ist eine bedeutende elementare Konstante. Ihr Wert ist sehr klein, nämlich $6{,}63 \cdot 10^{-34}$ - also 6,63 dividiert durch die Zahl 1, der sage und schreibe 34 Nullen anhängen! Planck beschrieb das Phänomen zunächst irrtümlich nicht als eine Eigenschaft des Lichts, sondern als eine der Materie. Albert Einstein war es, der im Jahr 1905 herausfand, dass es das Licht ist, dessen Energie uns als Energiequanten erreicht. Er konnte den photoelektrischen Effekt, bei dem Licht bestimmter Farben (Frequenz der Lichtwelle) Elektronen aus Metalloberflächen herausschlägt, allein dadurch erklären, dass der Lichtstrahl an jedes einzelne Elektron nur einen immer gleichen Energiebetrag abgibt, der proportional der Frequenz des Lichts multipliziert mit »h« ist. Daraus schloss Einstein, dass die Energieniveaus nicht nur innerhalb der Materie gequantelt sind, sondern dass das Licht ebenfalls nur aus bestimmten Energieportionen besteht, nämlich den Lichtquanten. Das Licht hat also sowohl den Charakter einer Welle als auch den eines Teilchens (Quant, ein Korpuskel). Licht ist also weder eine klassische Welle noch ein klassischer Teilchenstrom und verhält sich einmal so, einmal so. Dieser Dualismus erscheint in unserer Makrowelt paradox, ist aber anhand des Doppelspaltexperiments selbst für jeden interessierten Laien nachprüfbar. Die Konsequenz: Die Physik musste Wege finden, die neuartigen Phänomene zu beschreiben, ohne die klassische Physik Newtons zu verwerfen. Es entstand die Quantenmechanik und daraus später die Quantenfeldtheorie. Dieser Forschungsbereich wurde für die meisten von uns zum nicht nachvollziehbaren theoretischen Tummelplatz einer hauchdünnen Schicht hochspezialisierter Physiker. Selbst die ins Populäre übersetzten Ergebnisse der zahlreichen Experimente, z.B. am Large-Hadron-Collider in Cern, in dem Atomkerne auf nahezu Lichtgeschwindigkeit beschleunigt aufeinanderprallen, sind nur schwer zu verstehen und werden von den Medien und den durch sie Informierten nach dem Motto akzeptiert: wird schon stimmen. Ja, es stimmte. »Energie = Masse*Lichtgeschwinigkeit^2« zerstörte Hiroshima!

Die Flut von Ergebnissen, die bei den Versuchen in Cern – aber auch an anderen Beschleunigern – beobachtet wurden, zeigen uns die Bausteine des Standardmodells der Teilchenphysik als vier Gruppen: Die Quarks (sie sind die Grundbausteine des Protons), die Leptonen, zu denen das <u>Elektron</u> gehört, die sogenannten Eichbosonen, die die Wechselwirkungen zwischen den Teilchen vermitteln, und letztlich das Higgs-Feld. Hier taucht der Begriff Quantenfeld (Feldbegriff) auf, mit dem versucht wird, den Gegensatz (Paradoxie) zwischen Wellen und Teilchen aufzuheben. Ein Teilchen wird als angeregter Zustand des entsprechenden Quantenfeldes angesehen. Zur Verdeutlichung der komplizierten Sachverhalte werden sogenannte begreifbare Beispiele bemüht. Das Higgs-Feld wird in der Enzyklopädie Wikipedia bildhaft erklärt, wird aber dadurch nicht wirklich verständlich. Mit dem Nachweis des Higgs-Bosons soll auch der Nachweis für das zugrunde liegende Higgs-Feld erbracht werden. Die Beschreibung lässt nicht unmittelbar erkennen, was im Higgs-Feld die Eigenschaft »Schwere« besitzt, obwohl das Higgs-Teilchen gerade diese Erklärungslücke schließen sollte.

Das Higgs-Boson ist ein neu gefundenes Teilchen, aber eben nur ein weiteres unter vielen weiteren, z.B. den Gluonen, die die Quarks bildhaft gesprochen aneinander kleben. Und nur zum besseren »Handling« werden manchen Teilchen Farben zugeschrieben, die Quarks in Up- und Down-Quarks eingeteilt usw. usf. So liest es sich, und wenn man das alles oft genug wiederholt, ist es »gefühlt« verstanden.

Wikipedia präsentiert unter dem Suchbegriff »Quark« einen interessanten Beitrag, der Details zur Herkunft des Begriffs Quark offenlegt: »Der Forscher Murray Gell-Mann nannte das Schema der Quarks »Eightfold Way«, eine Bezeichnung, die die Oktette des Atommodells mit dem Achtfachen Pfad des Buddhismus verbindet. Er prägte auch den Namen Quark, den er aus dem Satz »Three quarks for Muster Mark« aus James Joyces Roman »Finnegans Wake« entnahm. Joyce hatte das Wort wiederum auf der Durchreise auf dem Markt in Freiburg im Breisgau gehört, wo die Marktfrauen ihren »Quark« anboten.«

Subsummiert stellt man fest: Letztlich bleibt im Pico- und Femtometerbereich nichts »Anfassbares« übrig. Alles erscheint als ein Gewirr raumfüllender Kraftfelder, und es herrscht das »Sowohl-als-auch«. Je nachdem, wie man experimentiert, zeigt sich Energie als Masse und umgekehrt. Masse verschwindet und taucht wieder auf, wie aus dem Hut eines Zauberers. Selbst der gealterte Max Planck rief 1944 Gott zu Hilfe und überließ ihm das Dunkel, aus dem alles entstand (s.a. Wortlaut des Zitats in Kapitel 26). Wir ergänzen: Geist ist auch Logos, und der Evangelist Johannes schrieb: »Logos ist Gott (s.a. Kapitel 18)«. Ob ein derart definierter Gott viele Milliarden Jahre nach dem Kraftakt »Urknall/Urprall« dem Hebräer Moses aus dem Universum den Text der 10 Gebote diktierte? Warum nicht, würde der Papst sagen. Ja, sagt auch der Muslim, Gott schickte sogar des Nachts seinen Erzengel mit dem Korantext zu Mohammed und befahl ihm, den Text den Menschen »nachhaltig« unverfälscht vorzutragen.

Die stellaren und subatomaren Prozesse fanden, finden und werden weiterhin im Universum stattfinden. Das Licht der Sonne und andere Strahlungsarten brachten und bringen sehr viele Informationen zur Erde. Deren Entschlüsselung vermittelte uns die Erkenntnis über die materielle Beschaffenheit von Objekten im Universum. Zusätzlich erhalten wir Stoffproben direkt aus dem Universum, wenn die Erde von Meteoriten getroffen wird. Die chemische Analyse der sogenannten Steinmeteoriten – sie stammen aus den Weiten des Universums – zeigt, dass diese die ältesten, durch Kernfusion entstandenen Elemente enthalten. Stein- und Eisenmeteoriten stammen dagegen von Asteroiden (Kleinplaneten), den Trümmern von Supernovaexplosionen. Die Physik und Chemie der Materie ist offensichtlich an jedem Ort in unserem Universum dieselbe. Auch die vom Menschen entnommenen Materieproben bei den bisher durchgeführten kleinen Ausflügen in unser solares Zuhause beweisen dies. Offensichtlich gibt es in unserem Universum nur die uns bekannten stabilen und radioaktiven Elemente und ihre Isotopen.

7 Das Elektrom

Das Elektron wurde schon einige Male genannt und einige seiner Eigenschaften wurden vorgestellt. Es ist für das Erscheinungsbild dessen, was wir Materie nennen, so bedeutend, dass es noch eingehender beschrieben werden muss.

Seinen Namen hat das Elektron vom Bernstein, der im Mittelmeerraum ein sehr begehrter Edelstein war und ist. Der Stein ist allerdings ein versteinertes Harz, das elektrische Eigenschaften zeigt, die dem Menschen schon sehr früh als unerklärlich (mystisch) auffielen. So z. B. wenn der mit Leder geriebene Bernstein Haare aufrecht stehen ließ oder im Dunkeln feurige Blitze erzeugte.

Das Elektron wurde erstmals von dem deutschen Wissenschaftler Emil Wiechert als Teilchen beschrieben (s.a. Rudolf Bock, Elektrische Entladungen in Gasen bei vermindertem Druck, Die Entdeckung des Elektrons, Seite 445 – 455, Principal Verlag, 2008). Wiechert bestimmte auch seine Masse (1/4000 der Masse des Wasserstoffatoms), und zwar wenige Monate vor Joseph John Thomson, der auch heute noch als Entdecker des Elektrons gilt.

Ergebnis: Das Elektron hat eine Masse, es ist also ein Teilchen.

Stellt man aber z.B. einem Elektronenstrahl ein Blech in den Weg, das er nicht durchdringen kann, und schneidet dann in dieses Blech zwei dicht beieinander und zueinander parallele Schlitze (Spalte), spaltet also den Strahl in zwei Teilstrahlen, dann sieht man hinter dem Blech auf einem die beiden Teilstrahlen abbildenden Bildschirm ein Muster, das jeder kennt. Es ist das Muster, das die Wellen auf einem Teich zeigen, wenn zwei Steine gleichzeitig ins Wasser geworfen werden. Die sich überlagernden Wellen zeigen ein Überlagerungsmuster, das Interferenzmuster genannt wird. Dort, wo sich Wellenberge treffen, summieren sie sich, und dort, wo sich Wellentäler treffen, subtrahieren sie sich. Erst wenn die Wellen am Ufer, also an der Basis gebremst, sich überschlagen, werden die von den Wellen transportierten Energien wirksam.

Der beschriebene Doppelspalt ist nur eine der möglichen Versuchsbedingungen. Je nach Spaltbreite, Einzel- oder Doppelspalt und Spaltabstand hat das Elektron einen Teilchen- oder Wellencharakter. Das Elektron gehört damit zu der Domäne der »elektromagnetischen Kraft« (s.a. Kapitel 5).

Das Ergebnis steht nicht im Widerspruch zu Einsteins schon genannter Formel. Eine Welle besitzt Energie, und damit nach Einstein eben auch Masse multipliziert mit einem Faktor, und der ist das Quadrat der Lichtgeschwindigkeit. Setzt man Energie in Einsteins Formel gleich der Energie einer Welle, so ergibt sich, dass eine Welle immer auch eine wenn auch noch so kleine Masse haben muss, die im Falle des Elektrons von Emil Wiechert auch gefunden wurde.

Je größer die Korpuskeln sind, umso schwieriger und unwahrscheinlicher wird es, experimentell den Welle-Korpuskel-Dualismus zu beobachten. Immerhin gelang es 1999 experimentell, das dualistische Verhalten an einem relativ schweren Molekül, dem aus 60 Kohlenstoffatomen bestehenden Fulleren, nachzuweisen. Rechnerisch kann man mit Hilfe der das Phänomen beschreibenden mathematischen Formel z.B. den Dualismus eines 70 kg schweren Menschen, der sich mit Gehgeschwindigkeit bewegt, berechnen. Die korrespondierende Welle – sie wird Materiewelle genannt – hätte eine Wellenlänge von 10^{-32}, also einen Wert nahe des Planckschen Wirkungsquants. Theorie ist eben Theorie!

Nicht nur Elektronen, sondern auch das Licht und letztlich alle Materie zeigen die dualistische Eigenschaft. Während Licht eine Sonderstellung einnimmt, da es lichtschnell ist, im Vakuum etwa 300000 km/s (Kilometer/Sekunde), im Diamanten nur 120000 km/s, hat Energie keine Ruhemasse. Zur Verdeutlichung: Beispielsweise können Elektronen, die Bestandteil in allen Atomen und Molekülen sind, auch sozusagen als freie Elektronen an den Oberflächen eines Kondensators oder auch in einer Gewitterwolke gespeichert sein, Licht hingegen nicht. Licht wird entweder reflektiert oder absorbiert, oder beides. Wird es absorbiert, so gibt es seine Energie rückstandslos an die absorbierende Materie ab, verursacht auf der Haut schon einmal einen Sonnenbrand oder wird in einer Fotovoltaikanlage in elektrischen Strom, also in bewegte Elektronen, umgesetzt. Vom Licht selbst, dem Photon, bleibt danach keine Spur übrig.

Je nachdem, wie sie beobachtet werden, repräsentieren sich Elektronen als elektromagnetische Welle oder aber als Korpuskel. In den Atomen kreisen sie um den Atomkern in bestimmten Schalen, davon gibt es bis zu 6. Für einige wenige, z.B. Uran, Plutonium, Radium gibt es sogar 7 solcher Schalen, in denen sich bis zu 32 Elektronen gleichsam als verdichtete gebäulte Wolke ohne zu ermüden mit hohem Tempo um den Atomkern drehen. Die äußerste Schale enthält maximal 8 Elektronen, so z.B. hat Helium 2, das Edelgas Neon 8 Elektronen in der äußeren Schale. Beide Elemente sind extrem reaktionsträge.

In der täglichen Praxis der Chemie, aber auch in den Medien wird das Elektron meist als Korpuskel betrachtet.

Vereinfacht dargestellt ist für das chemische Verhalten eines Elements die äußerste Elektronenschale die maßgebende, die, wenn sie mit 8 Elektronen (Ausnahme Wasserstoff mit 2 Elektronen) besetzt ist, die energetisch begünstigte Besetzung aufweist. Wie schon erwähnt, streben alle Elemente diese begünstigte sogenannte Edelgaskonfiguration an. Aber von den vorkommenden Elementen besitzen nur die außerordentlich träge reagierenden Edelgase 8 Elektronen in ihrer äußeren Schale, alle anderen hingegen weniger. Das heißt: Elemente, die zusammen ein Molekül bilden, nehmen voneinander so viele Elektronen (Valenzelektronen oder auch Bindungselektronen genannt) auf, dass jedes Element im Molekül die begünstigte Edelgaskonfiguration erreicht. Zum Beispiel: 2 Atome Wasserstoff mit jeweils einem Elektron vereinigen sich mit Sauerstoff mit 6 Elektronen in der äußeren Elektronenschale (mitunter explosionsartig) zu Wasser, in dem danach der Sauerstoff mit 8 gemeinsamen und Wasserstoff mit jeweils 2 gemeinsamen Elektronen in ihren Elektronenschalen die bevorzugte Konfiguration besitzen. Kohlenstoff mit vier äußeren Elektronen bildet mit vier Wasserstoffatomen – je ein Elektron – das bekannte Molekül Methan (CH_4), wobei das Kohlenstoffatom darin wieder mit 8 und die 4 Wasserstoffatome mit jeweils 2 Elektronen die begünstigte Konfiguration erreichen. Elektronen sind Vagabunden, und es gibt nur Wahrscheinlichkeiten, sie an einem bestimmten Ort anzutreffen. Bei Molekülen kreisen daher auch Elektronen auf Bahnen, den sogenannten Molekülorbitalen, die das gesamte Molekül umgeben.

So formen sich Moleküle, wobei abweichende Bindungsformen ebenfalls von Bedeutung sind.

Bleibt man bei der bequemen Korpuskelbetrachtung und erinnert sich an die schon beschriebenen Abstände und Radien der Atomkerne und ihre Elektronenbahnen, so wäre Materie ein praktisch leeres Raumgebilde. Der extrem harte Diamant, der harte, gewichtige Bergkristall wären eben nur Raum mit fast nichts darin. Energetisch sind sie aber Gebilde mit raumfüllenden unterschiedlich starken Kraftfeldern, die sich vorzugsweise auf unterschiedliche Orbitale verteilen.

In den atomaren Größenordnungen mussten sowohl der klassische Teilchenals auch der klassische Wellenbegriff aufgegeben werden. Korpuskel- oder Wellencharakter sind mit den Mitteln der klassischen Physik nicht mehr hinreichend zu beschreiben, sondern nur mit den Werkzeugen der Quantenmechanik. Treffender ist es, das Elektron als negative Ladungseinheit zu bezeichnen.

Unverständlich oder auch nicht: Die Quantenmechanik liefert bisher die besten Werkzeuge, um die Phänomene in diesem Mikrokosmos nicht nur zu beschreiben, sondern auch zu nutzen. In der Chemie half die Quantenmechanik, die Reaktionsabläufe bei der Molekülbildung besser zu verstehen und damit auch die Synthese neuer Moleküle zielgenauer zu führen.

Wie beschrieben, ist die Quantenmechanik ein geeignetes Modell, um die Eigenschaften einzelner Bestandteile des Atomkerns, des Atoms und einzelner Moleküle zu beschreiben. Aber die Übertragung der dabei gewonnenen Erkenntnisse und Beobachtungen und deren mathematischer Formulierung auf die uns bekannte sogenannte reale Umwelt ist kaum möglich. Denn im Großverband gibt es auf die Quanten bezogen so viele gleichzeitig wirkende Variablen, dass die quantenmechanische Betrachtung derzeit mathematisch versagt. Hilfreich ist es, wenn wir einfach akzeptieren, dass sich die Eigenschaften von Materie beim Übergang von einer zur nächsten Dimension verändern. Die Eigenschaften eines einzelnen Wassermoleküls (H_2O) sind für unser tägliches Leben nicht fühlbar relevant, die eines Schlucks Wassers hingegen sehr wohl.

In Metallen wird die Beweglichkeit von Elektronen durch die schwachen Ionisierungskräfte im Metallgitter befördert. Pumpt man an einem Ende eines Kupferdrahtes Elektronen hinein, so wird am anderen Ende dieselbe Menge umgehend bereitgestellt. Die Art und Geometrie des Leitermaterials bestimmt, wieviel Elektronen pro Zeiteinheit transportiert werden können.

Das Elektron ist des Menschen wichtigster Sklave. Elektromotoren übernehmen immer mehr die für uns erforderliche Arbeit und verdrängen die Verbrennungskraftmaschinen. Das Elektron beherrscht auch das Feld der elektronischen Datenverarbeitung. (s.a. Abhandlungen im Rahmen von Kapitel 21, 22.6).

8 Anorganische Materie

Wie bereits dargelegt, besteht Materie, unbelebt oder auch belebt, aus Atomen, den daraus gebildeten Molekülen, Molekülverbänden und –gemengen. Moleküle bestehen aus mindestens zwei Atomen, aus mehreren und aus fast unbegrenzt vielen. Nicht zuletzt ist auch der Mensch zunächst lediglich eine riesige Ansammlung unterschiedlicher Atome, die ihre spezifischen Eigenschaften im molekularen Verbund verlieren und sich als Großverbund Mensch menschlich präsentieren.

Während sich das Atom im atomaren Bereich je nach Beobachtungsmethode entweder als Energiefeld oder aber als Korpuskel präsentiert, ist die

Wahrscheinlichkeit, diese Eigenschaft bei Materie, mit der wir konfrontiert sind, zu beobachten praktisch null. Ausgenommen sind Effekte der elektromagnetischen Kraft wie z.B. Licht, elektrischer Strom (Blitz) und auch das Nordlicht. Natürlich ebenfalls ausgenommen sind alle für den Menschen nur mit technischen Hilfsmitteln sichtbar und hörbar gemachten quantenrelevanten Informationen, z.B. die Magnetresonanztomographie, die Telekommunikation, das Fernsehen und dergleichen, aber auch die Bilder der Experimente im Large Hadron Collider (Beschleuniger) in Cern, und natürlich diejenigen einer Atombombenexplosion. Ausgenommen ist aber auch ein starker Sonnenwind (Teilchenstrom aus Alphateilchen, ionisierten Protonen und mehr), der zuweilen unsere Telekommunikation stört.

Ganz allgemein präsentiert sich Materie in unserer als real empfundenen »Wahrnehmung« in drei Aggregatzuständen: gasförmig, flüssig und fest. Die beiden letzteren Aggregatzustände werden auch als kondensierte Materie bezeichnet. Die Physik kennt weitere nicht klassische Zustände wie z.B. das Plasma. Wasser ist ein gutes Beispiel für die Aggregatzustände, die wir als Eis, flüssiges Wasser und Wasserdampf kennen. Die Eigenschaften von Stoffen innerhalb der Aggregatzustände sind oft sehr unterschiedlich. Eis kann als Schnee in unterschiedlichen Kristallformen (Modifikationen) vorliegen, oder aber als kompaktes durchsichtiges Eis. Besonders deutlich werden die unterschiedlichen Eigenschaften von Modifikationen beim Kohlenstoff. Er begegnet uns als schwarze Kohle, als schmieriger Graphit und als äußerst harter Diamant. Die physikalischen Eigenschaften der drei Erscheinungsformen (Modifikationen) des Kohlenstoffs könnten unterschiedlicher kaum sein.

Materie kann hinsichtlich ihrer chemischen Zusammensetzung einheitlich (homogen) oder uneinheitlich (heterogen) sein. Chemisch homogen ist Materie, wenn ihre chemische Zusammensetzung an jedem Ort in der vorliegenden räumlichen Struktur dieselbe ist, z.B. das Wasser, das sich als Eis, als flüssiges Wasser und als Wasserdampf präsentiert. Homogen ist der Kohlenstoff auch im Diamantkristall, aber auch im Graphit. Dennoch bleibt ein noch so fein pulverisiertes Gemisch aus Diamantpulver und Graphit, obwohl sich an jedem Ort Kohlenstoff befindet, ein Gemisch aus zwei kristallinen Phasen.

Die Eigenschaften von Molekülen sind praktisch immer andere als die der Elemente, aus denen sie bestehen. Kochsalz besteht z.b. aus einer Verbindung der Elemente Chlor (Cl) und Natrium (Na). Beide Elemente sind aggressive Stoffe, unbeständig, giftig und ätzend. Ihre Verbindung Natriumchlorid ist hingegen seit Menschengedenken eine lebensnotwendige und damit wertvolle Handelsware. Salzburg, Hallein, Hallstadt, Halle, die Via saliera waren Zentren der Salzgewinnung, des Salzhandels und Knotenpunkte der Salzstraßen. Salz war so wertvoll, dass es der Reihe der vom Menschen begehrtesten Stoffe wie Gold, Silber, Bernstein, Seide und Gewürze angehörte und dort einen vorderen Platz einnahm. Dabei ist Kochsalz ziemlich giftig: 1 Gramm pro Kilogramm Körpergewicht kann für einen Menschen tödlich sein. Aber wer schluckt schon 60 bis 70 Gramm Kochsalz freiwillig? Natriumchlorid ist unverzichtbar, um die physiologisch-elektrischen Eigenschaften der Körperflüssigkeit von Lebewesen aufrechtzuerhalten. Auch die Eigenschaften des metallisch glänzenden Siliziums und des bei Zimmertemperatur gasförmigen Sauerstoffs sind im klaren harten Bergkristall nicht mehr zu erkennen.

Während das Kochsalz und der Bergkristall zwei Stoffe sind, die in der Natur fast in reiner Form vorkommen, bestehen die Materien um uns herum, aber auch wir selbst aus Gemischen unterschiedlichster molekularer Verbindungen.

Der harte Granit ist ein Verbund aus kristallinem Quarz, Feldspat und dem leicht spaltbaren Glimmer. Im Granit ist Quarz, wie beschrieben, noch sehr einfach aufgebaut, nämlich aus Silizium und Sauerstoff. Dagegen besteht das Mineral Feldspat bereits aus zahlreichen Elementen wie Silizium, Aluminium, Barium, Kalzium, Natrium, Kalium, Bor und Sauerstoff, wobei die Liste noch unvollständig bleibt. Im Glimmer gesellen sich zu den bereits genannten noch einige Elemente hinzu, nämlich Eisen, Mangan, Chrom, Cäsium, Rubidium, Beryllium, Vanadium, Fluor und Schwefel. Selbst diese Aufzählung ist noch unvollständig. Granit ist ein weit verbreitetes Urgestein. Die Ansammlung so vieler Elemente darin ist also nicht gerade ein seltenes Ereignis. Erde und Ackerboden sind fast immer Gemenge sowohl aus organischen Stoffen, die sich von belebter Materie herleiten, als auch aus anorganischer mineralischer Substanz. Sie bilden genau genommen eine hauchdünne Schicht auf geeigneten Oberflächen unseres Planeten.

Auf der Erdoberfläche treffen wir die Elemente fast nie ungemischt, also in elementarer Form, an. Selbst die Luft besteht zu 78% aus molekularem Stickstoff (N_2), 21% molekularem Sauerstoff (O_2), 1% Argon, ca. 0,04% Kohlenstoffdioxid und zusätzlich aus unterschiedlichen Mengen an Wasserdampf und Spuren von anderen Gasen. Natürlich gibt es Ausnahmen. Schwefel wird in Gegenden vulkanischen Ursprungs häufig in sehr reiner kristalliner Form gefunden, Kohlenstoff als Diamant ebenfalls. Begehrt, aber sehr selten kommt Gold in hoher Reinheit (bis 95%) als Nugget vor. Aber selbst diese Aussage ist nur begrenzt gültig, denn im Spurenbereich (Nanogramm Verunreinigung/ Gramm Stoffmenge) findet man fast alles überall.

Wie schon erwähnt, entstanden im Universum die leichteren Elemente früher als diejenigen, die schwerer als Eisen sind. Die Elemente wie z.B. Sauerstoff (O), Stickstoff (N), Silizium (Si), Magnesium (Mg), Kalzium (Ca), Bor (B), Aluminium (Al), Schwefel (S), Kalium (K) und Natrium (Na) formten daher Mineralien, die vorwiegend aus Sauerstoffverbindungen und den übrigen genannten Elementen bestehen.

Entsprechend der Entwicklungsgeschichte des Erdballs, auf die hier nicht näher eingegangen wird, besteht die im Mittel 35 km mächtige kontinentale Erdkruste hauptsächlich aus Quarz und Feldspat und die ca. 5 bis 10 Kilometer mächtige ozeanische Erdkruste vorwiegend aus Basalt und in tieferen Schichten aus Gabbro. Gabbro ist chemisch dem Basalt ähnlich. Basalt, obwohl er fast einheitlich als dichtes graues Gestein vorkommt, ist ein sehr variables Gemisch vieler Mineralien. Es enthält im Mittel 50 % Quarz (SiO_2), 20 % Aluminiumoxid Al_2O_3), jeweils um 10 % Eisenoxid (FeO), Kalziumoxid (CaO) und Magnesiumoxid (MgO), ferner um 5% Kaliumoxid (K_2O) und Natriumoxid (Na_2O) sowie kleine Mengen anderer Verbindungen.

Unter den beiden genannten Erdkrusten ist die Erdkugel schalenförmig aufgebaut, wobei die Schalen zunehmend metallischer werden und einen Kern vorwiegend aus Eisen und Nickel kugelig umhüllen.

Die kurze Beschreibung zeigt, dass alle beständigen Elemente auf unserem Planeten zu finden sind, und dass dieser somit das Ergebnis sehr heißer Verklumpung umherirrender Trümmer (Meteoriten) von geborstenen Sternen ist. Seither kreist dieses ursprünglich sehr heiße Objekt um die Sonne, ertrug das Bombardement vieler weiterer umherirrender Meteoriten, kühlte ganz langsam ab, besitzt aber selbst heute noch eine atomare Zentralheizung (unter anderen die Uranspaltung, Halbwertszeit 10^9 Jahre) und ist, was es heute ist: unsere Erde.

Und so geschah und geschieht auch heute noch alles nach chemisch-physikalischen und physikalischen Gesetzmäßigkeiten.

Der Mensch kann auf Grund dieser Erkenntnisse und seines erworbenen Wissens auch voraussagen, welche Bedingungen auf Planeten in den Milliarden Galaxien im Universum erfüllt sein müssen, um dort ein Leben, das unserem gleichwertig ist, zu ermöglichen.

9 Organische Materie

Was ist organische Materie? Es sind Stoffe, die vorwiegend das Element Kohlenstoff im Molekül enthalten. Kohlenstoff nimmt unter allen Elementen eine Sonderstellung ein. Er reagiert sehr leicht mit Wasserstoff (H), Sauerstoff (O), Stickstoff (N), Schwefel (S) Phosphor (P) und mit sich selbst, aber auch mit Chlor (Cl), Brom (Br) und einigen anderen Elementen. Die Namensgebung »organische Materie« beruht auf dem Umstand, dass noch vor 200 Jahren die Gelehrten glaubten, Materie dieser Klasse stamme ausschließlich von Organismen. Auch Harnstoff, der unverzichtbare Ausgangsstoff für Salpeter im Schießpulver, so glaubte man, sei nur über die Lebenskraft »vis vitalis« zugänglich. Den Paradigmenwechsel leitete Friedrich Wöhler ein, der 1828 Harnstoff aus anorganischen Ausgangsstoffen herstellte. Wöhler erbrachte damit sozusagen erstmals den Nachweis, dass es für die Synthese organischer Moleküle keiner mystischen Lebenskraft bedarf, sondern wissenschaftlich fundierter Synthesestrategien. Stoffe, die vorwiegend in lebender Materie vorkommen, werden immer noch von der Fachrichtung »Biochemie« betreut. Aber nachdem heute, wie eingangs schon erwähnt, zwischen dem schon mystischen chemiefreien Bio-Apfel und dem Nicht-bio-Gegenstück «konventionell» unterschieden wird, aber doch alle Lebensmittel biologischer Natur, also »bio« sind, und nicht aus Beton oder Granit bestehen, droht dem Begriff »Biologie« ein fataler Bedeutungswandel.

Wie bereits beschrieben wird das Element Kohlenstoff bereits in relativ kleinen Sternen wie z.B. der Sonne erbrütet. Es ist ein reaktionsfähiges Element und verbindet sich mit Sauerstoff unter Wärmeabgabe zu dem bekannten Kohlenstoffdioxid, dem Ausgangsstoff vieler Kohlenstoffverbindungen. Die einfachsten und sehr stabilen Kohlenstoffverbindungen sind die gesättigten Kohlenwasserstoffe, deren erstes Glied das oben genannte Methan (CH_4) ist, gefolgt von Propan, Butan, Benzinen und Mineralölen sowie Paraffin. Sie sind nur eine kleine Auswahl der Stoffe, die zu dieser Stoffklasse gehören. Die überwiegende Menge organischer Stoffe besteht aus Molekülen, die vorwiegend aus den Elementen Kohlenstoff, Wasserstoff, Sauerstoff, aber auch Stickstoff, Schwefel, Phosphor und anderen Elementen bestehen. Die belebte Natur synthetisierte schon im Erdzeitalter Archaikum eine unübersehbare Zahl kompliziert aufgebauter organischer Stoffe, die eine fast unendliche Mannigfaltigkeit der Moleküle, Molekülstrukturen und Molekülverbände umfasst, aus denen sich die belebte Materie herausbildete.

Diese organischen Kohlenstoffverbindungen können sich unter geeigneten Reaktionsbedingungen auf jedem hinreichend abgekühlten Himmelskörper bilden. Der Mensch bereicherte diese Stoffklasse durch eine unübersehbare Anzahl synthetisch hergestellter Stoffe, die bisher in der Natur noch nicht gefunden wurden (Kunststoffe, Medikamente, spezielle Farbstoffe, Baustoffe und vieles mehr).

Die Betonung liegt auf hinreichend abgekühlt:

Die meisten organischen Kohlenstoffverbindungen sind nämlich nur bis etwa 200° Celsius beständig. Sehr empfindlich sind die lebenswichtigen Proteine in der Quartärstruktur. Von 0° Celsius bis zum absoluten Nullpunkt sind es dann nur noch −273° Celsius. Einige Mikroorganismen fühlen sich allerdings selbst bei 80° Celsius noch recht wohl. Es gibt also einen ganzen Satz biologischer Materie, der bei diesen Extremtemperaturen Leben ermöglicht. Im Vergleich zu den auf Sternen herrschenden Temperaturen von vielen tausenden Graden Celsius arbeitet die organische Chemie sozusagen im Tiefkühlschrank des Universums. Bei Abwesenheit von Sauerstoff beginnt sich organische Materie bereits bei 200° – 300° Celsius zu zersetzen. Steigt die Temperatur weiter an, so werden die Moleküle weitgehend in kleinere Moleküle aufgespalten und umgebaut (Pyrolyse) und sind bei etwa 800° – 900° Celsius entweder in kleinere Moleküle wie z.b. Methan gespalten oder aber auch in pechartige, ölige Stoffe (Teer) umgewandelt. Bei Stoffen wie z.b. Holz, das etwa 40 Massenanteile Sauerstoff enthält, entsteht neben den o.g. Stoffen bei der Pyrolyse zwangsläufig auch Kohlenstoffdioxid. Bei Anwesenheit von Sauerstoff wird organische Materie bei steigenden Temperaturen vollständig zu Kohlenstoffdioxid abgebaut.

Darüber an anderer Stelle noch mehr.

Tiefe Minustemperaturen verändern organische Materie, wenn überhaupt, nur wenig. So manches tausende Jahre alte Mammut wurde fast unversehrt aus Permafrostböden geborgen. Biologische Materie verändert sich chemisch bei sehr tiefen Temperaturen praktisch nicht. Bei Annäherung an den absoluten Temperaturnullpunkt schlafen die atomaren molekularen Schwingungen ein und die Elektronen bleiben zunächst in ihren zugedachten Bahnen: Die Reaktionsfähigkeit nähert sich dem Stillstand (Entropie = 0). Für den Zustand bei −273° Celsius bietet sich eine quantenphysikalische Beschreibung an (Bose-Einstein-Kondensat).

Sehr bemerkenswert: Wenn die Kühl- und Auftautechnik stimmt, kann prinzipiell lebende Materie aus dem Gefrierschlaf erweckt werden. Bei Zellen, Samen (Samenbanken) bedrohter Pflanzenarten und Tierarten und anderen Objekten klappt das schon recht gut. Selbst Warmblüter wie der Bär, aber auch das Murmeltier verschlafen die kalte Jahreszeit allerdings bei noch vergleichsweise milden Minusgraden, das heißt jegliche Arbeit wird eingestellt und nur der lebensnotwendige Energiefluss aufrechterhalten. Und in flüssigem Stickstoff bei minus 210° Celsius lassen sich selbst Männer, die glauben, niemals sterben zu dürfen, nach ihrem Tode schockgefrieren, um irgendwann wieder aufgetaut und medizinisch rundumerneuert ganz groß herauszukommen. Der Empfang nach ihrer Auferstehung dürfte sie vermutlich sehr enttäuschen.

So kritisch der Temperaturbereich für unbelebte und erst recht für belebte Materie ist, so wenig ist es der Druck. Aber solange Lebewesen keinem rasch verlaufenden Druckgradienten ausgesetzt werden, kann der Druck, ohne lebensschädlich zu sein, sehr hoch werden. Zum Beispiel gibt es in den finsteren Tiefen der Ozeane noch Leben. Nicht nur in tausend Meter Meerestiefe, wo schon ein Druck von ca. 100 Bar herrscht, sondern noch in 11000 Metern Tiefe, dem Marianengraben, findet man bei etwa 1100 Bar (ca. 1,1 metrische Tonnen pro Quadratzentimeter) noch reiches Leben.

10 Leben

Wie auch immer der Materie das Leben eingehaucht worden ist: Es gilt, dass Leben an die bekannten chemischen Elemente, vor allem an Kohlenstoff gebunden ist, und dass diese Elemente im Universum überall dieselben und nur diese sind. Das bedeutet, dass die uns bekannten physikalischen und chemischen Gesetzmäßigkeiten überall im Universum gelten. Sind also die für Leben notwendigen Elemente und Umweltbedingungen an irgendeinem Ort im Universum gegeben, so ist dort die Existenz von Leben prinzipiell auch möglich.

Aber was ist Leben?

In der Literatur findet man darauf Antworten von Theologen, Philosophen, Naturwissenschaftlern und anderen Forschern.

Allemal richtig ist die Antwort des Physikers Erwin Schrödinger (1887 – 1961). Er bemüht die Thermodynamik. Sinngemäß sagt er, dass Leben sein geordnetes zelluläres System aufbaut, indem es die Unordnung seiner Umwelt erhöht.

Selbst die einfachsten zellulären Formen ohne Zellkern sind auf einen Stoffwechsel angewiesen. Stoffe herzustellen, zu wechseln, zu transportieren, zu nutzen und zu entsorgen – also zu leben – erfordert Arbeit, die wiederum Energie benötigt. Arbeit verursacht Abwärme (Verlustenergie), die mit Hilfe von Stoffen wie Schwitzwasser, Kühlwasser, aber auch Kohlenstoffdioxid, anderen Stoffen und Abstrahlung entsorgt werden muss. Im Prinzip funktioniert Leben wie ein Verbrennungsmotor, in dem vornehmlich oxidierbare Materie im Wesentlichen zu Kohlenstoffdioxid und Wasser verbrannt wird (chemische Energie), ohne die Temperaturen des offenen Feuers zu erreichen; es ist sozusagen ein kühles Minikohlekraftwerk, und davon gibt es zurzeit allein etwa 7,5 Milliarden menschliche. Die abgeführte Energie erhöht die Energie der Umwelt und damit die von Erwin Schrödinger genannte Unordnung (siehe Beispiel Mischen von kaltem und warmem Wasser Kapitel 2). Aber damit die Abwärme abgeführt werden kann, muss die Umwelt kühler sein; sie muss noch aufheizbar bleiben, andernfalls lebt nichts mehr (Stichwort Wärmetod).

Für den normalen Energienutzer ist das alles befremdlich, denn was er erlebt ist einfach, aber anstrengend: »Im Schweiße deines Angesichts – oder Bürostuhls – sollst du dein Brot essen.« Wer sich mit der Bedeutung der Thermodynamik, z.B. in der Biologie, etwas näher befassen möchte, der lese im Internet die Seite »Chemie Online, Forum Biologie & Chemie, Entropie in der Biochemie, (2016)«.

Schrödingers Definition des Begriffs »Leben« ist thermodynamisch und damit physikalisch. Über die involvierte Chemie wird keine Aussage gemacht. Auch enthält sie keine Antwort auf die Frage, warum es Leben überhaupt gibt und welchen Sinn es hat. Theologen und Philosophen glauben die Antwort zu wissen. Es drängt sich die Gottesfrage auf. Ist Leben gottgewollt?

Von der Chemie her mag das zunächst so offen und ungeklärt stehenbleiben. Aber selbst der »liebe Gott« benötigte nicht nur die sieben biblischen Tage, sondern einige Milliarden Jahre, um die materiellen und thermischen Voraussetzungen für Leben auf unserem Planeten zu schaffen. Die Frage, ob er, der Schöpfer, sich dafür nicht auch selbst weiterentwickelt haben muss, bleibt zunächst unbeantwortet.

Auf unserem Planeten herrschten schon vor etwa 4 Milliarden Jahren Bedingungen, die die Bildung und den Erhalt biologisch wichtiger Moleküle und die Entstehung lebender Materie erlaubten. Die Temperatur war nicht die alleinige Bedingung, sondern die nächstwichtigste war, dass die dafür essentiellen Moleküle in ausreichender Menge synthetisiert waren, und dass die Umwelt alle weiteren erforderlichen Synthesen ermöglichte.

Nachdem auf unserem Planeten die notwendigen Bedingungen gegeben waren, unter denen die Elektronen des Kohlenstoffs, des Wasserstoffs, Sauerstoffs und einiger weiterer Elemente sowohl hinreichend beweglich als auch hinreichend unbeweglich waren, konnte sich eine Unzahl organischer chemischer Stoffe bilden. Grundbausteine biologischer Materie lieferte auch außerirdisches Material, das Aminosäuren für den Aufbau von Eiweiß, aber auch Stoffe für Kohlehydrate (z.B. Glukose) lieferte. Die erforderliche Konzentration der benötigten Stoffe bildete sich aber in der zunächst sauerstoffarmen Ursuppe unseres Planeten. Es dauerte sehr lange, aber die Zeit war vorhanden, bis sich Proteine, zuckerähnliche Stoffe und stickstoffhaltige sechs- und fünfgliedrige ringförmige Kohlenwasserstoffe in ausreichender Konzentration bildeten. Einige organische Moleküle neigen zur Selbstorganisation, das heißt sie bilden Molekülketten (Polymere), aber auch quervernetzte Molekülgebilde mit dreidimensionaler Struktur.

Leben entwickelte sich mit hoher Wahrscheinlichkeit im Meer. Die Meeresoberfläche erhält genügend Sonnenlicht, Kohlenstoffdioxid und zahlreiche mineralische Stoffe über lange Zeiträume in fast gleichbleibender Konzentration. Kein Ort auf unserem Planeten stellt einen so günstigen, relativ stabilen Temperaturbereich für Lebewesen zur Verfügung wie das Meer. Wasser hat einige besonders vorteilhafte Eigenschaften. Seine höchste Dichte, also das

Gewicht pro Kubikzentimeter, hat es bei 4° Celsius. Als Eis ist Wasser daher leichter, denn wäre es das nicht, so würden die Eisberge zum Meeresgrund absinken und die Meere wären nicht nur an den Polen ein Permafrostblock, der nur im Sommer oberflächlich auftauen würde. Das bei 4°C liegende Dichtemaximum von Wasser verursacht schon bei geringen Temperaturveränderungen Strömungen und eine fortwährende Durchmischung gewaltiger Wassermassen. Um die Temperatur von nur einem Kilogramm 20°C warmen Wassers um nur 1° C zu erhöhen, sind 4.200 Joule (1000 Kalorien) notwendig. Die Weltmeere können enorme Wärmemengen aufnehmen, sind also hervorragende Wärmespeicher und zugleich Temperaturpuffer. In der Frühzeit unseres Planeten gab es starken Vulkanismus und häufige Meteoriteneinschläge mit gewaltigen atmosphärischen, thermischen, geologischen und chemischen Veränderungen. Die riesigen Weltmeere reagierten ziemlich gelassen. Sie stellten aufgrund ihrer enormen Wärmekapazität über Jahrmillionen einen für die Entwicklung lebender Materie geeigneten Lebensraum mit passendem Temperaturbereich bereit.

In den Weltmeeren stand an vielen Orten, besonders in der Nähe heißer Quellen, Energie im Überfluss zur Verfügung. Dort gab es gute Bedingungen für chemische Reaktionen und Stoffe, die Reaktionsabläufe beschleunigen (Katalysatoren).

Ein Blick in ein Lehrbuch der Biochemie aus dem 21. Jahrhundert überwältigt selbst Fachleute immer wieder. Vor Milliarden Jahren wurden Stoffe synthetisiert und komplizierte Reaktionsabläufe genutzt, die im Labor auch heute nur mühsam oder auch gar nicht nachvollzogen werden können. Die Fülle an erschaffenen Stoffen und raffinierten Synthesewegen konnte nur in gewaltigen Zeitspannen in einem »Trial-and-Error-Verfahren« als erprobt und dauerhaft brauchbar in die Toolbox der Naturchemie gelangen.

Die ersten Lebensformen bildeten sich bereits vor 2,5 Milliarden Jahren. Es waren einzellige zur Zellteilung befähigte Lebewesen.

Lange vor der Synthese des Chlorophylls oder sogar des Hämoglobins war eine Substanz zwingend erforderlich, die über Abermillionen Jahre darüber sozusagen Buch führte, so etwas wie ein Laborjournal, das darüber informierte, welche »Ansätze« des n+1ten Experiments mit welchem Ergebnis bereits durchgeführt worden sind und brauchbar waren. Also ein Informationsspeicher (Massenspeicher), in dem die Ergebnisse fortlaufend codiert abgelegt und abgerufen wurden. Mehr noch: Die Informationen mussten leicht kopierbar sein, damit die Alterung der aus organischer Materie bestehenden Datenspeicher überwunden (frühes Generationenprinzip) und massenhaft an vielen Orten parallele Versuche zur Optimierung der Synthesewege möglich waren. Was ist damit gemeint?

Die Natur arbeitet immer und wenn nötig mit riesigen Populationen, um sicher zu stellen, dass auch ein sehr unwahrscheinliches Ereignis irgendwann eintritt. Das Prinzip gilt insbesondere für die erforderlichen Synthesewege der gewaltigen Anzahl spezieller Moleküle, die Leben erst ermöglichen. Man denke nur an die vielen zusätzlich nötigen Stoffe, die erforderlich sind, um Reaktionsabläufe zu beschleunigen, zu steuern, Informationen zu überbringen und einzulesen, aber auch wieder auszulesen und die ausgelesenen Informationen zu übersetzen und in zielgenaue Reaktionsanweisungen umzusetzen, und vieles mehr. Die Informationen wurden solange gespeichert, umgeschrieben, ergänzt und kopiert und implementiert, bis endlich der Algorithmus (der Bauplan) so weit entwickelt war, dass der »Homo sapiens« nach dem vorliegenden Plan massenhaft in Serie gehen konnte.

Am Anfang stand, wie schon im Titel erwähnt, auch die Information – und der Logos des Evangelisten Johannes (s. a. Kapitel 18).

Für diesen genialen Informationsmassenspeicher musste die Natur, wie bereits erwähnt, bereits vor 2,5 Milliarden Jahren einige Ausgangschemikalien synthetisieren und sozusagen in einer Toolbox in ausreichender Menge bereithalten, namentlich die Nukleinsäuren Adenin (A), Thymin (T), Guanidin (G) und Cytosin (C), ferner den Zucker (D) mit dem Namen Ribose und Phosphor (P) als Phosphorsäure. Hinzu kommen die Aminosäuren zur Synthese einer riesigen Anzahl von Proteinen sowie einige fünf- und sechsgliedrige zyklische stickstoffhaltige Kohlenwasserstoffe. In einer Sternstunde des Universums entstand das strangförmige sehr große Molekül Ribonukleinsäure (RNA), ein sehr flexibles Molekül, das in unterschiedlichen Formen sehr unterschiedliche Eigenschaften besitzt, die für die Entstehung von Leben nötig sind. Die RNA ist praktisch eine Vorstufe der Desoxyribonukleinsäure (DNA). Sie besteht aus zwei RNA-analogen Strängen und ist ein gewedeltes polymeres Riesenmolekül, das bemerkenswert stabil ist. Bruchstücke der DNA werden noch aus jahrtausendealten Knochen isoliert. Etwas detaillierter beschrieben besteht das DNA-Riesenmolekül aus einem gewendelten Doppelstrang, gebildet aus den oben genannten Nukleinsäuren A, T, G und C, sowie dem Zucker D und der Phosphorsäure P. Schaut man seitlich auf den Strang, so stehen jedem A ein T, T ein A, C ein G und G ein C gegenüber. Die Komponenten sind jeweils mit dem Zuckermolekül D verbunden und diese wiederum untereinander, sozusagen als Rückgrat, mit der Phosphorsäure (P). Im Internet finden sich über den Aufbau zahlreiche sehr gute Abbildungen. Die unterschiedliche Folge der Nukleinsäurepaare im Molekül sind mit den Nullen und Einsen unserer Computerprogramme vergleichbar. Aber der vor Milliarden Jahren erfundene Zeichensatz ist effizienter als die sequenzielle 0/1-Hektik heutiger Computer.

Wie liest der Datenspeicher DNA die Daten ein, gibt sie wieder aus, speichert sie und macht von sich selbst ein »Back-up«? Mit Hilfe einer Reihe von Enzymen, kompliziert aufgebauter Proteine, wird der Doppelstrang in die zwei Einzelstränge aufgespalten, in RNA umgeschrieben und die passenden Nukleinsäuren werden so angedockt, dass die neu zu speichernden Informationen unverwechselbar wieder auslesbar sind. Die gespeicherten Informationen werden durch diese Möglichkeit der Replikation sozusagen zu Erbinformationen. Der Prozess ist nicht so einfach wie hier beschrieben. Als Resultat liegen danach zwei neue Doppelstränge vor, von denen, wenn fehlerfrei kopiert, alle Informationen wieder ausgelesen werden können, wozu wiederum spezifische Enzyme nötig sind. In der Literatur, selbst auf Youtube gibt es Beiträge, die den komplizierten Prozess anschaulich beschreiben. Mit welcher Raffinesse schon vor 2,5 Milliarden Jahren die Grundlagen für die belebte Materie gelegt wurden, ist tatsächlich bemerkenswert. Die Frage ist: War das nicht der Plan Gottes? Bitte weiterlesen!

Der Begriff Information gehört somit ebenso zum Prinzip Leben wie die organische Materie und die Thermodynamik (s.a. Kapitel 11 und 12).

RNA und DNA waren Vorstufen und sind notwendige Komponenten der belebten Materie und unverzichtbar für deren Fortbestand. Noch heute sind sie in Membranen verpackt, sozusagen als quasi unbelebte organische Materie, als Viren existent. Sie schleusen sich gegebenenfalls in lebende Zellen ein und zwingen diese, die RNA/DNA des Virus und nicht die zelleigene RNA/DNA zu replizieren. Es wird vermutet, dass die DNA anfangs sogar von anorganischer Materie, z.b. Eisenverbindungen, umschlossen lebensähnliche Prozesse durchlief.

So bedeutend die DNA für Organismen ist, so bedeutend ist auch die Energieversorgung. Hierfür erfand die Natur eine universal einsetzbare Verbindung mit einem hohen chemischen Energiepotenzial. Die Natur bediente sich hierfür der bereits in ihrer Toolbox enthaltenen Chemikalien und synthetisierte aus dem Adenosin (A), aus der Ribose (D) und der Phosphorsäure (P) das Adenosintriphosphat (ATP). Diese Verbindung stellt im Organismus die zum Betrieb des Stoffwechsels benötigte Energie bereit und transportiert sie zu den Zellverbänden, entsorgt den Abfall (z.B. CO_2), tankt erneut Energie und wiederholt den Zyklus. Auch in diesem Fall ist das chemische Geschehen sehr viel komplizierter als hier skizziert.

Die ersten Lebewesen waren einzellige Gebilde mit DNA und allen Stoffen, auch Enzymen, die benötigt wurden, um den Stoffwechsel zu unterhalten. Ein Urtyp dieser Lebewesen sind die Archaeen. Dieser Typ ist artenreich. Besonders interessant sind die hyperthermophilen, die noch in 80° Celsius heißem Wasser leben und sich aus anorganischen Reaktionen, z.B. indem sie Schwefel reduzieren, die Energie für ihren Stoffwechsel beschaffen. Die Archaeen, die Urbakterien, gibt es auch heute noch, z.B. im Darm des Menschen, wo sie anaerob organische Stoffe zu Methan abbauen.

So entstand die belebte Materie. Die genialen Chemiker, die sie schufen, sind die physikalischen und physikalisch chemischen Gesetzmäßigkeiten.

Ein anderer Gestalter mit dem erforderlichen »Gewusst-wie« gab sich bisher nicht zu erkennen.

Zunächst war die Biosphäre sauerstoffarm und die Lebewesen waren Anaerobier. Aber vor etwa 2,5 Milliarden Jahren gab es schon die noch heute verbreitet vorkommenden Cyanobakterien. Sie beherrschten schon damals die Photosynthese; und wiederum: »Chemie vom Feinsten«. Erst 1960 gelang dem begnadeten Chemiker Robert Burns Woodward die Totalsynthese dieses Naturstoffes, des Chlorophylls. Es beschleunigt (katalysiert) die massenhafte Synthese von energiereichen Stoffen aus Kohlenstoffdioxid und Wasser mit Hilfe von Lichtenergie. Das Chlorophyll ist ein sehr komplexer chemischer Katalysator, der als Kern eine metallorganische Struktur mit Magnesium als Komplexbildner besitzt. Auch in diesem Fall bediente sich die Natur einer chemischen Grundstruktur, die mehrfach nützlich ist, nämlich des Porphyrins. Vier stickstoffhaltige Fünfringe bilden eine ringförmig aufgebaute Molekülstruktur, die in ihrem Zentrum ein Metall, hier Magnesium, bindet (komplexe Bindung). Um diese Grundstruktur sind weitere Strukturen (Peptide) angeordnet, die unterschiedliche Aufgaben im gesamten Prozess der Photosynthese übernehmen. Bei der Reduktion von Kohlenstoffdioxid mit Wasser als Reaktionspartner und beim Aufbau energiereicher komplexer organischer Stoffe wird sozusagen als Abfallprodukt Sauerstoff produziert. Fossile Funde und Ergebnisse der archäologischen Chemie deuten darauf hin, dass Cyanobakterien massenhaft über sehr lange Zeiträume in den Meeren lebten und ihr Stoffwechselabfallprodukt, den primären Sauerstoff, in unserer Luft produzierten. Die vorher sauerstofffreie Atmosphäre wurde oxidierend, was das größte Artensterben der Erdgeschichte auslöste. Sauerstoff vernichtete nahezu die gesamte damalige Biosphäre (s. David Grinspoon, Spektrum der Wissenschaft 6/17, S. 67). Wiederum ganz ohne das Zutun des vermeintlich ach so schlauen Menschen wurde der zunächst hochgiftige Sauerstoff ganz einfach zum unentbehrlichen lebensnotwendigen Rohstoff umprogrammiert. Dabei bediente sich die Natur einfach des molekularen Grundgerüsts des Chlorophylls, ersetzte das Magnesium durch Eisen und baute auch die fotoempfindlichen Hilfsmoleküle in ein effizientes Sauerstofftransportsystem (Red-Ox-System) um. Die Erfindung dieses Sauerstoffbereitstellungssystems war die Voraussetzung für die Entwicklung der tierischen Artenvielfalt. Die Chemie des Lebens ist eben nicht »einfache Chemie« sondern »Chemie von Feinsten«. Der Chemiker Natur schuf somit eine vollkommen neue Biosphäre, die auch die unsere ist.

Bevor also sich vielzellige Lebewesen gebildet hatten, waren die hochkomplizierten chemischen Prozesse und die dafür benötigten Stoffe bereits »erfunden«. Die riesige Anzahl chemischer Stoffe, die gesamte Biochemie der Zelle, hat die Natur bereits gewusst! Und das schon vor 2,5 Milliarden Jahren. Bedeutsam ist, dass sich an diesen einmal erfundenen Synthesewegen und Prozessführungen, Bau- und Ablaufplänen (Algorithmen) seither nicht erkennbar Wesentliches geändert hat.

Danach, vor etwa 540 Millionen Jahren, im Äon, das Phanerozoikum genannt wird, entstanden vielzellige Lebewesen, die mehrheitlich Aerobier waren und es noch sind. Für die Entwicklung zum Homo sapiens benötigte er, sie, es, wer auch immer, keine 7 Tage, sondern 540 Millionen Jahre.

Ganz unkompliziert könnte man sagen: Leben bedeutet, Energiequellen zu finden oder zu erobern. Verfügbare Energie ist ein Merkmal des Begriffs Leben.

Die Verfügbarkeit der Photosynthese war wohl der erste entscheidende Schritt für die Entwicklung höher organisierter Lebewesen. Mit Sonnenlicht als Energiequelle und dem in der Luft schon immer reichlich zur Verfügung stehenden Kohlenstoffdioxid sowie dem weltweit vorhandenen Wasser gelang und gelingt es Pflanzen, die schon erwähnten zuckerähnlichen Moleküle herzustellen. Die Sonnenenergie wird hierbei in chemische Energie mit hoher Energiedichte umgewandelt und in Molekülen vorgehalten (Energiespeicher). Aus solchen Molekülen baut die Pflanze ihre Struktur auf, hält sich am Leben und sichert die Reproduktion und den Erhalt der Art. Das zuckerähnliche Molekül dient dabei als Energielieferant für den Betrieb des eigenen Stoffwechsels.

Die vom Tageslicht abhängige Photosynthese ist ein langsamer und bedächtig ablaufender Prozess. Ein Baum braucht zum Wachsen Jahrzehnte und kann jahrhundertealt werden. Wenn wir dann sein Holz verbrennen, nutzen wir sozusagen augenblicklich die über Jahre langsam aufgespeicherte chemische Energie als Wärmequelle. Die so unterschiedlichen Zeiträume für die Gewinnung und für den Gebrauch der gespeicherten Sonnenenergie geben zu denken.

Bei der Fotosynthese wird tagsüber Kohlendioxid zu Kohlenwasserstoffen reduziert und Sauerstoff ausgeschieden, der immer noch dazu beiträgt, die lebenswichtigen 21% Sauerstoff in der Luft zu erhalten.

Die Lebewesen, die die Photosynthese für die Gewinnung ihrer Lebensenergie wählen, sind die Produzenten der chemischen Energie, denn nur sie schaffen aus Licht (elektromagnetische Wellen/Photonen) Wasser und Kohlenstoffdioxid organische Stoffe, die von den Produzenten als Nahrung genutzt werden.

Es wäre schon sehr unwahrscheinlich gewesen, wenn sich keine Lebewesen entwickelt hätten, die das riesige Reservoir an energieliefernder Biomasse der Produzenten für sich als Nahrung nutzen. Es entwickelten sich die primären Konsumenten, die Pflanzenfresser, die wiederum eine gewaltige Biomasse bildeten, die sich ihrerseits als hochkonzentrierte Energiequelle anbot. Es entwickelten sich Räuber (Karnivoren, Fleischfresser), die Pflanzenfresser als Nahrungsquelle bevorzugten, und sie jagten. Das geschah zwangsläufig. Ebenso zwangsläufig entwickelten sich Lebewesen, die sich sowohl von den Produzenten als auch von den Konsumenten ernähren. Zu letzteren gehört der Mensch.

Die Produzenten verfügen nur über eine eingeschränkte eigene Beweglichkeit. Die Photosynthese ist, wie beschrieben, ein langsamer Prozess. Sie kann pro Zeiteinheit nicht mehr energieliefernde Stoffe erzeugen als die Sonne dafür bereitstellt. Real sogar weniger, denn die Photosynthese liefert keine hundertprozentige Ausbeute. Erdgebundene Organismen, die Photosynthese betreiben, müssen keine zusätzliche Energie für rasch ablaufende Eigenbewegungen aufwenden, bleiben daher überwiegend ortsfest, wenden sich dem Licht zu, aber eben nur langsam und begrenzt und nur insoweit als sie versuchen, optimal das benötigte Licht zu erreichen. Bei manchen Arten richtet sich das Blattwerk sogar tagsüber nach der Sonne aus. Äste tragen das Blattwerk weit ausladend ans Licht. Stämme streben himmelwärts, und wo zu viel Licht und Wärme ist und Mangel an Wasser herrscht, werden die lichteinfangenden Flächen verkleinert, verteilt auf volumenstarke fleischige wasserspeichernde bewehrte Gebilde, z.B. Kakteen. Dagegen werden die im Wasser lebenden oder ins Wasser hineingeratenen Produzenten durch Meeresströmungen, Bäche und Flüsse über weite Distanzen verfrachtet, z.B. die Cyanobakterien.

Die pflanzenfressenden Konsumenten sind vorwiegend autonom beweglich. Und das müssen sie auch sein, denn ein Ort ist schnell abgegrast, und neue Weidegründe müssen gefunden werden. Beweglichkeit ist notwendig.

Die Fleischfresser müssen sogar sehr beweglich sein, denn der Pflanzenfresser ist fluchttrainiert und nicht so leicht zu fassen. Für die energiezehrende Jagd stellt ein angepasster Stoffwechsel aus dem energiereichen erbeuteten Fleisch und aus Fett die erforderliche Energie im Eilverfahren bereit. Die Konsumenten insgesamt sind so etwas wie biotechnologische Hochleistungsroboter.

Die Vegetarier sind auf einen physiologischen Apparat angewiesen, der es ihnen ermöglicht, die im Blattwerk und in der Borke gebundene chemische Energie für sich verfügbar zu machen, zu speichern und für rasche Bewegungsabläufe sekundenschnell bereitzustellen. Sie und besonders die Karnivoren benötigen ab einer bestimmten Körpergröße einen Apparat, der die schnelle Anlieferung von Energie gewährleistet. Die Natur löste das Problem, indem sie die Hochleistungspumpe Herz und den Blutkreislauf erfand. Das System gewährleistet die rasche Verteilung von Blut und damit die Breitstellung von Energie für die erforderlichen physiologischen Prozesse (z.B. Bewegungsabläufe).

Hierbei gibt es unterschiedliche Prozesse. Mit rotem Blut wird der Sauerstoff über die unterschiedlichen Oxidationsstufen von Eisen an die Verbraucher geliefert. Das Eisen ist dafür in einem Enzymsystem eingebaut, das Hämoglobin genannt wird. In der Lunge bindet das zweifach positiv geladene Eisenion im Hämoglobin 2 bis 4 Sauerstoffatome, wird hierbei selbst weiter oxidiert (dreiwertig), transportiert den Sauerstoff und Kraftstoffe wie z.B. Glucose zu den Zellen in den verschiedenen Organen und stellt dort Sauerstoff und den Kraftstoff bereit. Hierbei wird das Eisen wieder reduziert und das Stoffwechselprodukt Kohlenstoffdioxid zur Abatmung an die Lunge zurückgepumpt. Dort belädt sich das Hämoglobin wieder mit Sauerstoff und der Kreislauf beginnt erneut. Das chemische Grundgerüst des Hämoglobins ist dem des Chlorophylls ähnlich. Im Hämoglobin ist das Magnesium durch das für ein leistungsfähiges Red-Ox-System geeignete Eisen ersetzt und die umgebenden Molekülstrukturen sind den erforderlichen Aufgaben angepasst.

Über diesen oder einen ähnlichen Prozess verfügen alle Organismen, die zur Steuerung ihrer Lebensfunktionen auf schnelle Verfügbarkeit von Energie angewiesen sind, so z.B. auch Insekten.

Die Aufarbeitung von Nahrungsmitteln zu schnell verfügbaren Energielieferanten erfolgt bei Vegetariern primär durch Umwandlung von Zellulose in wasserlösliche Zuckerstoffe, von denen es eine reichhaltige Palette gibt. Rinder bauen Zellulose über einen mehrstufigen Prozess ab, der ein wiederholtes Wiederkäuen erfordert. Pferde z.B. kommen ohne diese Zwischenstufe aus, aber benötigen mehr Primärfutter. Die Karnivoren sind vorwiegend auf den schnellen Abbau von Proteinen gerüstet, können aber auch Inhaltsstoffe von Pflanzen abbauen und scheiden die für sie unverdauliche Zellulose aus.

Ohne auf die Anatomie und Physiologie tierischer Lebewesen näher einzugehen, ist die Steuerung eines so komplexen Geschehens wie der Jagd eine steuerungstechnische Meisterleistung. Der Jäger muss das Beutetier orten, erkennen, blitzschnell beurteilen, ob es für ihn jagdbar ist – Größe, Gegenwehr, Abstand, Ausdauer usw. – und den für die Jagd notwendigen eigenen Bewegungsapparat ebenfalls blitzschnell starten, zugleich das Gelände bezüglich Topografie, Hindernissen und fliehender Beute beobachten, alle Informationen zeitgleich verarbeiten und den Jagdverlauf steuern. Hierfür ist ein schneller, ausgereifter Apparat zur Informationsverarbeitung erforderlich, nämlich das Gehirn, es ist sozusagen der biologische Hochleistungscomputer.

Die Grundlage für das Verständnis dieses biologischen Computers gaben uns Beobachtungen des Italieners Luigi Galvani. Im November 1780 beobachtete Galvani ein für ihn eigenartiges Phänomen in einem eher zufälligen Experiment mit Froschschenkeln, die an Messinghaken an einem Eisengitter hingen. Immer wenn ein Windstoß sie in Berührung mit dem Eisengitter brachte, zuckten die Froschschenkel. Was geschieht elektrochemisch? Mit dem Eisen an einem Ende und dem Messing am anderen Ende des Froschschenkels und dem salzhaltigen Wasser im Froschschenkel wird ein stromleitendes System gebildet. Der Stromimpuls ist auf die unterschiedlichen Mengen an Elektronen am Kontakt Eisen/Froschschenkel und Froschschenkel/Messing zurückzuführen. Eisen ist unedler als Messing, das heißt es gehen mehr Eisenatome als Kationen am wässrigen salzhaltigen Ende des Froschschenkels in Lösung als Kupfer (aus dem Messing) am anderen Kontaktpunkt, und daher bleiben mehr Elektronen im Eisen zurück als Elektronen im Messinghaken. Auf diese Weise entsteht ein Potentialunterschied. Das stark polarisierende Wasser im Muskelgewebe wird bei Anwesenheit von Natriumchlorid (Salz) elektrisch leitend (Salz dissoziiert zu frei beweglich positiv geladenen Natriumionen (Kation) und frei beweglichen negativ geladenen Chlorionen (Anion)). Bei dem winderzeugten momentanen Kontaktschluss Eisen/Froschschenkel wird der Potentialunterschied durch einen augenblicklich einsetzenden Stromfluss von Elektronen ausgeglichen: Die Nerven im Froschschenkel werden durch den Elektronenimpuls gereizt, der Froschschenkel zuckt.

Galvani besaß bereits auch eine Induktionsmaschine, die hohe elektrische Spannungen durch Reibung an Isolatoren (Leder) erzeugte. Wenn er mit einem Messer einen Froschschenkel berührte, während bei der Induktionsmaschine ein Funke übersprang, zuckte der Froschschenkel. Er beschrieb seine Beobachtungen, war sich aber deren Bedeutung nicht bewusst. Er erkannte, dass die Kontraktion von Muskelgewebe durch einen elektrischen Impuls ausgelöst wird. Aber zugleich entdeckte er auch, dass die elektromagnetische Kraft der Induktionsmaschine auch ohne elektrische Leiter übertragen wird, das Messer war die Antenne (Funkübertragung). Muskelgewebe kontrahiert also, wenn es über einen elektrischen Impuls die Information erhält: kontrahiere! Bei der Beschreibung des Geschehens liegt die Betonung auf »elektrischer Impuls«. Nur über Impulse, deren Intensität und Impulsfolge (Frequenz) können schnell wechselnde voneinander abweichende Informationen übertragen werden, anderenfalls käme es zu einem gleichförmigen anhaltenden physiologisch schädlichen Ionentransport. Lebende Materie muss also in der Lage sein, elektrische Impulse in kontrollierter, rascher Folge selbst herzustellen. Elektrische Impulse sind kurzeitige ansteigende und abfallende Elektronenflüsse, die durch Potentialunterschiede (Spannung, gemessen in Volt) erzeugt werden und eine gewisse Strommenge befördern (Stromstärke gemessen in Ampere). Mit elektrischen Impulsen wird im Tierreich nicht nur die Abfolge der Muskelkontraktionen der Bewegungsabläufe gesteuert. Lebewesen sind mit sehr unterschiedlichen Sensoren ausgerüstet, mit denen sie lebensnotwendige Informationen empfangen können. Die Sensoren lösen Reize aus, die wiederum elektrische Potentiale erzeugen – im Prinzip wie bei den oben beschriebenen Metallelektroden, aber mit biologischen Komponenten, die über Kaskaden leitender Salzbrücken an informationsverarbeitende Nervensysteme (z.B. das Gehirn) weitergeleitet werden. Dort werden die erforderlichen Aktionen – z.B. maximale Laufgeschwindigkeit – über Kaskaden von elektrischen Impulsen an die dafür erforderlichen Muskelgruppen veranlasst. Die die elektrischen Impulse weiterleitende biologische Materie bezeichnen wir als Nerven. Die Ionenbeweglichkeit im biologischen Material ist aber erheblich langsamer als die von freien Elektronen z.B. in metallischen Leitern wie Kupfer. Dennoch sind bei maximaler Optimierung des gesamten biologischen Systems der o.g. Jäger, z.B. beim Gepard, Geschwindigkeiten von bis zu 120 km/h möglich. Wanderfalken im Sturzflug sollen sogar 300 km/h schnell sein. Wie oben schon beschrieben, ist für den Bewegungsablauf schnelle Energiezufuhr unerlässlich, und die Schnelligkeit und Nachhaltigkeit der Zulieferung sind die begrenzenden Größen. Daher sind maximale Leistungen für biologische Systeme nur für begrenzte Zeit aufrechtzuerhalten. In Ruhephasen müssen neue, spontan abrufbare Reserven aufgebaut und bereitgestellt werden.

Die Aufnahme von Informationen und deren zielgerichtete Verarbeitung prägen das Verhalten und die Eigenschaften aller lebender Materie, und die dafür notwendigen elektrischen Impulse erinnern schon sehr an unsere derzeitigen menschengemachten elektronische (Gigahertz ja/nein, 0/1, Stromein/Strom-aus) Informationen messenden und verarbeitenden Maschinen. Auch wenn in jüngster Zeit für biologische Systeme ein durch Druckwellen unterstützter Signaltransport diskutiert wird, ist der elektrophysikalische zunächst der besser beschriebene Prozess.

Lebende Materie ist ein intensiv informationsverarbeitendes Konstrukt. Information ist, wie auch die Verfügbarkeit von Energie, ein Grunderfordernis für Leben. Informationsaustausch ist die Basis für Wissen, Erfahrung und letztlich auch Kultur.

Im Grundbaustein der Lebewesen, der Zelle, sind Nervenbahnen nicht zu erkennen. Dennoch steuert ein gewaltiger Informationsfluss die vielfältigen chemischen Synthesen, Kompartimente, Membranen, den Potentialaufbau und –abbau zur rechten Zeit und am rechten Ort. Der Informationsfluss wird durch direkten Elektronenfluss, Polarisation, Diffusionsprozesse bei Konzentrationsunterschieden, Membranpotentiale u.a. gewährleistet. Im Detail sind die Informationsflüsse nicht vollständig verstanden, die notwendig sind, um die erforderlichen Synthesen zeitgerecht und optimal auszuführen, die Stoffe bereitzustellen, sie gezielt zu transportieren und vieles mehr. Wer mehr wissen will, kann bei Campell das E-Buch »Biologie« erhalten, das umfassend über den Wissensstand bis 2019 informiert.

Alles Geistige basiert auf Information und Informationsaustausch.

Schon die wenigen Beispiele zeigen, dass die elektrophysiologischen Prozesse in den Gehirnen der höher entwickelten Lebewesen über eine gigantische Anzahl möglicher Schaltungen und Wege der Steuerimpulse verfügen müssen.

In diesem Zusammenhang wird allen folgenden Ausführungen ein Gedanken Stephen Hawkings vorangestellt: »Im Gehirn sind eine derart große Anzahl von Schaltungen möglich, dass das Ergebnis eines neuronalen Prozesses, besonders in biologischen Systemen, nicht determiniert sein kann. Wobei im Hintergrund dieses Gedankens bei Elektronen die Ereignisse bereits auf der Quantebene durch die Unbestimmtheit jedes Ereignisses nur eine gewisse Eintrittswahrscheinlichkeit haben und daher bei mentalen Prozessen prinzipiell jedes andere – physisch mögliche – Ergebnis mit einer gewissen Wahrscheinlichkeit eintreten kann.«

11 Information

Den Begriff erklärt Wikipedia: »Als Gegenstand der Naturwissenschaften wird Information als prinzipiell oder tatsächlich vorhandenes nutzbares Muster von Materie und Energieformen verstanden, das für einen Betrachter innerhalb eines bestimmten Kontextes relevant ist. Information ist das, was sich aus dem Zustand eines Systems für die Zustände anderer Systeme ableiten lässt.«

Der Begriff Information bedingt also einen Sender und einen Empfänger. Die grundlegende Arbeit zur Informationstheorie wurde von *Claude Elwood Shannon* 1948 publiziert. Zeitgleich hat einer der Urväter der Kybernetik, *Norbert* Wiener (1948), Information als die dritte Grundkomponente der (System-) Welt, neben Materie und Energie, bezeichnet (siehe hierzu *Stefan Krempl,* 1997). In den 90er-Jahren, in denen die Datenverarbeitung (Informationsverarbeitung) lawinenartig anwuchs, wurde die von Shannon implementierte Theorie für die Beschreibung aller Aspekte der Information als zu eng empfunden.

Information ist offenbar keine physische Entität, aber sie ist ohne einen physischen Träger nicht existent. Selbst metaphysische Information, wenn es sie denn gäbe, ist den Lebewesen nur über physische Informationsträger zu vermitteln, selbst dann, wenn man meint, die Information komme irgendwie angeflogen oder folge einer Eingebung. Aber bereits die Vermittlung eines metaphysischen Sachverhaltes von der ersten an eine dritte Person bedarf eines physischen Apparats, also der von Nerven verarbeiteten sensorischen Wahrnehmungen, und sei es nur des Knarrens eines verrückten Stuhles in einer spiritistischen Sitzung. »Nutzbares Muster von Materie und Energieformen« heißt: Ohne einen physischen Träger kann Information weder dargestellt noch transportiert (übertragen) werden. Die Information selbst, das Muster, so ist daraus zu schließen, ist weder Materie noch Energie. Aber: Ein Muster ist für den Informationsempfänger innerhalb eines bestimmten Kontextes relevant. Wie schon angedeutet, ist der Begriff daher nur dann sinnvoll, wenn es zwei Entitäten gibt: eine, die Information sendet, und eine, die sie empfängt. Und wenn es darüber hinaus einen Code gibt, den beide verstehen.

Ein Beispiel: Eine rechteckige Steinplatte liegt in der ägyptischen Wüste und zeigt auf einer Seite ein Relief. Ein vorbeischreitendes Kamel erkennt darin kein für sich nutzbares Muster. Es ist ein Stein wie alle übrigen, die herumliegen. Nutzbare Information wird nicht übertragen, außer der: »Pass auf, sonst stolperst du«. Der Kameltreiber erkennt den Stein von seiner Form her als ungewöhnlich symmetrisch und erkennt die Hieroglyphen, kann sie aber nicht lesen. Information wird übertragen, aber kann nicht interpretiert werden, es fehlt der Code. Der herbeigerufene Ägyptologe kann die Zeichen lesen, die ihn über ein spezielles dreitausend Jahre zurückliegendes Geschehen informieren. Die Information, die der Informationsgeber vor dreitausend Jahren in den Stein gemeißelt hat, wird an den Informationsempfänger, der über den Code verfügt, nahezu vollständig übermittelt. Nahezu, aber nicht vollständig, denn der zeitgenössische Leser würde nicht nur das Geschehen erfassen, sondern zwischen den Zeichen über seine damals aktuelle Lebenserfahrung zusätzliche Informationen einfließen lassen, die ihm ein plastischeres Bild des Geschehens vermitteln.

Schon dieses Beispiel zeigt, dass ein informierendes Muster für unterschiedliche Informationsempfänger vollkommen unterschiedliche Dichten aufweist.

Noch deutlicher wird dies in folgendem zweiten Beispiel.

Es besteht eine Sichtverbindung zwischen Informationsgeber und Informationsempfänger. Der Sender besitzt eine Lichtquelle, die er ein- und ausschalten und auch sonst in geeigneter Weise manipulieren kann. Der Empfänger hat neben seinem eigenen Gesichtssinn eine Apparatur zur Verfügung, die ihn befähigt, auch schwächstes Licht zu analysieren und in ein messbares Signal umzuwandeln.

Der Sender kann die Information »Ja« oder »Nein« mit »Licht ein« bzw. »Licht aus« an den Empfänger senden. Haben beide Signale die gleiche Eintrittswahrscheinlichkeit, so ist die Informationsmenge jeweils ein Bit. Sie erhält aber erst dann eine Bedeutung, wenn zwischen Sender und Empfänger eine Verabredung über den Ort, den Übertragungszeitpunkt und die Signaldauer besteht, sowie darüber, dass »Licht ein« JA und »Licht aus« NEIN bedeutet. Im Falle von »Licht aus« gelangen weder Masse noch Energie zum Empfänger. Im Falle von »Licht ein« gelangt Energie zum Empfänger. Während der Dauer des Lichtstrahls besitzen die Photonen eine (immer noch umstrittene) relativistische Masse, aber keine Masse beim Empfänger, denn Photonen besitzen keine Ruhemasse.

Die Bedeutung der Information bliebe unverändert, wenn der Photonenstrom (Lichtintensität) erhöht oder seine Frequenz (Wellenlänge) verändert würden, nur »Licht ein« bzw. »Licht aus« sind die beiden vereinbarten Signale. Selbst wenn nur noch ein einziges Photon den Empfänger erreichte, würde dieser Umstand weder die übertragene Informationsmenge noch deren Bedeutung beeinflussen. Daraus folgt, dass Information in diesem Fall weder eine Funktion der Masse noch der Energie sein kann.

Erhärtet wird das Argument durch die Tatsache, dass der Lichtstrahl vom Sender moduliert werden kann. Damit lässt sich während der vereinbarten Signaldauer sowohl das vorgenannte Bit als auch parallel dazu ein Gigabit Information mit Lichtgeschwindigkeit an den Empfänger übermitteln, wenn dieser über eine geeignete Empfangsausrüstung verfügt und entsprechende Codes vereinbart worden sind.

Die übermittelten Informationen unterscheiden sich in diesen Fällen durch nichts, außer durch das Muster der Abfolge von z. B. Nein und Ja; Pixel vorhanden, Pixel nicht vorhanden, das Muster ist die Information.

Für die Herstellung der unterschiedlichen Muster müssen allerdings sehr unterschiedliche Arbeitsleistungen erbracht werden. Unser Gehirn, das ununterbrochen solche Muster erstellt, ist daher auch das Organ mit dem höchsten Energieverbrauch, so wie Internetdatenknotenpunkte einen sehr hohen Energiebedarf haben. Die erforderliche Energie zur Herstellung eines Musters ist in der übertragenen Information nicht enthalten und kann also, wie schon beschrieben, aus dem Muster nicht mehr zurückgewonnen werden.

Im einleitenden Beispiel ist der Informationsgeber eine von einem Menschen gemachte Hieroglypheninschrift. Das informierende Objekt selbst ist unbelebte Materie. Kann unbelebte Materie, die niemals mit Menschen Kontakt hatte, Informationsgeber sein? Ja, sie kann. Das die Zeichen tragende Gestein ist ein Gemenge von Mineralien unterschiedlicher Zusammensetzung mit bestimmten Eigenschaften. Ein interessierter Mensch, z.B. ein Baumeister, könnte weniger daran interessiert sein, welche Geschichte die Zeichen erzählen, sondern vielmehr sich fragen, ob die offensichtlich witterungsbeständige zeichentragende Gesteinsart für seine Zwecke, nämlich als Baumaterial, geeignet ist. Die Eigenschaften wie Härte, Druckfestigkeit, Gewicht, Witterungsstabilität und Bearbeitbarkeit sind für den Baumeister wichtige Informationen. Das Gestein liegt allerdings nur so da und sagt nichts. Der Baumeister muss die gewünschten Informationen für sich sozusagen enthüllen. Der dafür benötigte Code ist das relevante Wissen – Vorwissen des Baumeisters – und geeignete Gerätschaften für die Prüfung, ob das Gestein die o.g. Eigenschaften besitzt.

Verlässt man wiederum den makroskopischen Bereich der Materie, so ergeben sich Widersprüche. Ein Atom, aber auch kleinste Teile davon haben Eigenschaften, sind also Träger von Information. Diese Teile sind physischer Natur, gleichgültig ob sie sich korpuskular oder energetisch, z.B. als Welle, präsentieren. Nach dem Energieerhaltungsgesetz können derartige Informationsträger nicht vernichtet werden und somit auch nicht die von ihnen getragenen Informationen. Aber Hawking kreierte die These, dass immer dann, wenn Materie – die immer einer Menge Energie äquivalent ist – in das Kraftfeld eines schwarzen Lochs gerät, das Teilchen und damit seine Information nicht mehr verfügbar, sozusagen vernichtet ist. Für Physiker ist das paradox. Damit war das Informationsparadoxon geboren. Die Hawking-Strahlung, die als Wärmestrahlung betrachtet wird und quasi in sehr langen Zeiträumen das schwarze Loch verdampfen lässt, rettet das Gesetz der Energieerhaltung, aber die Information ist verloren. Das passt nicht ins Theoriegebäude der Quantenphysiker.

Dem Laien vermittelten die Physiker die Zusammenhänge beispielsweise so: Ein Physiker pulverisiert den Computer eines zweiten Physikers, eine wichtige Formel geht verloren. Der Missetäter verteidigt sich im Prozess vor Gericht mit dem Argument: »Information lässt sich niemals zerstören. Er, der Kläger, ist bloß zu faul, sie wieder zu enthüllen. Ich habe zwar ein bisschen Unordnung gestiftet, aber er muss nur jedes Teilchen des Pulvers isolieren und seine erlittenen Bewegungen umkehren. Die Naturgesetze sind zeitsymmetrisch, und indem Sie alles rückwärts laufen lassen, setzt sich Ihre alberne Formel wieder zusammen«. (*Leonard Susskind* 1997). In einem anderen Beitrag argumentieren Autoren (Spektrum der Wissenschaft 02. 2010, S. 24) auf gleiche Weise und schreiben, dass im Rauch einer abgebrannten Bibliothek noch alle gedruckten Informationen erhalten seien. Dem Chemiker und dem Biologen erscheinen diese Aussagen paradox. Selbst wenn die Theorie, dass Information nicht vernichtet werden kann, bewiesen würde, so bleiben doch Ungereimtheiten. Denn ein Kohlenstoffatom, das photosynthetisch in ein Zuckermolekül eingebaut, danach verstoffwechselt als Kohlenstoffdioxid wieder ausgeatmet, danach wiederum in einen Organismus eingebaut wird und diese Prozesse im Laufe von Tausenden von Jahren immer wieder durchläuft, müsste allerdings die dabei erhaltenen Informationen irgendwie gespeichert haben. Also müsste auch Gretchens Klage in Goethes Faust im Rauch der Feuersbrunst enthalten sein. Weiterhin müsste jedes Kohlenstoffatom die seit seiner Erbrütung in einer Sonne erhaltenen Informationen – Red-Ox-Reaktionen, Photosynthesen, Inkohlungen usw. – noch enthalten. Die Realisation durch rückwärts gerichtete Enthüllung aller je erhaltenen Informationen zu empfangen ist nicht nur sehr unwahrscheinlich, sie geht gegen null und ist damit praktisch irreversibel.

So wie die Entropie in der Thermodynamik unter anderem einen reversiblen und irreversiblen Zustand beschreibt, so hilft der Entropiebegriff auch bei der Information weiter.

12 Information in der Biologie

Für die Lebenserhaltung sind effiziente Verarbeitungssysteme und Aktionssteuerungssysteme unverzichtbar. Jede lebende Zelle enthält alle Produktionsstätten zur Synthese sämtlicher benötigter Stoffe, zur Versorgung und Lagerung von Zwischen- und Endprodukten, zur Qualitätskontrolle, zu Ablaufplänen und zur Entsorgung aller nicht benötigten Stoffwechselkomponenten. Der gesamte Fabrikationsprozess kann selbst in diesem winzigen lebenden Objekt, das er auch ist, nur mit gewaltigem Informationsfluss und Aufwand zuverlässig ablaufen. Eine enge Kommunikation aller mit allen ist notwendig, um in der Zelle die vorbestimmten spezifischen Leistungen zu erbringen. Dafür ist ein wie auch immer gearteter zuverlässiger Informationsfluss erforderlich. Selbst die an sich unbelebten Viren sind fähig, Information zu empfangen und umzusetzen. In Viren und zellulären Gebilden sind die Wege kurz und kein nervenartiges Gewebe nötig. Informationen können durch Diffusion bei Konzentrationsunterschieden, durch lokale elektrische Impulse bei Potentialdifferenzen und durch zwischenmolekulare Kräfte u.a. übertragen werden. Bei größeren aus Zellen aufgebauten Organismen müssen dagegen bestimmte Aufgaben zentral an geometrisch begrenzte Zellverbände delegiert werden. Schon winzig erscheinende Organismen bestehen aus einer riesigen Anzahl von Zellen. Wie effizient die Evolution dieses ziemlich autonome Prinzip schon in den kleinsten Lebewesen fortentwickelt und aus Nerven bestehende Schaltzentralen mit enormer Informationsverarbeitungsgeschwindigkeit und Kapazität geschaffen hat, kann am Beispiel der Webspinne verdeutlicht werden. Ihr Nervensystem besteht aus einem winzigen Gehirn und einer ebenso kleinen Masse an Brustganglien. Beide sind aber im Vergleich zur Körpermasse der Spinne gar nicht so winzig. Der Mensch wird der Spinne kein Bewusstsein zuschreiben, ihr aber aktive, sogar bewusste Informationsverarbeitung abzusprechen, fällt schwer. Die Spinne, die kunstvoll ihr Fangnetz baut, ist wegen ihrer raffinierten technischen Meisterleistung rückhaltlos zu bewundern. Schon das Adjektiv »kunstvoll« adelt das Netz der Spinne, die, obwohl nie zur Ausstellung für moderne Kunst »Dokumenta« in Kassel eingeladen, dort in mancher Ecke ungefragt ihre Kunst zeigt. Spinnen bauen in schwindelerregender

Höhe bei Umgebungstemperatur stabile Netze mit Bordmitteln, bestehend aus einer Netzplanungsabteilung, einem Labor, einer Minibiochemiefabrik, einer Spinnerei, Materialkontrolle und einer Anleitung zur »Mach-es-selbst-Endmontage«. Auf der Spinnenseide, auf der Insekten erbarmungslos kleben bleiben, saust sie selbst herum, verspeist ihre Beute oder spinnt sie gegebenenfalls als Vorrat für magere Zeiten fest ein.

Wer genau hinschaut sieht, wie »bedacht« die Spinne den nach ihrer Meinung strategisch günstigsten Ort für ihr Netz auswählt, und wie unterschiedlich die Verankerungen ihres Netzes je nach den geometrischen Gegebenheiten bewusst gewählt werden müssen. Dafür muss die Spinne die verschiedensten Informationen einholen und sehr bedacht verarbeiten, und sie muss darüberhinaus zwischen bestehenden Optionen abwägen. Die Strategie der Ortswahl geht nicht immer auf, denn manches Netz hängt zu sehr im Wind oder trifft nicht eine Schneise mit ausreichender Flugfrequenz geeigneter Opfer, bleibt also leer. Wahrscheinlich bewahren angestrengtes intelligentes Denken und Erfahrungswissen die lebenstüchtige Spinne vor dem Verhungern. Die Anleitung (ein Algorithmus) zur »Spinn-es-selbst-Netz-Endmontage« muss demnach jedes Mal neu formuliert werden.

Schon dieses Beispiel zwingt zur Erkenntnis, dass bereits im Vergleich zum Menschen auch primitive Lebewesen sozusagen eine Maschinerie zur Informationsverarbeitung (Gehirn) besitzen, die große Informationsströme intelligent zu verarbeiten und sozusagen in bewusste Handlungsanweisungen umzusetzen weiß. Denn die Auswahl geeigneter Orte für die Fangnetze setzt eine Informationsverarbeitung voraus, die bereits Komponenten enthält, die wir als »bewusstes Denken« bezeichnen würden.

Nicht nur am Rande sei vermerkt, dass bezüglich des Netzbaus die Spinne dem Menschen weit überlegen ist. Bis heute können wir zwar die Substanz der Spinnenseide herstellen, aber es ist uns noch nicht gelungen, daraus die Spinnenseide herzustellen, die zum Teil bessere mechanische Eigenschaften hat als Stahl.

Es ist ein Widerspruch, das Wissen und das hier postulierte Denken der Spinne als Nichtwissen und »Nicht-Denken-Können« zu bezeichnen, nur weil die Spinne über kein dem Menschen ähnliches Bewusstsein verfügt, aber gleichzeitig ihr Werk als kunstvoll zu beschreiben. In dieser Schrift wird unter dem Begriff »Erklärungslückenargument« von einem Philosophen gefragt, wie es sich wohl anfühlt, eine Fledermaus zu sein. Und es wird ihm geraten zu versuchen, sich wie eine Spinne zu fühlen.

13 Organisch–kognitive Intelligenz

Der Ursprung des Begriffs »Intelligenz« ist das lateinische »intellegere«, das heißt verstehen und wörtlich übersetzt »wählen zwischen«. Zwischen zwei Möglichkeiten zu wählen setzt Wissen voraus, zumindest aber in etwa zu wissen, welche Qualität, aber auch Quantität zwei Möglichkeiten beinhalten. Anderenfalls ist die Wahl ein Spiel mit dem Zufall und kann nicht als intelligentes Vorgehen gelten. Ein Baum, der seine Äste dem Licht entgegenstreckt, weiß um die für ihn optimale Wahl und wählt die Richtung hin zum Licht. Genetisch einprogrammiert oder nicht, der Baum trifft die für ihn optimale Entscheidung. Ist ein Baum intelligent?

So gesehen war der Weg im Archaikum hin zu lebender Materie zunächst eher zufällig und sehr zeitraubend, d.h. im Sinne Jacques Monods. Erst nach der Synthese von RNA/DNA (s. a. Kapitel 10) und ähnlicher informationsspeichernder Moleküle war es möglich, zielgerichtet, also intelligent, zwischen gescheiterten und erfolgreichen Synthesewegen und Grundstoffen zu wählen, um neue Moleküle zu synthetisieren.

Nur einige sehr intelligente Chemiker unserer Zeit waren erstmalig in der Lage, eine Anzahl dieser Stoffe, aus denen sie selbst bestehen, zu synthetisieren, aber eben nicht auf Synthesewegen, denen die belebte Natur täglich in riesigem Umfang folgt.

Der Begriff »intelligent« wird im Folgenden entsprechend seiner ursprünglichen Definition benutzt, allerdings unter Berücksichtigung der Tatsache, dass es unterschiedliche Kategorien der Intelligenz gibt.

Aus organischer Materie hat sich über viele Millionen Jahre die belebte organische Materie entwickelt. Wann und auf welche Weise der organischen Materie Leben eingehaucht wurde, ist noch nicht verstanden. Wahrscheinlich ist, dass das Molekülgerüst des in Kapitel 10 vorgestellten RNA-Moleküls zunächst gebildet gewesen sein musste, bevor sich die DNA überhaupt formen konnte. Und bemerkenswert ist die Anwesenheit der RNA in Vorstufen belebter Organismen, z.B. bei den Viren. In den Nukleinsäuren steckt das Gerüst eines der prominentesten organischen Moleküle, dem des Harnstoffs, aber auch des Kohlenstoffdioxids. Diese Stoffe sind nicht nur auf unserem Planeten zu finden, sondern an vielen Orten im Universum. Auch Aminosäuren und andere organische Moleküle sind aus dem interstellaren Raum zu uns gekommen. Wie bereits beschrieben kochte, um im Jargon der Chemiker zu bleiben, die Natur im Laboratorium Universum-Erde-Weltmeere für uns in unendlich erscheinenden Zeiträumen die Vorprodukte, die zentralen molekularen Kunstwerke RNA, DNA, Adenosintriphosphat (ATP) sowie die vielen Enzyme. Auch wenn die Realisierung dieser Moleküle überaus unwahrscheinlich, aber prinzipiell doch möglich war, haben sich die Synthesen in den vielen Millionen Jahren letztlich doch ereignet. In Umkehrung von Murphys Gesetz könnte man sagen: »Alles, was funktionieren kann, wird irgendwann funktionieren.«

Wie schon weiter oben beschrieben entsprechen die vier Nukleinsäuren den Nullen und Einsen unserer heutigen EDV, nur sind es vier und nicht zwei Zeichen für die Informationsspeicherung.

Die DNA hat in unendlich lang erscheinenden Zeiträumen Informationen in ihrer Struktur aufgenommen und gespeichert. Aufgrund ihrer relativ guten Stabilität und ihrer Eigenschaft, von sich selbst rechtzeitig Back-Up-Kopien zu erstellen, ist das DNA-Molekül bis heute das zentrale Gedächtnis und der intelligente Dirigent des Lebens. Wobei für uns das Verständnis der ungeheuren Informationsmengen in der DNA dem des o.g. Kameltreibers gleicht, der die Hieroglyphen zwar erkennt, aber nicht den Code. Und selbst der herbeigerufene Spezialist ist damit auch heute noch ziemlich überfordert. Die Masse an gespeicherten Informationen ruht in der DNA-Datenbank und ist auch deshalb schwer zu enthüllen, weil darunter sehr viel sogenannter Informationsschrott in Bezug auf den Menschen enthalten ist, der vielleicht irgendwann für ihn nützlich war oder wieder nützlich für ihn werden wird.

So viel offenbaren die gespeicherten Informationen schon jetzt, dass sich die so unterschiedlichen Lebewesen hinsichtlich ihrer Informationsbasis gar nicht so sehr unterscheiden. Erstaunlich ist, dass nur die oben schon genannten 6 Elemente Kohlenstoff, Wasserstoff, Sauerstoff, Stickstoff, Phosphor und Schwefel die Basis für die unzähligen organischen Moleküle sind, dass aber z.B. Eisen, Magnesium, Kalzium, Natrium, Kalium und viele andere notwendig waren, um die Vielfalt des heutigen Lebens zu ermöglichen.

Der Einbau aller für die Funktion des Lebens genannten notwendigen Prozesseinrichtungen wie Stoffzufuhr, Synthese, Qualitätskontrolle, Müllentsorgung und die DNA als Intelligenzcenter in einer Zelle war ein primärer (göttlicher?) Supererfolg und benötigte den überwiegenden Teil des verfügbaren DNA-Speicherplatzes. Die wiederholt fehlerhafte Reproduktion der DNA führte und führt noch immer zu unterschiedlichen Lösungsvorschlägen für Lebewesen, die sich in der Realität bewähren müssen und damit einen evolutionären Prozess ermöglichen. Wobei die Evolution der Masse der unterschiedlichen Lebensformen im Vergleich zur primären Syntheseleistung der für das Leben nötigen Stoffe sehr viel rascher und leichter erfolgte und damit eher der Kreation von Doktorarbeiten nach dem Prinzip »Copy-and-paste« gleicht, mit gewagten Variationen hinsichtlich Größe und Intelligenz. Die Zeiträume, in denen Arten kamen und wieder verschwanden waren wesentlich kürzer als die Zeiträume, die für die erstmalige Synthese des RNA-Moleküls nötig waren. Dass dieses eher primitive Vorgehen eine Spezies hervorbrachte, die in der Lage ist, das Antlitz des Planeten Erde zu verändern, ist erstaunlich.

Die Fähigkeit, Feuer kontrolliert zu nutzen, war die eigentliche Geburtsstunde für die Entwicklung der Intelligenz des »Homo sapiens«. Der damit geschaffene Zugang zu Energie, die er nicht selbst durch seinen eigenen Stoffwechsel aufbringen muss, eröffnete dem Menschen ein weites Feld von Erfahrungsmöglichkeiten mit leicht zugänglicher Energie. Er lernte, die zusätzlich zur Verfügung stehende Energie zur Verbesserung der eigenen Lebensqualität zu nutzen, kurz gesagt, sie für sich arbeiten zu lassen. So war es nicht gerade unwahrscheinlich, dass der »Homo sapiens« irgendwann gewahr wurde, dass sich in seltenen Fällen an der mineralischen Basis der Feuerstelle seltsame metallische Gebilde fanden, die golden oder auch silbrig glänzten und dank der menschlichen Greifhand (begreifen) mit Steinen als Werkzeug verformt werden konnten. Irgendwann folgte dann die Erkenntnis, dass es besondere Mineralien waren, die sich im Feuer zu metallischen Stoffen umwandelten. Trafen Kupferkies und Zinnstein im Feuer aufeinander, so war es bis zur Entdeckung der Bronze nicht mehr weit. Waren die Mineralien als Metallquelle erst einmal erkannt, begannen der Bergbau und die bewusste Metallgewinnung. Kupfer war lange Zeit – Kupferzeit – das dominierende Metall, es folgten die Bronzezeit und letztlich die Eisenzeit, die Maschinenzeit und so fort.

Das gezähmte Feuer ermöglichte dem Menschen unter anderem, seine Umgebungstemperatur zu erhöhen und Nahrungsmittel aus Naturstoffen zu gewinnen, die erst nach dem Erhitzen bekömmlich wurden.

Der Mensch definiert selbstbewusst, was Intelligenz ist und versucht bereits jetzt, für sich das Zeitalter des Sapiezoikum (David Grinspoon, Spektrum der Wissenshaft 6/17, S. 67) auszurufen, ja sogar ein Erdzeitalter nach seiner Spezies, nämlich »Anthroprozän« zu benennen.

Mehr noch, der Mensch hält sich aufgrund seiner Intelligenz für fähig, seinen unvermeidlichen Tod entgegen aller Wahrscheinlichkeit sozusagen auf »ewig« hinauszuzögern.

Die organische Intelligenz ist anhand dieser Skizze sträflich verkürzt dargestellt. Ihre Mächtigkeit, Vielfalt und der Gebrauch von Wissen wurden schon eingangs an einigen Beispielen aufgezeigt. Die weitere Beschreibung der menschlichen Intelligenz ist in die folgenden Kapitel eingewoben.

Ein unverzichtbarer Helfer des Menschen auf dem Weg zur Erlangung seiner derzeitigen Entwicklungsstufe war und ist die »anorganische Intelligenz«.

14 Anorganisch-kognitive Intelligenz

Der ungewöhnliche Begriff der »Intelligenz unbelebter Materie« wurde gewählt, um unbelebte Materie, die zum Speichern und Verarbeiten von Information genutzt wird, von belebter informationsverarbeitender Materie zu unterscheiden.

Wer diesen Begriff unpassend findet, der lese, was bereits die Alltagspsychologie dazu präsentiert: Am 7. August 2018 lautete ein Titel in der FAZ: »Emma lernt jeden Tag dazu«. Wer aber ist Emma? Emma ist ein autonomer Elektrobus, der zur Erprobung in Mainz entlang des Rheins unterwegs ist. Lernen heißt, Wissen zu erwerben, um es zu nutzen, selbständig Situationen zu beurteilen und sich zielgerichtet zu entscheiden. Ohne Zweifel sind beim Anwenden von Lernen und Gelerntem auch Denkprozesse und somit Merkmale des Begriffs Intelligenz beteiligt. Auch wenn der Journalist der FAZ die Überschrift gewählt hat, um Aufmerksamkeit zu erlangen, so ist ihr lockerer emotional aufgeladener Gehalt ein Hinweis dafür, wie sehr die digitale Welt unser tägliches Bewusstsein prägt. Der Bus wird liebevoll Emma genannt, ist quasi ein Mitglied unserer Gesellschaft, obwohl er nur leblose, aber wie organisch funktionierende Materie ist.

Die organische, auf gewaltige Vernetzungen von Neuronen in lebenden Organismen beruhende Intelligenz ist, wie Hawking feststellte, einmalig hinsichtlich ihrer schon auf Quantenebene unerschöpflichen möglichen Verschaltungen und hinsichtlich ihrer zufälligen spontanen Neu- und Abschaltungen. Aber gerade aus diesem Grunde ist die organische Intelligenz auch unzuverlässig wenn es darum geht, einmal formulierte Information präzise über längere Zeiträume zu speichern und wiederzugeben. Das kindliche Spiel »Weitersagen« ist dafür ein gutes Beispiel. Schon nach wenigen mündlichen Weitergaben weicht die Information von der ursprünglichen ab. Dem Menschen gelang es, mit Hilfsmitteln aus dem Fundus der unbelebten Natur eine einmal formulierte Information derart präzise zu speichern, dass sie zumindest über menschliche Generationen hinweg unverändert weitergegeben werden kann. Es waren Zeichen, die in Stein gemeißelt, in Ton gebrannt, auf Rinden eingeritzt und auf Leder gezeichnet uns noch heute ziemlich präzise über längst ausgelöschte menschliche Kulturen informieren. Schriftzeichen waren die erste Möglichkeit, Information (Wissen) zu speichern und in menschlichen Populationen unverändert generationsübergreifend weiterzugeben, um diese dadurch sozusagen begrenzt zu sozialisieren. Warum begrenzt? Das Kopieren, Transportieren und die mangelnde Fähigkeit der meisten Menschen zu lesen (Code) erschwerten und behinderten die durchgängige Verbreitung von Information innerhalb einer Population.

Die Zeichen in einer Schrift besitzen keine Intelligenz, die vier Basen in der RNA oder mathematische Formeln aber auch nicht, und dennoch waren sie die notwendige Voraussetzung für die Entwicklung intelligenter Organismen. So gesehen leitete Gutenbergs Buchdruckkunst mit Lettern aus metallischer Materie eine zweite Revolution hinsichtlich der Sozialisierung von Information und somit des Zugewinns an Wissen ein, und zwar für eine Unzahl von Menschen. Die Menschen lernten lesen, und vor allem Luthers Übersetzung des Bibeltextes ins Deutsche – aber auch in andere Sprachen – machte breiten Bevölkerungsschichten die Bibeltexte direkt zugänglich. Nur mit Hilfe des gedruckten Textes, aber auch vereinbarter Zeichen (Formeln) war es möglich, das Irrlichtern des menschlichen Geistes einzudämmen und Information, wie schon erwähnt unverfälscht, von Generation zu Generation weiterzugeben. Das vielfältig gedruckte und damit zunächst für vermögende Bürger erschwingliche Buch ermöglichte die Aufklärung und den Durchbruch der Naturwissenschaften. Bücher öffneten das Tor zu einer beispiellosen Entwicklung unserer Spezies. Lehrbücher, Sachbücher, Bücher ganz allgemein, Tageszeitungen, Extraausgaben und Flugblätter verbreiteten Informationen in beträchtlichem Tempo. Die Sozialisierung der Information veränderte die menschliche Gesellschaft in einem kaum vorstellbaren Ausmaß. Die in Büchern und Journalen gespeicherte Information wuchs exponentiell an und füllt gigantische Bibliotheken.

Parallel hierzu beschleunigte abermals die schon von Galvani (s. a. Kapitel 10) beobachtete Übertragung von Signalen per Funk die Informationsverbreitung um Größenordnungen. Zunächst gab es die Funksprüche per Morsetaste und –alphabet, dann die Telefonie sowie das Radio, das Fernsehen und heute das Smartphone. Letzteres ist ein Multifunktionsgerät, das bereits Milliarden von Menschen befähigt, nicht nur weltweit miteinander zu Spottpreisen zu kommunizieren, sondern das ihnen darüber hinaus via Internet auch das Wissen der Welt in Sekundenschnelle papierlos bereitstellt.

Es sind maschinenartige, also anorganische Hilfsmittel, die kreierte Informationen intelligenter Organismen originär transportieren. Die Hilfsmittel selbst waren bisher noch nicht fähig, autonom aus einem Informationsspeicher und unabhängig vom menschlichen »Input« neue Informationskonstrukte zu kreieren. Erst in jüngster Zeit steht mittels des Massenprodukts Computer eine Maschine bereit, die nicht nur die Kriterien Alan Mathison Turings für Denkprozesse (s.a. Kapitel 15) erfüllt, sondern die in der Lage ist, gewaltige Informationsmengen auf engstem Raum zu speichern, und der darüber hinaus im Alltag bereits erste Merkmale von kognitiver Intelligenz zugesprochen werden.

Das Grundelement dieser Art von Maschinen ist eigentlich simpel. Es ist nichts anderes als ein Schalter, mit dem ein Stromkreis ein- oder ausgeschaltet werden kann. Wie am Beispiel der Informationsvermittlung beschrieben, kann damit über Strom ein, Ja (1), oder Strom aus, Nein (0), informiert werden. Erstaunlich: Mit diesem zweistelligen binären Code wird Wissen verarbeitet und gespeichert. Der Code, obwohl milliardenfach von der Menschheit genutzt, ist den meisten Menschen jedoch nicht bewusst.

Beispielsweise sind mit 8 Schaltern und einem geeigneten Display, das 0 für »Aus bzw. Nein«, und 1 für »Ein bzw. Ja« anzeigt, natürliche Zahlen bis zur Zahl 128 darstellbar und somit binären Rechenoperationen zugänglich. So z.B. wird die Dezimalzahl 105 binär 01101001 geschrieben. Die Dezimalzahl kann daraus unschwer abgelesen werden, indem man vom Ende her die Potenzreihe von 2n zu Grunde legt. 1 besagt Ja, der Dezimalzahlenwert ist somit ein Element der gesuchten Dezimalzahl, 0 = Nein hingegen ist keines. Das Prinzip veranschaulicht die folgende Darstellung:

0	1	1	0	1	0	0	1
2^7	2^6	2^5	2^4	2^3	2^2	2^1	2^0
–	64	32	–	8	–	–	1

Die Summe ist 105. Es ist schwer verständlich, warum $2^0 = 1$ ergibt. Im Internet geben sich einige Dozenten sehr viel Mühe, diese Absonderlichkeit zu erklären; etwa so: Man kann alles mit 1 multiplizieren, ohne dass sich rechnerisch etwas verändert.

Das Rechnen mit binären Zahlen ist dem Rechnen im Dezimalsystem ähnlich. Wenn im Dezimalsystem die Addition der Ziffern in der Einerreihe die 10 überschreitet, merken wir uns die Zahl und fügen sie beim Addieren der Ziffern in der Zehnerreihe hinzu – das heißt: Der Übertrag beträgt jeweils eine Potenz von 10. Diese Basisoperationen wie Addieren, Subtrahieren usw. sind uns in der Grundschule antrainiert worden, und sie werden von uns fast unbewusst vorgenommen. Im Dualsystem erfolgt der Übertrag entsprechend aber in Schritten von jeweils einer Potenz von 2 (2^0, 2^1, 2^2 usw.). Mit 8 Bits, (1 Byte) sind auch alle Ziffern und ein Punkt darstellbar. Mit zusätzlichen Bits und mächtigen Datenspeichern werden alle Operationen im Computer im Dualsystem ausgeführt. Die Datenspeicher sind hierbei Milliarden winziger elektrisch ansteuerbarer elektronischer Schalter, die auf »Aus (0)« oder »Ein (1)« gestellt werden können und die hinsichtlich ihres Zustandes blitzartig kontinuierlich sequenziell abgefragt werden können.

Graphische Objekte jeder Form lassen sich mit Pixel »Ein=1« und Pixel »Aus=0« darstellen, wobei ein Pixel z.B. ein punktförmiges Element in einem zweidimensionalen Koordinatensystem repräsentiert, das gezielt elektrisch angesteuert werden kann, wie z.B. eine winzige punktförmige Leuchtdiode, die, sobald der Befehl »Ein (1)« eintrifft, hell aufleuchtet. Um ein für das menschliche Auge erkennbares Bild darzustellen, sind Millionen solcher Pixel erforderlich. Für bewegte Bilder sind für das schnelle Ansteuern dieser riesigen Zahl von Pixeln enorme Rechen- und Speicherkapazitäten und sehr hohe Abfragefrequenzen nötig, die aber inzwischen schon gängige Smartphones bereitstellen.

Alle Rechenoperationen können realisiert werden. Im Internet sind zahlreiche Beiträge und Videos verfügbar, die die Verarbeitung und Speicherung erklären. Die Algorithmen (so etwas wie ein Kochrezept) zur Verarbeitung von Bits für die erwähnten graphischen Darstellungen von Information wurden in den 50er- und 60er-Jahren des 20. Jahrhunderts entwickelt und sind eine hochgradige intellektuelle Leistung einiger weniger, der breiten Öffentlichkeit unbekannter Informatiker. Und die Entwicklung noch leistungsfähigerer Maschinen steigt rasant an. Dazu tragen die bereits entwickelten Maschinen, aber vor allem auch die schon geschriebenen Algorithmen maßgeblich bei. Algorithmen sind Informationskonstrukte, die beliebig oft, sozusagen im Sekundentakt, kopiert und sofort weltweit verbreitet werden können. Gewaltige energiefressende Rechenzentren entstanden, in die man eigene Datenbanken in sogenannte »Clouds« auslagern, aber auch mit aufwändigen Rechenoperationen betrauen kann.

Den Entwicklern stehen Algorithmen als Bausteine für neue Algorithmenkonstrukte zur Verfügung, und zwar so, dass der Entwickler die Struktur der benutzen Bausteine nicht unbedingt eins zu eins nachvollziehen können muss.

Obwohl das Grundprinzip einfach ist, bleiben der Computer, das Smartphone, ganz allgemein der elektronische Chip und der zunehmend hochkomplexe Aufbau der Programme der Mehrzahl der Menschen unbegreiflich. Dem Laien ist das Innenleben der ständig genutzten elektronischen Geräte fremd. Sie werden für ihn augenblicklich zu Hausmüll, wenn nichts mehr funktioniert und der Elektronikmarkt allein für die Erkundung der Fehlerursache mehr Geld fordert als das Gerät noch wert ist. Bastler könnten sowieso nur noch Komponenten austauschen. Man hat wenig Chancen, auch nur eines der komplizierten Steckmodule selbst herzustellen. Der Radiobastler mit Lötkolben, Lötzinn, Kondensatoren, selbstgewickelten Spulen, Kupferdraht und einem Bleiglanzkristall als Diode ist weitgehend Geschichte.

Die Menschen, vor allem in den entwickelten Ländern, manipulieren sich selbst unaufhaltsam in die digitale Abhängigkeit hinein (s.a. Kapitel 25). Man sehe sich nur die auf ihren Zug Wartenden auf einem Bahnsteig an. Mehr als 40 % von ihnen tippen selbstvergessen auf ihren Smartphones herum, und immer häufiger sagt ganz allgemein einer in einer Diskussion: »Da muss ich erst mal googeln«, oder: »Ich mache einen Faktencheck im Internet.« Die Medien spüren das Herannahen einer bedrohlichen digitalen Revolution, und immer öfter ist die KI (Künstliche Intelligenz) in Leitartikeln und in Interviews das Hauptthema. Darüber an anderer Stelle noch mehr.

Die Überschrift dieses Kapitels thematisiert die Frage der Intelligenz unbelebter Materie. Die Diskussion, ob die digitale Evolution unbelebter Materie als anorganische Intelligenz bezeichnet werden darf, die konkurrierend zur organischen die Zukunft er Menschheit mitbestimmt, ist auch für die Philosophie ein Kernthema. Das beginnt schon mit der Frage, ob ein Computer denken kann.

15 Digitales Denken

Noch kann der Computer wenigstens nicht denken, sagt ein Großteil der Menschen. Die einen behaupten, dass nur der Mensch denken kann, die anderen, vor allem die Hundebesitzer, sind davon überzeugt, dass ihr Hund das auch könne, nur dass sein Denken nicht in der menschlichen Liga spiele. Die Ingenieure wiederum sprechen von ihren denkenden Maschinen.

Bemüht man ein Lexikon oder die Enzyklopädie Wikipedia, so erhält man ein breites Spektrum von Erklärungen für den Begriff »Denken«. Sie lauten im Kern: »Denken ist die innere Beschäftigung mit Vorstellungen, Erinnerungen und Begriffen, die zu neuer Erkenntnis führt, die nützlich für unsere Lebensführung ist, und sei es nur zur Erbauung«.

Wikipedia meint mit »innerer Beschäftigung« sicherlich die neuronalen Abläufe im Gehirn des Menschen beim Denkvorgang. Auch die verbleibende Textpassage des Zitats verweist vornehmlich auf den Menschen. Kann ein Computer, genauer gesagt ein Algorithmus, irgendetwas erdenken? Da gibt es Zweifel! Das aber heißt nichts anderes, als dass das Denken überdacht werden muss.

Der berühmte Mathematiker *Alan Mathison* Turing publizierte schon 1950 Gedankenexperimente hinsichtlich der Frage, ob Maschinen denken können. Bei dem sogenannten Turing-Test ist eine Versuchsperson über eine Datenleitung einerseits mit einem Menschen und andererseits mit einem Computer verbunden. Mit beiden kommuniziert die Versuchsperson ausschließlich über Leitungen (also etwa per Tastatur und Textanzeige). Nach einer bestimmten Zeit muss die Versuchsperson angeben, welcher der beiden »Gesprächspartner« ein Mensch und welcher eine Maschine ist. Nach Turing hat die Maschine den Test bestanden (sie kann denken), wenn mindestens 30% der Versuchspersonen die Zuordnung innerhalb der vorgegebenen Zeit nicht korrekt vornehmen können. Auch in diesem Fall zieht der befragte Mensch bzw. der befragte Computer für sich keinen Nutzen aus dem »Denkvorgang«, aber er kann zu unserem Nutzen denken!

Douglas Richard Hofstadter (1985) bezeichnete die Simulation des Denkens mittels Computer als »AI (Artifizielle Intelligenz)«. Wir benutzen, wie schon beschrieben, dafür das Synonym »Künstliche Intelligenz (KI)«. Hofstadter stellt in seinem Buch auf den Seiten 641 – 642 eine lange Liste von Kriterien auf, die abgearbeitet werden müsse, ehe der Befund: »Die KI kann denken« schlüssig sei. Ein einleitender Satz zu dieser Liste lautet: »Sie zeigt verschiedene Gebiete, auf die die Forscher ihre Anstrengungen konzentriert haben, und von denen jedes auf seine Weise die Quintessenz der Intelligenz zu benötigen scheint«.

Inspiziert man die Liste, so erweisen sich viele Kriterien bereits als erfüllt, z. B. beim Schach, beim Lesen von Texten in verschiedenen Schriftarten und Sprachen, beim Lokalisieren vorausbestimmter Objekte, insbesondere beim Erkennen von Gesichtern auf einer Fotografie, bei der Identifikation verschiedener Objekte in einer Szene (Musterkennung) sowie bei der symbolischen Manipulation mathematischer Ausdrücke.

Hofstadter findet ein Programm besonders originell, wenn das KI-Programm für ein Problem eine Lösungsstrategie gefunden hat, an die der Programmierer überhaupt nicht gedacht hat. Als Beispiel nennt er den »Pons-Asinorum-Beweis« von Pappus (ca. 300 v. Chr.), bei dem es darum geht zu zeigen, dass die Basiswinkel eines gleichschenkligen Dreiecks einander gleich sind. Das war sozusagen eine frühe Kostprobe der KI.

Übrigens: Das Buch schrieb Hofstadter bereits 1979, die benutzte deutsche Fassung wurde 1985 verlegt.

Dass ein Schachweltmeister denken kann, wird wohl niemand bezweifeln. 1997 verlor der damalige Schachweltmeister Garri Kasparow sein Turnier gegen den aufgerüsteten IBM-Computer »Deep Blue«, den er im Jahr zuvor noch hatte matt setzen können. Dieser Sieg (der in Hofstadters Kriterienliste steht, siehe oben), so schreibt die Frankfurter Allgemeine Zeitung am 19. Januar 2010 in einer Besprechung des Musiktheaters »22,13« von Mark André, versetzte damals nicht nur die Schachwelt in Aufregung. André fasste Kasparows Niederlage als eine paradigmatische Katastrophe in der Geschichte des menschlichen Denkens auf und verknüpfte sie mit der biblischen Darstellung der Apokalypse.

Aber es kam noch schlimmer: Am 16. Februar 2011 wurde in den USA eine Quizsendung ausgestrahlt, in der zwei der besten US-Quiz-Stars in einem auf Englisch geführten Frage- und Antwortspiel gegen den IBM-Computer »Watson« antraten. Erlaubt waren Themen aus einer Reihe von allgemeinen Wissenskategorien inklusive Verständnisfragen. Wie zu erwarten, gewann »Watson« (auch den Turing-Test!). Selbst die Boulevardpresse befand das Ergebnis für die Menschheit als katastrophal. Der Supercomputer »K« von Fujitsu erreichte Mitte 2011 $8*10^{15}$ Rechenoperationen pro Sekunde und war damit zu dieser Zeit der schnellste Computer der Welt (siehe Wikipedia, Suchwort: Petaflops). Auch das Strategiespiel Go mit seinen vielen möglichen Spielzügen galt bisher als zu komplex für Computer. Aber in einem Fünf-Spiele-Match gewann der Supercomputer AlphaGo letztlich gegen den besten Go-Spieler. Kennzeichnend für den sich anbahnenden Wahrnehmungswandel in der Öffentlichkeit erklärte diese mit Hochachtung die personalisierte Maschine AlphaGo zum Sieger, nicht aber etwa die Programmierer und die Hardwareingenieure.

Die Auswirkungen dieser gewaltigen Rechenleistungen auf unsere Gesellschaft sind sehr beängstigend. Die KI ist schon viel weiter in unseren Alltag eingedrungen als die meisten Menschen ahnen. So etwas wie ein NAVI findet sich heutzutage in fast jedem preiswerten Smartphone, das auch Gesichter erkennt und mittels zahlreicher Apps (application programs) eine Vielzahl von Aufgaben sekundenschnell erledigt. So z.B. transportiert die »Smartphone-App« Whatsapp Fotos, Texte und Telefonie sozusagen zwischen Tür und Angel in fast alle Länder auf unserem Globus.

Das gesprochene Wort wird von Schreibprogrammen verstanden und unmittelbar in einen ausdruckbaren Schriftsatz umgesetzt, der auch vom Computer vorgelesen werden kann. Leseprogramme lesen jeden digitalisierten Text schon recht passabel vor, wahlweise auch in jeder der gebräuchlichsten Sprachen, Übersetzungsprogramme werden zunehmend leistungsfähiger, usw. Jeder von uns könnte noch viele Beispiele nennen. Turing hätte es gefreut, wenn er diese spezialisierten Programme in seinen Test hätte einbeziehen können, und er hätte heutzutage den «Christopher-Street-Day-Paraden« folgen können und nicht in England, wo er als berühmter Enigma-Entschlüsseler zu Tode gemobbt wurde, den Freitod wählen müssen.

Es ist statthaft zu sagen, dass beim Denkprozess gespeicherte Informationen (Informationskonstrukte, Meme, Muster) mit Hilfe geeigneter Algorithmen miteinander derart in Beziehung gebracht werden, dass ein neues Informationskonstrukt entsteht, das für Mensch und Maschine hilfreich sein kann. Ein Algorithmus ist, wie schon beschrieben, eine genau definierte Handlungsvorschrift zur Lösung eines Problems (auch ein Kochrezept ist ein Algorithmus). Algorithmen werden in der Mathematik, in der Informatik und in der Technik benötigt. Sie steuern auch im Prozessor eines Computers die Art und Weise, wie die aus dem Speicher abgerufenen Informationen miteinander verknüpft werden müssen, um zur Aussage (auch ein Bild ist eine Aussage) zu kommen.

Zu »denken« gibt der Umstand, dass heute schon alltägliche Handlungsabläufe vollständig einem elektronischen Expertensystem übergeben werden können. Sogar der Rasenmähroboter zieht in vielen Ziergärten geräuschlos seine Bahnen und findet nach getaner Arbeit selbständig seine Ladestation.

Das fahrerlose autonom gesteuerte Kraftfahrzeug ist bereits produktionsreif, und das über das Smartphone angeforderte Fahrzeug steht praktisch schon vor der Tür. Man steigt ein, nennt das Fahrtziel und erreicht zeitungslesend den Zielort. Danach fährt das Fahrzeug selbständig zum nächsten Kunden. Die Mietkosten werden automatisch vom Konto des Nutzers abgebucht.

Der Einwand, das System wäre total »doof«, wenn man ihm nicht vorher die Informationen eingespeist hätte, gilt nur eingeschränkt. Hätte uns nicht jemand Wissen in unendlich vielen Schulstunden in den schon beschriebenen unpräzisen Speicher im Gehirn eingehämmert, wären wir ziemlich unbedarft. Das nächste Argument, das Programm wäre ohne das Wissen eines menschlichen Experten nie geschrieben worden, ist richtig, aber sehr viele Denkabläufe (Algorithmen) erlernen wir in der Schule, aus Büchern – z.B. durch Abgucken eines Programmcodes – und im täglichen Leben. Zum Schreiben unseres genetischen Grundprogramms brauchte »er/sie/es, wer auch immer?« über eine Milliarde Jahre. Und: Im Juli 2009 begann die Wissenschaftszeitschrift Spektrum der Wissenschaft ihren Leitartikel unter dem Titel »Was uns zum Menschen macht« mit dem lapidaren Satz: »Nur wenige Gene aber viel Müll im Erbgut unterscheidet uns vom Affen«. Dennoch, so darf man annehmen, beeinflusst der Gen-Müll das menschliche Genom, denn Müll im Haus ist niemals wirkungslos!

Wichtig ist der Aspekt, dass heutzutage ein Prozess, der als Denkprozess bezeichnet werden darf, bereits weitgehend physikalisch nachgebildet werden kann.

Im Gegensatz zu zahlreichen Kritikern dürfen wir annehmen, dass Computer denken können. Wie schon weiter oben erwähnt ist es gerechtfertigt, das Denken in Kategorien zu unterteilen. Denn die Evolution der unterschiedlichen Lebewesen hat jedes Lebewesen nur mit dem intellektuellen Rüstzeug und mit den Eigenschaften ausgestattet, die notwendig und hinreichend für das Überleben der Art sind. So denkt der Löwe nicht wie eine Gazelle, die Fledermaus nicht wie ein Feldmaus, und der Menschenaffe denkt nicht in derselben Kategorie wie der Mensch. Computer vergessen ihr gespeichertes Wissen nicht, und wir haben einen rasanten Zugriff darauf. Erst einmal gespeichert, ist das Gespeicherte unverändert, salopp gesagt, für jedermann abrufbar. Die Maschine hält ihr Niveau ohne Üben und kann jederzeit in Sekundenschnelle auf den neuesten Wissensstand angehoben werden. Allenfalls ist nach jahrelanger Lagerung des Datenträgers ein Umkopieren auf einen neuen nötig, denn auch diese altern schneller als die Tausende Jahre alten Keilschrifttontafeln aus der Stadt Ur.

Entscheidend ist das Wort »kopieren«, denn selbst primitive Organismen müssen alles, was nicht in ihrer DNA eingeschrieben ist, nach der Geburt lernen und dann üben und nochmals üben.

Im Internet kann man durch geschickte Fragestellung in Sekundenschnelle Informationen auf den Schreibtisch bekommen, die man noch vor wenigen Jahren zeitaufwändig in Bibliotheken erblättern musste. Printenzyklopädien gab es und gibt es immer noch. Darin nachzuschlagen ist meist Schwerstarbeit. War der letzte Band auf dem neuesten Stand, war der erste bereits veraltet. Dagegen ist eine elektronische Enzyklopädie wie z.B. Wikipedia zeitnah, lebendig und tatsächlich enzyklopädisch. Die Fehlerhäufigkeit in nicht überprüften Beiträgen von Autoren ist weit geringer als befürchtet und weniger störend als die schleppende Aktualisierung einer Printenzyklopädie.

Die KI denkt nicht in der menschlichen Kategorie. Und das ist gut so. Im Unterschied zu den Denkkategorien der unterschiedlichsten Lebewesen ist sie an kein spezifisches Verhaltensmuster gebunden, um zu überleben (zumindest vorerst). Aber die KI ist fähig, in verschiedenen Kategorien gleichzeitig sowohl durch ihr Zutun als auch durch unsere Regieanweisungen sich der menschlichen Denkkategorie asymptotisch zu nähern, was wiederum bedeutet, dass kleinste Annäherungen hin zur menschlichen Kategorie einen Mehraufwand an logarithmischen Schritten erfordern. Vorerst sind die KI-Programme hilfreiche Fachidioten, aber sie sind auch schon in der Lage, den Menschen aus bestimmten Denkkategorien zu verdrängen. Zweifel? Das Navi ist inzwischen so akzeptiert, dass sehr viele Menschen ohne Navi partiell orientierungslos sind und es nicht mehr für notwendig halten, Landkarten lesen zu lernen und diese zumindest skizzenhaft im Gedächtnis zu behalten. So kann es geschehen, dass auf die unmittelbare Frage, in welcher Richtung denn Paris liege, und ob man sich gerade östlich oder westlich des Rheins befinde, in eine völlig falsche Richtung gedeutet wird, und dass der Verlauf des Rheins nicht einmal ansatzweise richtig beschrieben werden kann.

Die KI ist inzwischen für uns zu einem bedeutenden Gehilfen geworden. Die Hilfestellung wird zunehmend prominent, sodass selbst Programmierer um ihre Jobs bangen müssen. Die Gefahr besteht, dass Probleme von KI-Maschinen verstanden und in Algorithmen übersetzt werden, die wiederum intelligente Maschinen steuern, die das Problem beheben. Die menschliche Gesellschaft muss aber unbedingt die Macht über die Algorithmen behalten, ihre Produktion kontrollieren. Wird uns das auch gelingen? Denn selbst dann, wenn die Algorithmen offengelegt würden, wären nur wenige Spezialisten in der Lage, sie zu lesen und zu verstehen. Gesetzliche Beschlüsse zur Begrenzung der KI-Macht würden von den dafür verantwortlichen Gesetzgebern nach wie vor nach dem Motto beschlossen: Unsere Spezialisten haben alles geprüft, es wird schon stimmen.

Die KI ist nicht unbedingt apokalyptisch, aber sie ist eben auch nicht harmlos. Wir haben sie geschaffen, sie kann in verschiedenen Kategorien denken, auch Gefährliches, und sie wird darin täglich prominenter. Berichte über Versuche, das menschliche Gehirn mittels elektronischer Bausteine nachzubauen, sind bereits veröffentlicht. Henry Markram beschreibt 2012 im Septemberheft von Spektrum der Wissenschaft auf Seite 82 unter der Überschrift »Auf dem Weg zum künstlichen Gehirn« mögliche Wege, das Gehirn vollständig zu simulieren. In derselben Ausgabe stellt Karlheinz Meier auf Seite 92 in seinem Artikel »Neuronen & Co. – Imitieren mit Silizium« – also anorganisch – erste Realisationen solcher Denkmaschinen vor. Die Ergebnisse lesen sich nicht nur beeindruckend, sondern auch bedrohlich.

Auch wenn der Superrechner Watson im bereits erwähnten Quizduell gewann, so darf angenommen werden, dass maschinelles Denken noch nicht die Kategorie menschlichen Denkens erreicht hat. Vor allem dann, wenn bewusstes Denken nötig ist, obwohl unbewusstes Denken im Alltag vorherrscht. Unbewusstes Denken erlaubt es uns, viele routinemäßige Abläufe, die als Denkprozesse bezeichnet werden können, als mentale Routinen ins Unbewusste zu senken und sie, wenn erforderlich, wieder ins Bewusstsein zu heben, um gezielt Optionen zu wählen. Selbst das unbewusste Festhalten am Handlauf wird stets im Unterbewusstsein kontinuierlich überprüft (neue Erkenntnis wird erworben), und es wird gegebenenfalls ins Bewusstsein gehoben und bewusst bewertet, ob die Tagesform nicht doch eine andere Handlungsweise erfordert und sei es, den Krankenhilfsdienst zu rufen. Es geht also darum, das Attribut »bewusst« zu integrieren und einen Denkprozess nur dann als Denken zu bezeichnen, wenn er ganz bewusst eine neue Erkenntnis in der Innenperspektive schafft.

16 Wir sind uns bewusst

Der Begriff »Bewusstsein« ist noch immer ein zentrales Thema der Philosophie und Psychologie (Google verzeichnet zum Thema Bewusstsein über eine Million Beiträge).

Die Neuropsychologin Angela Dorkas Friederici (2010) wurde in einem Interview gefragt: »Und was ist Bewusstsein?« Ihre Antwort war: »Ich weiß es nicht, was Bewusstsein ist. Können Sie es mir sagen?« Friederici studierte Linguistik und Psychologie, wandte sich danach der Neurobiologie zu und leitet am Max-Planck-Institut für Kognitions- und Neurowissenschaften in Leipzig die Abteilung Neuropsychologie. Lange vor ihr haben schon sehr kluge Menschen darüber nachgedacht, was wohl Bewusstsein sei, haben sehr viel dazu geschrieben, und dennoch wusste auch im Jahr 2010 eine anerkannte Fachfrau auf diese Frage noch keine Antwort, von der sie selbst überzeugt gewesen wäre.

Im Schlaf erfahre sie, so Friederici, jede Nacht eine Art Bewusstlosigkeit, die allenfalls in Traumgebilden in einem nicht selbstbestimmten Bewusstsein erlebt werde. Fast jeder von uns wurde schon von einem Narkosearzt in eine absolut traumlose Bewusstlosigkeit befördert, also in eine Art vorübergehenden Tod. Auch kennt praktisch jeder von uns einen hirngeschädigten Menschen mit Ausfallerscheinungen – Friederici benennt im oben genannten Interview einige der unterschiedlichsten Art – bis hin zur vollen Bewusstlosigkeit. »Das was wir beobachten«, so Friederici, »sagt uns, das Bewusstsein ist mit dem Zustand unseres Gehirns untrennbar verbunden«. Stirbt das Gehirn, stirbt auch das Bewusstsein, zumindest im alltagssprachlichen Sinne. Das Gehirn ist organische Materie, also eine physische Entität, ohne die Bewusstsein nicht möglich ist.

Und noch ein anderer Satz von Friederici im oben genannten Interview ist hochinteressant: »Ich erlebte, dass das, was wir als Geist bezeichnen, eine materielle Grundlage hat, eben das Gehirn«.

Der menschliche Geist wiederum ist aber eng mit einem funktionierenden Bewusstsein verknüpft, denn Geist wird alltagssprachlich mit Begriffen wie Wahrnehmen, Lernen, Erinnern, Vorstellen, Fantasieren, Überlegen, Auswählen, Vorher- und Vorausplanen identifiziert, oder auch mit der Fähigkeit, Sprache geschickt und inhaltlich gut zu formulieren und mit vielem mehr. Der Alltagserfahrung entsprechend besitzt nur ein voll funktionsfähiges Gehirn diese Fähigkeiten. Ist es tot, verliert sein Träger sie alle, sein Geist ist tot, das Bewusstsein ist verloren.

Mit dem menschlichen Geist und Bewusstsein ist seine Seele eng verbunden. Gibt es bei Google zum Begriff Bewusstsein Millionen von Hinweisen, so verdoppelt sich deren Anzahl für die Begriffe Geist und Seele. Je mehr Meinungen, um so mehr Worte. Fast jeder fühlt sich berufen, darüber eine Aussage zu machen, darunter auch der Autor dieses Beitrags.

Fachleuten wie Philosophen und Theologen ist das ein Ärgernis. Aber der Mangel an verifizierbaren Fakten ist die eigentliche Ursache der Wortflut. Da sind Definitionen in der Domäne der Naturwissenschaften sehr viel eindeutiger und nachhaltiger formuliert. So beträgt z.B. das Atomgewicht des häufigsten Kohlenstoffisotops 12. Das ist ein Faktum, und alle darauf aufbauenden weiteren Schlussfolgerungen sind brauchbar und bisher widerspruchsfrei. Schluss der Debatte.

Philosophen und Astronomen mögen darüber spekulieren, dass in einem anderen Universum mit nur unwesentlich veränderten Naturkonstanten die Physik und die Chemie vollkommen anders aussähen. Aber selbst dann gäbe es dort wahrscheinlich den Kohlenstoff, aber ebenso wahrscheinlich keine schweren Elemente und die uns bekannte Biologie. Wir leben jedenfalls in unserem Universum, und darin ist z. B. auch der Wasserstoff selbst in Millionen Lichtjahren Entfernung immer noch derselbe Wasserstoff, mittels dessen manche glauben, hier auf Erden demnächst ihre Autos kohlenstoffdioxidfrei fahren zu können. Diese Fakten gelten so lange, bis sie nachweislich reproduzierbar widerlegt sind; allerdings geht in unserem Universum im Falle des Kohlenstoffs die Wahrscheinlichkeit dafür gegen null. Und weil das so ist, gibt es über die Natur des Kohlenstoffatoms kaum eine kontrovers geführte Debatte und keine Flut von Publikationen und Spekulationen. Das Element Kohlenstoff ist in unzähligen organischen Molekülen auch der Träger unseres Bewusstseins und kann metaphysisch bestenfalls so bemüht werden wie der Kohlenstoff im Material des Holztisches beim spiritistischen Tischerücken.

Die Philosophen arbeiten mit Begriffen und Fragestellungen, die aufgrund einer mangelhaft definierten Basis unscharf sind und inhaltlich fortlaufend eine weitere Bedeutung erfahren. Beispiele hierfür sind: Freiheit, Bewusstsein, Seele usw. Mit welchen Problemen sich manche Philosophen ernsthaft auseinandersetzen, ist anhand des Begriffs »Erklärungslücke« zu veranschaulichen (s.a. Kapitel 17.3). Hierbei geht es um die Frage, ob es für eine dritte Person überhaupt möglich ist, sich wie eine erste Person zu fühlen. Noch deutlicher: Kann ich den Schmerz eines Mitmenschen, aber auch eines Tiers so nachempfinden, wie der betroffene Mensch bzw. das Tier ihn, den

Schmerz, empfindet? Oder aber: »Wie ist es, eine Fledermaus zu sein?« Diese simple Frage hat den Philosophen Thomas Nagel weithin bekannt gemacht, und er selbst beendet einen Beitrag zu dieser sehr kontrovers diskutierten Frage mit zwei Sätzen in der Fachsprache der Philosophen: »Aber ganz gleich, ob diese Vermutung (ist es oder ist es nicht möglich) richtig ist oder auch nicht, scheint es unwahrscheinlich zu sein, dass irgendeine physikalische Theorie des Mentalen erwogen werden kann, bevor man sich nicht mehr Gedanken über das allgemeine Problem des Subjektiven und des Objektiven gemacht hat. Andernfalls können wir das Leib Seele-Problem nicht einmal stellen, ohne ihm zugleich auszuweichen«.

Es ist, wie es ist, wir empfinden unsere Alltagsrealität als bewusst real emp-fundenes Leben, obgleich in unseren Gehirnen alles um uns und in uns als elektrische Potenzialkonstrukte gespeichert und abgebildet ist. Aber an Geist und Seele, physisch oder metaphysisch, scheiden sich nun einmal die »Geister«. Sind Bewusstsein, Geist und Seele letztendlich nur elektrische, also physische Potenzialkonstrukte, und damit doch nur Materie? Fast alle Mitmenschen verneinen diese Frage; insbesondere die Theologen und viele Philosophen.

17 Geist – Zentrum des Lebens

Im Vergleich zur überwiegenden Mehrheit der belebten Natur fragt der Mensch nach dem Sinn seines Seins. Ein »Nichtsein« kann er sich auch nach seinem Tod nicht so recht vorstellen. Aber, noch immer zerstört der Tod die zelluläre Ordnung (Schrödinger, s.a. Kapitel 10) und damit den gesamten Informationsfluss im molekular zusammengesetzten Organismus; der Mensch ist dann nicht mehr existent. Seine Materie, aus der er bestand, bleibt in der Umwelt mehrheitlich als Wasser, Kohlendioxid, Stickstoffoxide, Kalziumoxide und viele kleine Moleküle erhalten. Diese werden wiederum in andere molekulare Konstrukte eingebaut. Es ist ein ewiger Kreislauf, den nur ein stellares Ereignis beendet, z.B. ein schwarzes Loch. Vor diesem wenig tröstlichen zeitlosen Verschwinden in die Bedeutungslosigkeit eines teilnahmslosen Universums (Monod) bewahrt die meisten Menschen ihr geistiges Rüstzeug, das ihnen ermöglicht, transzendente Szenarien zu erdenken, die dem Leben Inhalt geben und eine Zukunft nach dem Ableben garantieren. Interpreten dieser Szenarien sind die Philosophen und die Religionen.

Nicht nur Stephen Hawking und Leonard Mlodinow (2010) dämpfen diese transzendente Sichtweise, kündigten der Philosophie die Gefolgschaft und erklären sie, die Philosophie, auf Seite 11 ihres Buches »Der Große Entwurf« schlichtweg für tot. Hawkings Begründung: »Sie (die Philosophie) hat mit den neueren Entwicklungen in den Naturwissenschaften, vor allem der Physik, nicht Schritt gehalten«. Sich dieser Totschlagaussage anzuschließen ist unangebracht. Auch wenn der Quantenphysiker Erwin Schrödinger (s.a. Kapitel 10) das Leben rein thermodynamisch definiert, so gehören die Begriffe Gott, Geist, Ethik und andere mehr doch unlösbar zum Begriff des »menschlichen Lebens«. Auch kompetente Quantenphysiker und Astronomen bemühen sich, diesbezüglich Brücken zu schlagen, wobei der dominierende Begriff »Gott« zunehmend vage und immer unpersönlicher wird.

Auf Grund des bisher Beschriebenen ist zu untersuchen, ob diese augenscheinlich nicht materiellen metaphysischen Begriffsinhalte letztlich doch auf eine materielle Grundlage angewiesen sind, ob sich dabei Lücken auftun und welche Konsequenzen sich daraus für die menschliche Gemeinschaft ergeben. Die Philosophie ist eine bedeutsame Größe in der Entwicklungsgeschichte der Menschheit. Auch Stephen Hawking und Leonard Mlodinow hätten ohne die Vorarbeit der Philosophie ihre Gedanken wahrscheinlich nicht formulieren können.

Es ist an dieser Stelle notwendig, einige wichtige Aussagen der Philosophie zu skizzieren, die im vorliegenden Zusammenhang von Bedeutung sind.

Aus der gewaltigen Menge der diesbezüglichen Literatur wurde hierfür das Buch »Grundprobleme der Philosophie des Geistes« von *Michael Pauen* (2001) gewählt.

Nicht jedermann liebt die Satzgebilde der Philosophen. Ein typischer Satz aus der Feder von Thomas Nagel wurde als Beispiel bereits zitiert. Es sind die Fachsprachen aller Spezialisten – Medizin, Chemie Physik, Sport, Jagd und eben auch Philosophie – die eine fachübergreifende Kommunikation erschweren. Sie sind quasi endemisch, schon allein wegen der Definitionen spezifischer Fachbegriffe.

Die Philosophen sind sich zumindest darüber einig, dass die Begriffe Geist und Bewusstsein eng an die Funktion unseres Gehirns (materielle Grundlage) gebunden sind. Da aber hört die Einigkeit schon auf. Wie die Farben des Regenbogens breitet Pauen in seinem Text ein Spektrum von Lehrmeinungen der verschiedensten Schulen vor uns aus.

17.1 Die Dualisten

Für die Dualisten ist das Bewusstsein gegenüber den neuronalen Prozessen autonom. Gehirn und Bewusstsein sind zwei vollkommen unterschiedliche, voneinander unabhängige Gegenstandsbereiche. Extreme Dualisten bestreiten jegliche Kausalbeziehungen zwischen geistigen und neuronalen Prozessen (psychophysischer Parallelismus), während die weit verbreiteten interaktionistischen Dualisten die These vertreten, dass mentale Ereignisse (z. B. Willensakte) zwar keine physischen Ereignisse sind, wohl aber neuronale Aktivität, physische Prozesse und andere mentale Prozesse und/oder Ereignisse verursachen. Umgekehrt werden z. B. durch Reizungen unserer Sinnesorgane (also physische Prozesse) auch mentale Ereignisse verursacht.

Für den Dualisten haben mentale Prozesse einen bevorzugten (privilegierten) Zugang aus der Perspektive der ersten Person (d.h. nur ich habe Zugang). Dieser Umstand ist für Dualisten ein starkes Indiz für ihre metaphysische Sichtweise. Neuronale Prozesse hingegen sind jedem Beobachter zugänglich, also auch aus der Perspektive der dritten Person (d.h. er, sie, es haben Zugang). Einige Dualisten weigern sich, diese glitschige Zellansammlung, die sich Gehirn nennt, als Heimat von allem Geistigem anzuerkennen. So sagt z.B. *Colin McGinn* (1998): »Wie können die Farben des phänomenalen

Bewusstseins aus glitschiger grauer Materie entstehen? Was unterscheidet das Organ, das wir als Gehirn bezeichnen, so radikal von allen anderen körperlichen Organen, z. B. den Nieren, also von jenen Organen, die noch nicht einmal eine Spur von Bewusstsein haben?« Pauen beschreibt einige derartige Gedankenexperimente ausführlich. Und wir fragen: Wo positioniert McGinn das sehnsuchtsvolle, das liebende, das leidende Herz?

Den meisten Philosophen fällt es schwer (schon aus Tradition), der monistischen Identitätstheorie zu folgen.

Ins Umgangssprachliche übersetzt sagt der Dualist: Meine Hirnströme kann zwar jeder messen, aber was ich mir dabei denke und was ich fühle, das kann nur ich erfahren.

Die Menschen waren von Anbeginn mehrheitlich Dualisten, denn sie waren mit Phänomenen konfrontiert, die sie sich nicht erklären konnten und schrieben sie Mächten zu, die sie nie zu sehen bekamen, die für sie metaphysisch waren. Die Religionen bereiteten das Feld für den natürlichen, dualistischen Glauben, das heißt den Glauben an die Wechselwirkung des immateriellen Geistes mit dem materiellen Gehirn. Die Ableitung eines einheitlichen Bewusstseins und der freie Wille des Menschen fügen sich in die Vorstellung der Dualisten mühelos ein.

17.2 Die Monisten

Für die Vertreter des Monismus sind dagegen mentale Prozesse physische neuronale Prozesse. Geist ist also für die Monisten etwas Physikalisches. Monisten werden daher als Materialisten bezeichnet. Die extremen Monisten postulieren:

1. dass mentale Ereignisse physische Ereignisse sind und dass physische Ereignisse nur durch physische Ereignisse verursacht werden (logischer Behaviorismus), und

2. dass sich mentalistische Aussagen durch bedeutungsgleiche nichtmentalistische übersetzen lassen, dass sich also die Bestimmung mentaler Zustände am Verhalten orientieren müsse.

Ein Beispiel: Spürt Paul Zahnschmerz? Der psychische Zustand lässt sich übersetzen: Paul wird jammern, über seinen Zustand berichten, und es werden beobachtbare Merkmale (Blutdruck, Aufmerksamkeit, Blutwerte, neurologische Prozesse) auftreten. Die Antwort gibt nicht der psychische Zustand selbst, sondern physische Zustandsmerkmale.

Zu den Monisten gehören auch die eliminativen Materialisten. Für sie sind Bewusstseinszustände Artefakte einer vorwissenschaftlichen Theorie. Diese Theorie wird als Alltagspsychologie bezeichnet. Wir haben demzufolge keinen direkten Zugang zu unseren psychischen Zuständen, vielmehr, vermittelt durch unsere Alltagspsychologie, wird entschieden, wie wir unser Verhalten und unsere Erfahrungen zu interpretieren haben. Die Alltagspsychologie kann sich ändern, z. B. durch neue wissenschaftliche Erkenntnisse, die unsere alltagspsychologischen Begriffe einer Wandlung unterziehen. Nachdem das Phänomen Donner verstanden worden war, wurde der Begriff Donnergott obsolet und eliminiert, (wenn heute Donner grollt, empfiehlt die Werbung schon einmal: »Nimm Rachengold«; andere empfehlen, zur Beruhigung zu beten). Die Aufgabe des geozentrischen Weltbildes, der Phlogistontheorie oder des Hexenwahns, der gelegentlich immer noch aufflammt, sind weitere Beispiele. Der im Buch von Pauen auf Seite 93 zitierte Philosoph *Paul Montgomery Churchland (1989) meint, dass* die Alltagspsychologie irgendwann durch die Neurobiologie eliminiert werden wird. Es wird auch zu einer Elimination der Begriffe und Postulate der mentalen Ereignisse kommen: »Letztlich werden wir zu der Überzeugung kommen, dass es nichtphysische mentale Ereignisse nicht gibt und bei der Selbstzuschreibung aus der Perspektive der ersten Person nur noch das Vokabular der Neurobiologie verwenden« (siehe *Thomas* Metzinger, 1999).

Zu bezweifeln ist, dass alle Menschen die Begriffe »Wunder«, »Gott« usw. jemals aufgeben und für ihre geistige Verfassheit nur noch Begriffe aus der Neurobiologie akzeptieren werden. Neben diesem radikalen Materialismus gibt es noch eine Reihe gemäßigter materialistischer (physikalistischer) Ansätze. Trotz zum Teil erheblicher Unterschiede ist allen gemeinsam, dass geistige Prozesse mit physikalischen als identisch bezeichnet werden. Diese Ansätze fasst man daher unter dem Dach der Identitätstheorie zusammen. Pauen beschreibt etliche dieser Ansätze, die hier nicht vorgestellt werden.

Zu erwähnen ist noch der Funktionalismus. Er ist eine Mischform verschiedener monistischer Ansätze, fallweise sogar mit Bezug auf dualistische. Charakterisiert werden diese durch die folgenden Kennzeichen: Es lassen sich mentale Zustände auf der Basis von Beobachtungen, insbesondere aus Verhaltensbeobachtungen aus der Perspektive der dritten Person beschreiben. Solche Zustände haben eine funktionale Rolle innerhalb eines Systems, nämlich als Verhältnis des Zustandes zu Reizen, Reaktionen und anderen mentalen Zuständen. Einfacher gesagt: Furchtzustände können sowohl durch reale, Furcht einflößende Ereignisse (z. B. Gewaltakte), als auch durch mentale Konstrukte (z. B. eingebildete Geister) ausgelöst werden.

Durch die funktionale Rolle lässt sich auch der physische Prozess bestimmen, der einen bestimmten mentalen Prozess realisiert, und die funktionale Rolle erlaubt auch die multiple Realisierung solcher Zustände (s.a. Pauen, Seite 130).

Pauen hebt (ebd. S. 130) zwei weitere der vielen Richtungen innerhalb der Funktionalisten hervor: den semantischen und den psychologischen Funktionalismus.

Der semantische Funktionalismus greift zur Beschreibung mentaler Zustände ausschließlich auf das alltagssprachliche Vokabular zurück.

Wegen der Unzulänglichkeiten dieses Vokabulars hat sich der psychologische Funktionalismus etabliert, der diese Unzulänglichkeiten zu überwinden sucht. Er beschränkt sich nicht allein auf das alltägliche Vokabular, sondern überprüft die alltagssprachliche Beschreibung anhand neuronaler Prozesse. Ein Beispiel: »Aua« kann Paul schreien, auch wenn er keinen

Schmerz verspürt. Eine gleichzeitige messbare C-Faserreizung (C-Fasern sind dünne Nervenstränge ohne Markscheide) verifiziert die alltagssprachliche Beschreibung des mentalen Zustandes des Jungen. Er habe demnach völlig zu Recht geschrien. Der mentale Zustand könnte auch durch eine Reihe komplexer mentaler Zustände zustande gekommen sein, so dass die scheinbare unmittelbare Erfahrung aus der Perspektive der ersten Person in Wirklichkeit das Produkt eines fehlerhaften oder auch unterschiedlichen Interpretationsprozesses gewesen wäre. So wird in der Regel im Vexierbild – bemerkenswerte Beispiele zeichnete Maurits Cornelis Escher – derjenige Teil des Wahrnehmungsfeldes als Figur erkannt, dem zunächst die besondere Aufmerksamkeit des Wahrnehmenden gilt. Ein provozierter Aufmerksamkeitswechsel (Änderung des mentalen Zustandes) kann eine Änderung der Figur-Grund-Organisation zur Folge haben und zwar derart, dass der Grund plötzlich als Figur hervortritt (Brockhaus Multimedial, 2004). Der mentale Zustand kann durch Befragen, welche Figur denn gesehen wird, aus der Perspektive der dritten Person beurteilt werden.

Komplexe neuronale Prozesse, die sich überlagern oder miteinander konkurrieren, werden auch von *Wolf* Singer (2004) vorgestellt.

Viele Funktionalisten vergleichen mentale Zustände mit Prozessen, wie sie z.B. in einem Computer ablaufen (Computeranalogie). Dabei wird das Gehirn als Hardware und das Bewusstsein als Software angesehen. In den beschriebenen Beispielen (s.a. Kapitel 14/15) zur Computeranalogie werden Fakten genannt, die den Freiraum der dual denkenden Philosophen einzuengen beginnen.

Rechner, so glaubten die meisten Dualisten, könnten aus sich heraus nicht lernen. Ein Umdenken begann, als die Rechnerarchitektur dem neuronalen Netz nachempfunden wurde und Rechner aufkamen, die, wie schon weiter oben vorgestellt, verblüffende Eigenschaften aufweisen.

Viele der schon eingangs genannten Begriffe wie »freier Wille«, Bewusstsein, Denken, Seele und viele andere mehr beschreiben die Monisten im Vergleich zu den Dualisten vollkommen unterschiedlich. Die dabei sich ergebenden

Probleme werden anhand von Einzelproblemen, die von Bedeutung sind, kurz beschrieben.

17.3 Das Erklärungslückenargument

Ein mächtiges Argument der Dualisten gegen die monistische Identitätstheorie ist das Erklärungslückenargument. Die »Erklärungslücke« verhindere, physische und mentale Prozesse als identisch zu sehen. So habe z.B. das Phänomen Schmerz etwas mit der C-Faserreizung zu tun. Dieser neurologische Befund erklärt aber nicht, warum sich Schmerzen so anfühlen, wie sie es nun einmal tun.

Ein Schmerzzustand ist nur aus der Perspektive der ersten Person erfahrbar. Ähnliche Überlegungen betreffen das Farbensehen und emotionale Zustände. Die Erklärungslücke ist besonders in Bezug auf das phänomenale Bewusstsein schwer zu überwinden, meint auch Pauen. Es fehlt in der Gemeinde der Philosophen nicht an Versuchen, die Erklärungslücke zu schließen. Pauen schließt seine Ausführungen zu diesem Streitthema mit der Feststellung: »Offenbar sind noch eine ganze Reihe von Hindernissen zu überwinden, bis die Erklärungslücke geschlossen ist«. Er schreibt auch, dass der Erfolg des Lückenschlusses keineswegs sicher sei. Aber entgegen der Meinung der Vertreter des Lückenarguments ist das Scheitern des Lückenschlusses noch nicht besiegelt, vielmehr lassen die vorliegenden Erkenntnisse auf eine wissenschaftliche Erklärung des phänomenalen Bewusstseins hoffen.

Diese Hindernisse betreffen nicht nur die empirische Forschung; sie betreffen auch unser alltagspsychologisches Vokabular sowie die Vorstellungen und Intuitionen, die sich mit diesem Vokabular verbinden (z. B. Geisterstunde, Hexenwerk).

Die Farbe Rot zu sehen und Schmerzempfindung als etwas Immaterielles, Unerklärbares, also nicht Physisches, darzustellen ist nicht berechtigt, und dafür gibt es gute Gründe: Erklärungslücke hin und Erklärungslücke her, man lernte irgendwann, Licht der Wellenlänge von 540 bis 600 nm (Nanometer = 10^{-9}m) als rot, red oder auch czerwoby (polnisch) zu bezeichnen. Die Wissenschaft hat nachgewiesen, dass die im menschlichen Auge für das Rotsehen verantwortlichen Sinneszellen ihr Empfindlichkeitsmaximum bei einer Lichtwellenlänge von 560 nm haben. Trifft Strahlung der Wellenlänge 560 nm auf diese Zellen, so senden sie zum Gehirn elektrische Impulse, die dort die Farbe Rot repräsentieren, die der Deutsche rot, der Engländer red und der Pole czerwoby nennt. Alle diesbezüglich fähigen Menschen werden je nach Herkunft »rot, red, czerwoby« gleichsinnig interpretieren, also auch gleichsinnig empfinden und ihr Fahrzeug vor einer rot leuchtenden Verkehrsampel anhalten. Sind diese Zellen geschädigt oder nicht funktionsfähig, so erfolgt ein reduzierter bzw. kein Impulsstrom, und Rot kann vermindert oder aber gar nicht gesehen werden, auch wenn der Rotblinde alles über das Rotsehen weiß. Er könnte aber Rot erkennen und sogar fühlen, wenn ihm ein alltagstauglicher implantierter Chip anzeigen würde, woher das Licht der Wellenlänge 540 – 600 nm kommt. So könnte er die vom Chip ins Gehirn gesendeten Impulse nach einer Eingewöhnungszeit richtig als rot interpretieren. Implantate, die mit elektrischen Impulsen fehlerhafte neurologische Prozesse im Menschen beheben, gibt es schon jetzt weltweit reichlich. So z.B. helfen Herzschrittmacher geschwächten Herzen, mit getakteten elektrischen Impulsen Schritt zu halten.

Und weiterhin dürfen wir postulieren, dass sich ein Mensch unabhängig von der *Meinung Nagels* nicht wie eine Fledermaus fühlen kann, ja nicht einmal darf. Es wäre entsetzlich, wenn man aus Versehen im Gehirn einen imaginären Schalter umlegen und wie eine Fledermaus empfinden könnte, ohne deren physische Eigenschaften zu besitzen. Die in das Gehirn hineinströmenden Signale würden Aktionen nicht nur anstoßen, sondern Aktionen quasi erzwingen, die noch dazu physisch nicht exekutiert werden könnten, denn das neuronale Netz der Fledermaus ist auf das Leben als Fledermaus programmiert und verfügt über Vernetzungen, die im Hirn des Menschen physisch nicht realisiert sind, also von ihm auch nicht nachempfunden werden können.

»Schmerz« ist gegebenenfalls nötig. Er signalisiert dem *Organismus*, dass etwas für ihn Nachteiliges geschieht. Eine pathologische Störung der Nervenleitbahnen kann Schmerzen verstärken oder auch abschwächen oder gar eine bedrohliche Schmerzunempfindlichkeit verursachen. Die Ursachen sind allein physischer Natur, denn sie können medikamentös durch chemische Einwirkung auf die schmerzempfindlichen Nerven zumindest zeitweilig unterdrückt werden. Und letztlich hier noch ein Argument: Es war sicher sehr weise von »Mutter Natur«, Phänomene, die ein Mitmensch erlebt, aus der Perspektive der ersten Person eben nicht zugänglich zu machen. Würde ein Mensch die Gallenkolik eines Dritten genauso wie dieser selbst empfinden, so würden nicht relevante Schmerzen ihn und die zur Hilfe gerufenen medizinischen Einrichtungen grundlos belasten. Wäre für unser Überleben die Eigenschaft des Miterlebens aus der Sicht der ersten Person, die Metzinger (1999) als »Meinigkeit« bezeichnet, notwendig gewesen, so besäßen wir sie auch, denn sonst würden wir ja nicht leben. Die Erklärungslücke ist naturgegeben, denn kollektiv dürfen nur solche neuronalen Konstrukte empfunden werden, die dem Kollektiv Überlebensvorteile verschaffen. Zur Veranschaulichung ist das Schwarmverhalten von Fischschwärmen beim Angriff von Prädatoren geeignet. Sozusagen synchron führt ein Schwarm von Tausenden von Fischen sehr rasche Formänderungen aus, um den Angreifer zu irritieren. Dazu müssen alle Fische synchron dasselbe neuronale Aktionsmuster zur gleichen Zeit und in derselben Stärke (Meinigkeit) initiieren, andernfalls wäre das nicht möglich. In all dem ist nichts Metaphysisches zu erkennen. Ob die Philosophen diese Argumentation wohl hilfreich finden?

17.4 Der freie Wille

Der freie Wille ist eine besondere Eigenschaft des einzelnen Menschen. Jüngere Experimente der Hirnforscher zeigen, dass die Aktionspotentiale für eine Bewegung, z. B. des Armes, im Elektronenspinresonanz-Spektrographen schon nachweisbar waren, bevor die Aktion der Versuchsperson bewusst geworden war (Libet-Experiment, *Benjamin Libet*, 1985). Das Ergebnis des Experiments deutet auf eine eingeschränkte Willensfreiheit hin. Dagegen gibt es jedoch Einwände: Der Proband wusste schon bei Versuchsbeginn, was ihn erwartete. Manche Entschlüsse reifen über eine lange Zeit, bevor die Intention in eine Aktion umgesetzt wird. Dabei wird die Intention immer wieder in das Bewusstsein geholt, überdacht und in das Unterbewusstsein zurückgedrängt. Bedeutung hat auch die Frage, inwieweit im Gehirn fest verschaltete neuronale Prozesse unsere Entscheidungsfreiheit einengen, d. h. determinieren. Der Streit darüber ist recht heftig und wurde für geraume Zeit auch in der Frankfurter Allgemeinen Zeitung (z. B. in der Ausgabe vom 8. Januar 2004) ausgetragen. Denn wenn der Hirnphysiologe Wolf Singer dort schreibt:»Verschaltungen legen uns fest« und:»Wir sollten aufhören, von Freiheit zu sprechen«, sind wir ihmzufolge nicht Herr unserer Handlungen, also auch nicht voll verantwortlich für unser Tun. Das Unterbewusste lenkt unser bewusstes Handeln.»Ich wollte es eigentlich nicht, habe es aber dann doch getan« ist dafür eine gängige Metapher.

Singer ordnet neuronale Prozesse in drei Kategorien:

solche, die nicht in unser Bewusstsein gelangen,

solche, die wahlweise in unser Bewusstsein dringen, und

solche, die grundsätzlich bewusst sind.

Diese Einteilung ist sinnvoll. Die vielen physiologischen Regelkreise, die das Leben aufrechterhalten, wären für unser Bewusstsein, wie zuvor schon angesprochen, quälende Routinen, die Platz für Wichtigeres raubten. Auch frühkindlich erworbene Denkmuster greifen bei bewussten Entscheidungsprozessen unbewusst ein. Im o. g. Pressebericht schreibt Singer auch:»Die Zuweisung von Aufmerksamkeit unterliegt einem distributiv organisierten Wettbewerb, der sich in einem weit verzweigten Netzwerk selbst organisiert«, und weiter:»Generell gilt, dass nur die Sinnessignale bewusst werden, die mit Aufmerksamkeit belegt werden, und dass nur die Speicherinhalte ins Bewusstsein gehoben werden können, die während des Speichervorgangs mit Aufmerksamkeit belegt und bewusst erfahren wurden.« Die drei Ebenen sind nicht vollkommen voneinander getrennt, sondern beeinflussen sich ge-

genseitig. Ein bedrohlicher Vorgang, den man bewusst wahrnimmt, erhöht unbewusst den Herzschlag, ob man will oder nicht. Leicht verständlich, denn der Organismus wird vorsorglich auf Touren gebracht, ein Automatismus im Überlebenskampf. Bewusste neuronale Entscheidungsprozesse wählen zwischen Alternativen. Abwägungen und Einschätzungen werden einbezogen. All das ist zeitaufwändig und verlangsamt notwendige Aktionen. Das wiederum könnte lebensbedrohlich werden. Instinktive Reaktionen sind einprogrammiert, sie verlaufen blitzschnell und erweisen sich erst »im Nachhinein« als richtig oder falsch. Schon in Kapitel 16 wurde mit dem reflexartigen Festhalten am Handlauf beim Straucheln auf einer Treppe ein Beispiel für Singers Einteilung des Bewusstseins gegeben. Im Alter belegt man den Vorgang der Benutzung einer Treppe aufgrund schmerzhafter Erfahrungen mit mehr Aufmerksamkeit. Übrigens, man kann den Atem bewusst anhalten, hat aber nun einmal nicht die Freiheit, das Atmen einfach für eine Stunde einzustellen und danach fröhlich zur Tagesordnung zurückzukehren.

Das Dilemma Freiheit/Determination beschäftigte die Philosophen schon immer. Eine Reihe von Philosophen bestreitet eine Kompatibilität von Freiheit und Determinismus. So schrieb z. B. Gottfried Seebaß (1993), zitiert nach Pauen: »Dem Determinismus zufolge ist jedes zukünftige Geschehen ebenso ontologisch (siehe Wikipedia) fixiert wie das vergangene. Folglich gibt es in einer determinierten Welt kein praktisches Können und keine Freiheit, jedenfalls nicht im zugrunde gelegten Sinne der willensabhängigen Realisierbarkeit von räumlich und zeitlich datierten Sachverhalten.«

Als Lösungsvorschlag setzen Immanuel Kant und auch Roderick Milton Chrisholm (beide zitiert nach Pauen, Seiten 281 und 282) als Startpunkt der Kausalkette das Subjekt, das von solchen Verknüpfungen nicht abhängig sein dürfe. Wer eine freie Handlung vollzieht, der tritt als autonome erste Ursache einer Kette von Ereignissen auf (Akteurskausalität). Pauen zitiert (Seiten 283 – 286) einige Autoren, die eine Unvereinbarkeit des Urheberpostulats mit dem strengen Autonomieprinzip nachweisen und daraus schließen, dass freie Handlungen prinzipiell unmöglich sind. Das entspricht dem, was auch Wolf Singer, hergeleitet aus neurobiologischen Daten, in abgeschwächter

Form sagt. Als Ausweg aus diesem Dilemma benutzt Pauen den Begriff »Selbstbestimmung«. Damit sei das Autonomiepostulat insofern erfüllt, als der Begriff eine Fremdbestimmung ausschließe. Das »Selbst« tritt demnach als Urheber auf, und die Unterscheidung von »Freiheit« und »Zufall« sei damit ebenfalls gewährleistet. Das »Selbst« muss nach Pauen über diejenigen Eigenschaften und Merkmale verfügen, die für eine Selbstbestimmung erforderlich sind. Sollten sich Handlungen der Person auf diese »personalen Merkmale« zurückführen lassen, so müssen wir sie ihmzufolge als »selbstbestimmt« und damit »frei« bezeichnen. Das strenge Autonomiepostulat wird aufgegeben. Eine selbstbestimmte Handlung muss nicht autonom gegenüber sämtlichen handlungsbestimmenden Faktoren sein; erforderlich ist lediglich die Unabhängigkeit gegenüber denjenigen Faktoren, die nicht dem »Selbst« zuzurechnen sind. Pauen nennt diese Freiheit die »personale Freiheit« und beschreibt sie wie folgt: »Personale Freiheit ist die Fähigkeit eines Subjektes, so zu handeln, wie es der Gesamtheit seiner personalen Merkmale entspricht. Eine faktisch vollzogene Handlung entspricht der personalen Freiheit, wenn der Handelnde sie hätte unterlassen können, sofern sie der Gesamtheit seiner personalen Merkmale widersprochen hätte.« Alles klar!?

In einem Interview mit dem Wissenschaftsmagazin Spektrum der Wissenschaft (September 2009, Seite 78) ruderte Wolf Singer jedoch überraschenderweise zurück: Er sei missverstanden worden. Die moderne Hirnforschung sage, dass ein Mörder im Moment des Vollzugs einer Tat nicht anders habe handeln können. Sonst hätte er ja anders gehandelt. Natürlich bleibe er für seine Tat voll verantwortlich. Er sei schließlich der Urheber. Nun ja!

Ein Heranwachsender war zur Befriedigung seines Wissensdurstes auf dem Gebiet der Chemie in Bezug auf Geräte, Bücher und Chemikalien durchaus einer spezifisch ausgerichteten Kleptomanie verfallen, die er trotz großem Risiko nicht ablegen konnte. Damals hätte er einem imaginären Herrn Singer gerne gesagt: »So bin ich nun einmal, und ich konnte gar nicht anders handeln, diesbezüglich bin ich mental streng determiniert«. Aber es war eine spezielle Kleptomanie, denn selbst in den kargen Kriegsjahren hätte er weder als Hitlerjunge noch als Luftwaffenhelfer noch beim Militär einem

Kameraden etwas entwendet. Also: Der Gesamtheit der personalen Merkmale hat der generelle Hang, etwas zu stehlen, offenbar nicht angehört. Das Beispiel aus zurückliegender Zeit zeigt, dass eine Elimination scheinbar determinierter Merkmale in der Gesamtheit der »personalen Freiheit« im Laufe des Lebens durchaus möglich ist.

Das Beispiel stützt Pauens Meinung, da es erklären kann, warum die neuronale Basis von Willensbildungsprozessen keine Gefahr für die Freiheit sein muss, selbst dann nicht, wenn sehr viele der persönlichen neuronalen Prozesse streng determiniert wären.

Das Beispiel ist auch eine Bestätigung der Meinung Singers: »Jeder ist so, wie er ist« (er ist abhängig von den Faktoren, die dem Selbst zuzurechnen sind), das heißt, er ist nur in Grenzen verantwortlich für sein »augenblickliches« Tun. Für die Rechtsphilosophen ist das immerhin ein folgenreiches Resultat.

Pauen beschließt seine Einführung in die Grundprobleme der Philosophie des Geistes mit einem Fazit, das unerwartet zögerlich daherkommt:

Von einer zufriedenstellenden Erklärung bewusster Prozesse aus der Aktivität einfacher Neuronen (wieso einfacher, gibt es auch kompliziertere?) seien wir noch weit entfernt, meint er. Er führt die tief verwurzelten Intuitionen an, die gegen eine naturwissenschaftliche Erklärung von Bewusstsein sprächen (Erklärungslückenargument). Trotz der Möglichkeit, dass wissenschaftliche Erkenntnisse Einfluss auf unsere Intuitionen gewinnen können, mag er nicht ausschließen, dass Erklärungsversuche dennoch dauerhaft scheitern. Er meint allerdings auch, dass die Philosophen sich von einem monolithischen ICH und einer absoluten Freiheit des Willens lösen müssten, aber es gäbe gute Argumente dafür, dass die Willensfreiheit durch eine naturwissenschaftliche Erklärung des Bewusstseins nicht in Frage gestellt werden müsse. Zu guter Letzt stellt er fest, dass philosophische Überlegungen nicht an die Stelle empirischer Erkenntnisse treten können. Dem kann man zustimmen. Und weiter: Die Philosophie bleibe stets auf die Erkenntnisse der Wissenschaft angewiesen. Gemeint ist hier wohl die Naturwissenschaft, denn die Philosophie ist auch Wissenschaft, nämlich Geisteswissenschaft.

Philosophen konstruieren auf der Basis von Annahmen, von denen sie glauben, sie seien zutreffend, in sich logische Gedankengebäude, die gedruckt Bibliotheken füllen, sich aber allesamt dann als falsch erweisen, wenn die geglaubten Prämissen von den Naturwissenschaften eliminiert werden. Dafür ein Beispiel: In einem Beitrag der Frankfurter Allgemeinen Sonntagszeitung vom 11. Januar 2004 auf Seite 53 war zu lesen, dass Immanuel Kant in einem Fall mit seiner Logik sehr daneben lag: »Leben auf dem Mars? Was sonst!«. Er schloss logisch und messerscharf aufgrund von Fakten, die gar keine waren, dass das Intelligenzgefälle in unserem Sonnensystem derart beschaffen sei, dass unsere Nachbarn auf den äußeren Planeten schlauer als auf Merkur und Venus seien, denn, so seine Überlegung, »in größerer Entfernung von der Energie spendenden Sonne ist der alltägliche Kampf ums Überleben härter als auf dem sonnenverwöhnten Merkur«. Auf Erden wären demnach z.B. die in Schweden Geborenen schlauer als die am Äquator Geborenen. Heute käme Kant mit dieser Logik in arge Schwierigkeiten. Johann Wolfgang von Goethe betrachtete angeblich seine Farbenlehre als sein bedeutendstes Lebenswerk: ein Fehlschluss. Die Annahmen, auf die er seine Lehre aufbaute, waren nicht zutreffend. Sein »Faust«, obwohl auch nicht mehr so ganz »à jour«, ist nur deshalb noch stimmig, weil die Geschichte vor allem die Dualisten unter uns anspricht. Mit dem Wort »gerettet« eines offenbar deutschsprachigen Engels, oder sonst einer vom Himmel her zur Vergebung befugten Person, wird die Doppelmörderin Gretchen, von allen Sünden befreit, in die himmlischen Gefilde aufgenommen. Der Leser nehme das nicht so ernst, denn Gnade ist ein hohes Kulturgut.

17.5 Gefühle

Wie fühlt es sich an, eine Fledermaus oder eine Spinne zu sein, wie fühlt es sich an, rotzusehen, wie fühlt es sich an, Musik zu hören? Das kann doch nicht nur durch einen monotonen Strom neuronaler (einfacher!) Impulse repräsentiert werden?

Zur Veranschaulichung, dass eine monotone Folge von elektrischen Impulsen sehr wohl ein bewusst erlebtes Ereignis repräsentieren kann, ist die Musik geeignet.

Musik kann eine beseelende, wonnigliche, gefühlvolle Wirkung beim Menschen auslösen, die losgelöst von der eigenen Körperlichkeit als metaphysisch empfunden wird. Wohl die meisten Musikfreunde würden vielleicht noch zustimmen, die von Musik herrührenden Schallwellen als etwas Physisches zu bezeichnen, aber nicht die von den Schallwellen ausgelösten tief empfundenen Gefühle.

Johann Sebastian Bach hatte Musik im Kopf. Zugang zu dieser Musik hatte zunächst nur er selbst (Zugang aus der Perspektive der ersten Person). Er konnte die in seinem Kopf kreisende Musik seinen Mitmenschen vorspielen, was bereits ein komplizierter neuronaler und physischer Vorgang ist. Ob der Hörer dabei dasselbe empfand wie Bach selbst, kann nicht beurteilt werden, denn die Musik wird vom Hörer wiederum aus der Perspektive der ersten Person erlebt, und dazu wiederum hat ein Dritter, hier also Bach, keinen Zugang. Damit eine andere Person unabhängig von Bachs Vortrag Zugang zu seiner Musik erhält, musste Bach (auch als Gedächtnisstütze für sich selbst und als Basis für weitere Optimierung) sein Werk in Notenschrift zu Papier bringen. Den Notensatz konnte Bach so lange überarbeiten, bis er seinem mentalen Konstrukt hinsichtlich des betreffenden Musikwerkes bestmöglich entsprach, d. h. bis eine bestmögliche Konserve des originalen neuronalen Konstrukts erstellt war. Notenunkundigen ist allerdings der unmittelbare Zugang zu dem Konstrukt erst nach Erlernen des Codes (Notenschrift) und des technischen Prozesses der Umsetzung auf dem Instrument zugänglich. Noten sind eine Musizieranweisung (Algorithmus). Der Interpret folgt ihr. Aber die Wiedergabe wird trotzdem nicht identisch mit dem Original sein, denn der Interpret ist determiniert durch sein Können, durch seine personale Grundstruktur, er ist abhängig von zufälligen Fehlern, von der Entwicklung beim Instrumentenbau und von seiner bewussten Intention einer gewollt eigenwilligen Interpretation bis hin zu Jazz-Versionen. Folglich werden wir niemals eine originale Interpretation von Bach hören. Auch eine Darbietung Bachscher Musik durch Bach selbst war niemals identisch mit der vorherigen. Die Tagesform sowohl des Interpreten als auch der Instrumente (relative Feuchte, Luftdruck und anderes) verhinderten die vollständige Übereinstimmung (Identität). Heutige Komponisten sind besser dran. Die Digitaltechnik macht's möglich. Für Bach wäre es unvorstellbar gewesen, dass die Schallwellen des von ihm selbst gespielten Musikwerkes in eine Kette gleichförmiger »nichtssagender« Zeichen (entsprechend Nullen und Einsen) umgesetzt und z.b. auf einem optischen Speicher eingeschrieben werden können, und dass sie dort, besser als es Notenblätter können, sein Werk repräsentieren. Die Musiker werden bei der Repräsentation durch Wiedergabeapparaturen ersetzt, die anstelle der Noten die Zeichen vom Speichermedium auslesen und als hörbare Musik von sehr guter bis hin zu ausgezeichneter Qualität ausgeben.

Schon *Douglas Richard Hofstadter* (1985) benutzte dieses Beispiel im Kapitel »Wo die Bedeutung sitzt«, nur war bei ihm die CD noch eine Schallplatte, und er schrieb: »Zwischen Rillenmuster auf der Schallplatte und Tönen herrscht eine Isomorphie (Muster und Ton sind von unterschiedlicher Eigenschaft [Gestalt], bedingen aber systemisch einander) und der Plattenspieler ist der Mechanismus, der die Isomorphie physikalisch realisiert.« Die Information, die im Muster enthalten ist, wird durch die Wiedergabeapparatur »enthüllt«, so Hofstadter.

Wäre die digitale Aufzeichnung schon zu Bachs Zeiten möglich gewesen, so wäre ihm die elektronisch »enthüllte« Musik nahezu identisch mit seiner Originaldarbietung zu Gehör gekommen, weil die Fehlerrate bei der Digitalisierung gering ist. Er hätte dann bestätigt: »Ja, genau so habe ich meine Musik damals bei der Aufnahme empfunden.« Damit würde er auch bestätigen, dass die physische Konserve aus einer endlosen Folge nichtssagender Zeichen auf einem physischen Träger seine Komposition, sein (musikalisch) mentales Konstrukt sehr gut repräsentiert, und dass dieses authentisch gehört (gefühlt) werden kann. Erhärtet wird diese Annahme durch die Geschichte, dass der alternde Herbert von Karajan bewusst von ihm dirigierte Konzerte auf Compact Disk (CD) aufnehmen ließ, um so der Nachwelt die Welt seiner Musik, wie er sie gefühlt hatte, als seinen Nachlass zu schenken (zu verkaufen). Er feilte angeblich so lange unermüdlich an seinen Interpretationen, bis er sie endlich als seine aus der ersten Person empfundene Musik gelten ließ, bis sozusagen die Zeichen auf der CD den Geist und das Gefühl des Komponisten und Karajans atmeten, um es poetisch zu sagen. Aber wiederum auch nicht identisch, denn wer hat schon bei der Aufnahme sowie bei der Wiedergabe der bereits veralteten CD die optimalen technischen Apparate zur Verfügung?

Die neuronalen Konstrukte einiger Komponisten, etwa in der Art: »Zertrümmere eine Rosenthal-Maria-Weiß-Kaffee-Tasse und trample mit Wollsocken an den Füßen auf Eichenparkett« könnten nur durch Erweiterung des Codes überhaupt zu Papier gebracht werden. Solche Kompositionen, aber auch berühmte Improvisationen, lassen sich allenfalls durch Digitalisierung und Speicherung in geeigneten Speichermedien als annähernde Originale für die Nachwelt erhalten. Das Notenblatt ist schon eine gute physische Konserve der Musizieranweisung des Komponisten, aber es repräsentiert nur unvollständig die Feinheiten und das Gefühl, das der Komponist aus seiner Sicht empfand. Mit zunehmender Qualität der Tondigitalisierung und der Wiedergabeapparate ist es möglich geworden, dem Zuhörer das Musikwerk so zu Gehör zu bringen, wie es der Komponist selbst als gut empfunden hat. Ob der Zuhörer dasselbe Hörerlebnis hat, ist unwahrscheinlich, denn die musikalische Rezeption ist von Mensch zu Mensch schon allein physisch bedingt (Hörschäden, Begabung, Schulung usw.) zu unterschiedlich.

Auf dem Datenträger ist das Musikstück physisch gespeichert. Von seinem Geist, seiner musikalischen Schönheit ist davon durch Hingucken nichts zu erkennen, ebenso wenig wie von einem Unkundigen beim Hineingucken in eine Orchesterpartitur. Es bedarf der von Hofstadter beschriebenen Enthüllung, die hier von einer Maschine übernommen wird, und die den monotonen Strom elektrischer Signale in Schallschwingungen umsetzt, die dem Kundigen den Geist und die Schönheit des musikalischen Werkes vermitteln. Den Philosophen, die dem monotonen Fluss von elektrischen Impulsen im Gehirn den Transport emotionaler Muster nicht zutrauen, sollte das zu denken geben.

Das von einer Person empfundene Gefühl entwickelt sich ausschließlich in deren neuronalem System. Die Alltagserfahrung zeigt, dass es physische Unterschiede in der mentalen Verarbeitung der vom Hörer empfangenen Ton- bzw. Bildsignale, aber auch hinsichtlich Vorbildung und Veranlagung sind, die die Rezeption beeinflussen. Aber auch hier gilt: Ist das Gehirn des Hörenden (diesbezüglich) wenig oder nur mittelmäßig begabt, um die richtigen Schaltungen vorzunehmen, oder ist es dazu gar nicht befähigt, so kann das Gehörte aus rein physischen Gründen nicht dem Hörerlebnis eines gesunden musikalisch begabten Menschen entsprechen.

Die Dokumentation eines mentalen Konstrukts durch eine monotone Zeichenfolge auf einem Informationsträger repräsentiert das Konstrukt. Arbeit wurde geleistet, um das fertige Konstrukt auf der Platte zu speichern, aber dieselbe Arbeit hätte auch aufgewendet werden müssen, um die gleiche, aber unterschiedlich angeordnete Zeichenfolge zu speichern, die nicht das mentale Konstrukt repräsentiert. Geändert hätte sich hierbei nur das Muster der Zeichen auf der Platte, nicht aber ihre Physis, ihre chemische Zusammensetzung. Die Anfertigung des Musters, das die Musik repräsentiert, erforderte mentale Arbeit, das heißt Energie, die im Muster selbst nicht enthalten ist. Da stellt sich nun die Frage: Wo ist die aufgewendete Energie für die Arbeit geblieben? Nach dem Satz von der Erhaltung der Energie muss sie noch vorhanden sein. Im Endprodukt steckt sie jedenfalls nicht. Bleibt eigentlich nur die Abwärme beim Denken, Schreiben und Musizieren! Die dafür notwendigen komplizierten neuronalen Prozesse erfordern den Transport unendlich vieler elektrischer Signale in kurzer Zeit, wofür sehr viel Energie erforderlich ist. Und weil das so ist, ist das Gehirn, wie schon weiter oben erwähnt, das Organ mit dem höchsten Energiebedarf.

Der menschliche Geist spielt mit Informationen, baut sie meist ohne sein eigenes Zutun um, erfindet zufällig neue Strukturen und erfreut sich daran. Wolken sind eine ähnliche Fundgrube sehr flüchtiger mentaler Konstrukte. Die Prozesse, die dabei im Gehirn ablaufen, um die jeweiligen Konstrukte im Gehirn zu repräsentieren und zu speichern, das Wie, das sie zu Bildern, Empfindungen, Gefühlen, Tönen werden lässt, ist zwar hochinteressant, aber sie sind letztendlich immer Muster elektromagnetischer Natur.

Der Philosoph *Thomas* Metzinger, Professor für theoretische Philosophie in Mainz, meint hierzu: »Die Prozesse selbst, das heißt die spezifischen Mechanismen, durch die solche Repräsentate erzeugt werden, sind Gegenstand empirischer Einzelwissenschaften. Sind die interessierenden Systeme menschliche bzw. biologische Organismen, so werden es überwiegend die Neurowissenschaften sein, an die wir uns mit Fragen bezüglich des Mechanismus der Repräsentation zu wenden haben. Das mit den Bemühungen der empirischen Wissenschaften verknüpfte philosophische Projekt besteht hingegen zum Großteil in der kommentierenden Ausformulierung einer mit deren Ergebnissen kompatiblen psychologischen Anthropologie.«

Entsprechend den bisher vorgestellten Fakten sind mentale Prozesse, die sowohl als Gefühl des »Vergnügens« oder des »Missvergnügens« empfunden werden können, ebenso physischer Natur, so wie das Bild eines Abgrundes als bedrohlich, aber das eines Sonnenuntergangs als sehr friedlich empfunden werden kann. Die neuronale Verfasstheit hat gelernt, ein bestimmtes Muster z. B. als Vergnügen zu empfinden.

Dass manche höchst vergnüglichen Gefühle rein chemischer Natur sind, das lässt sich am Beispiel des Rauschgiftproblems aufzeigen. Die erste Zigarette schmeckt nicht. Wer danach die zweite und weitere raucht, empfindet sehr rasch ein tiefes Vergnügen. Der Raucher lernt sich ein Vergnügen an, von dem er aus rein chemisch-physikalischen Gründen in den meisten Fällen nicht mehr loskommt, es sei denn, das mentale Vergnügungskonstrukt wird durch ein sehr starkes mentales anderes Konstrukt eliminiert, z. B. durch die Diagnose Lungenkrebs. Im verstärkten Maß gilt das auch für Drogen. Die Halluzinationen nach dem Verzehr von Fliegenpilzzubereitungen wurden schon von Medizinmännern benutzt, um »Jenseitiges« zu erfahren. Sie sind dabei in Wahrheit nur Opfer neuronaler Fehlschaltungen, ausgelöst durch die im Gehirn ablaufenden chemischen Reaktionen. Der Wirkstoff Muscimol, der in den Pilzzubereitungen enthalten ist und der für die psychotropen Eigenschaften des Fliegenpilzes verantwortlich ist, ist der Auslöser des elektrischen Impulsgewitters im Neuronengeflecht des Gehirns. Transzendentes ist daran nicht zu erkennen. Viele Menschen mögen zunächst etwas nicht, werden dann aber durch gesellschaftliche Gegebenheiten, z.B. durch Veränderungen in ihrer Umwelt gezwungen, die bisherigen liebgewonnenen Gewohnheiten aufzugeben und sich anzutrainieren, das vorher Verabscheute zu mögen.

Bilder, die wenig oder gar nichts Natürliches abbildeten, wurden von sehr vielen Deutschen, aber auch von Menschen anderer Länder und Nationen als »entartet« empfunden. Heute, nach sehr vielen Jahren, vermitteln diese Bilder denselben Menschen zum Teil tiefe positive Empfindungen. Die diesbezügliche neuronale Verfasstheit wurde von selbst, aber auch durch gezielte Propagandainteressen umprogrammiert. Dennoch empfinden viele Menschen immer noch die vermutlich tonnenschwere Installation »Blitzschlag mit Lichtschein auf Hirsch« von Joseph Beuys im Frankfurter Museum für Moderne Kunst nicht als entartet, sondern die 1987 dafür gezahlten zweieinhalb Millionen DM als Fehlinvestition.

Eine weitere weltbewegende Kluft zwischen den Dualisten und den Monisten besteht in Bezug auf religiöse Gegebenheiten. Zunächst erhebt sich die Frage:

18 Schuf Gott den Menschen oder der Mensch Gott

In der Evolution des Menschen ist die allmähliche Ausbildung des Selbstbewusstseins wahrscheinlich der Ursprung, denn die bewusste Wahrnehmung von Phänomenen, deren Ursache unerklärlich war, konnte nur von Mächten stammen, die physisch nicht fassbar waren. Die so unterschiedlich wirkenden Phänomene hatten lebensfördernde oder aber lebensschädigende Wirkung. Also gab es wohlgefällige und feindlich gesinnte metaphysische lenkende Mächte, die man freundlich stimmen musste. Und nachdem weitere Fragen ins Bewusstsein gehoben wurden wie z.B.: Wer bin ich, woher komme ich, warum bin ich und wohin gehe ich nach dem meist mühevollen Dasein, gab es so einigen Erklärungsbedarf. Der Gedanke, dass der Tod das so bewusst empfundene Leben in ein absolutes ewig andauerndes Nichts schickt, war unerträglich und musste irgendwie betäubt werden. Besonders begabte Individuen beantworteten die Fragen auf der Basis des existierenden Wissensstandes und spiritistischer Eingebungen. Der Mensch erdachte sich für einzelne oder auch Gruppen von Phänomenen unterschiedliche Gottesstrukturen, z.B. einen universalen Gott (Monotheismus), oder aber unterschiedliche Götter und Göttinnen (Polytheismus) und Mischformen mit einem Hauptgott (Henotheismus).

Insbesondere nach der letzten Glazialzeit bildeten sich in den arid gewordenen Landstrichen, vorwiegend in Stromtälern, Zentren mit hoher Populationsdichte, die effiziente Organisation und Regeln zur Aufrechterhaltung der Ordnung und der Nahrungsmittelerzeugung erzwangen. Alphamenschen übernahmen die Führung der Stämme und Völker. Den Machthabern halfen die allmächtigen Götter, die Freiheit einschränkenden Zwänge der strikten Organisation durchzusetzen, indem Priester ewiges Glück oder grässliche Strafen in einem jenseitigen, göttlichen Reich glaubhaft machten. Die Götter erhielten Namen, Tempel, Abbilder und Verehrung.

Der überwiegenden Mehrheit der Menschen ist der Glaube an Metaphysisches sozusagen evolutionär genetisch einprogrammiert, was einen Paradigmenwechsel hin zum konsequenten Monismus offensichtlich schwer, wenn nicht sogar unmöglich macht.

Die Alltagserfahrung zeigt, dass Gott als physische Entität bisher nicht nachgewiesen wurde. Wer den bisherigen Ausführungen gefolgt ist, wird zum Schluss kommen müssen, dass die Wahrscheinlichkeit, Gott irgendwann physisch nachzuweisen, gegen null geht. Den Anspruch erhebt aber auch niemand, sondern die Gläubigen glauben, dass Gott als metaphysische Entität physische Ereignisse und Fakten schafft, zumindest aber, dass er darauf Einfluss hat (s.a. Kapitel 17.1).

Das metaphysische Gottesbild hat sich beim Menschen als neuronales, also physisches Konstrukt, nachhaltig und generationsübergreifend eingenistet. Wie das geschah, das versuchten *Andrew Newberg, Vincent Rause* und *Eugene d'Aquili* (Der gedachte Gott, 2003) zu beantworten. Der Radiologe und *Dozent* für Religionswissenschaften Newberg und seine Co-Autoren vertreten die Meinung, dass die tiefsten Ursprünge der Religion in mystischen

Erfahrungen liegen. Die Religionen bestehen fort, weil die Vernetzungen im menschlichen Gehirn dem Gläubigen diverse »Einheitserfahrungen« ermöglichen, die oft als Versicherungen für die Existenz Gottes gedeutet werden. Die Autoren legen dar, dass Religion für den Menschen im Überlebenskampf vorteilhaft war. Die Evolution habe daher die neurologische Maschinerie der Transzendenz übernommen und die religiösen Möglichkeiten des Gehirns gefördert. »Auch erscheint es sehr wahrscheinlich, dass der körperliche und geistige Nutzen des Glaubens mit den Werten (Regeln) zusammenhängt, welche die Religionen vorschreiben«, meint Newberg. Nach seinen Worten führt ein neurologischer Ansatz zu der Auffassung, dass Gott nicht das Produkt eines kognitiven deduktiven Prozesses ist, sondern dass er in einem mystischen oder spirituellen Moment entdeckt worden ist, der sich dem menschlichen Bewusstsein durch die Transzendenzmaschine des Geistes eröffnete. Gott wird im tiefsten Sinne des Begriffs in der mystischen Spiritualität erfahren.

Schon vor Newberg hat *Richard Dawkins* Gott als neuronales Muster bezeichnet, sozusagen als ein Informationskonstrukt, das ohne Zweifel existent ist. Er beschreibt Gott als ein neuronales Muster, das uns über unsere Sinnesorgane vermittelt und im Gehirn zu einem Empfindungsbild zusammengesetzt und gespeichert wird. Er bezeichnet derartige neuronale Konstrukte, für die der Begriff »Mem« zutreffend ist, als ansteckend, so wie eine flüchtige Mode, ein Ohrwurm, Spiele, aber auch Weltanschauungen.

Bedeutende Weltreligionen haben sich entwickelt. Zu ihnen gehören die monotheistischen abrahamitischen Religionen der Juden, der Christen sowie der Islam; im indisch-asiatischen Bereich herrschen der Brahmismus – die Vielgötterwelt der Hindu – und der philosophisch-logisch basierte Buddhismus. Nicht so mächtig, aber in der östlichen Welt verbreitet sind Konfuzius und seine Lehren sowie Laotse und in Japan der sehr liberale Shinto, wobei im asiatischen Raum weniger von Religion als vielmehr von Lehre gesprochen wird.

Das Gottesbild Abrahams ist monotheistisch, aber nicht absolut metaphysisch, denn Gott sprach – informierte – persönlich Abraham, und dafür waren physische Informationsträger nötig (s.a. Kapitel 11). Abraham musste die Informationen (z.B. »Töte deinen Sohn«) empfangen, die von Gott gewählte Sprache beherrschen (decodieren) und die Information verstehen. Abraham war nicht der Erste, zu dem Gott sprach; ein Gott, der neben sich keine anderen Götter duldete. Abraham schuf die Basis der jüdischen Religion und davon ausgehend entwickelten sich die christlichen und islamischen Religionsgemeinschaften. Die Bibel ist die Urschrift und die breite Basis des Neuen Testaments und zugleich die Wurzel des Korans.

In den abrahamitischen Religionen hat sich der Gottesbegriff im Laufe der Zeit unterschiedlich ausgebildet. Gott hat sozusagen unter den Menschen Sprecher ausgewählt, die Gottes Willen und Weisungen in physische Worte (Das Wort ist Fleisch geworden, Joh. 1, 1-2) wandelten, um sich den Menschen mitzuteilen.

Moses empfing die göttlichen Informationen, z.B. die Zehn Gebote, verstand und schrieb sie auf Tafeln. Er schuf damit eine Datei, die von jedem Schriftkundigen gelesen und den Unkundigen über Generationen unverfälscht gepredigt werden konnte. Die fünf Bücher Mose bilden den Inhalt der jüdischen Thora. Ergänzt durch die schriftlich fixierte mündliche Thora (sie enthält etwas mehr als 600 Gebote und Verbote) ist die Thorarolle das Fundament der jüdischen Religion. Bemerkenswert: Von Gott gibt es in keiner Synagoge ein Abbild. Sein Name steht nur in der Thora geschrieben und darf von Unbefugten nicht erblickt werden. In der jüdischen Religion steht rituell die Thora, das Wort Gottes, im Vordergrund.

Jesus von Nazareth verkündigte seinen Jüngern in der sogenannten Bergpredigt seine Lehre. Das in der Thora verkündigte Wort Gottes legte Jesus neu aus und begründete damit die christliche Religion. Von Jesus selbst existiert keine von ihm selbst geschriebene Fassung seiner Lehre. Erst die Evangelisten (Matthäus, Lukas, Markus, Johannes) setzten die Lehre nach Jesu Tod (etwa nach 60 und laut Johannesevangelium nach 90 Jahren) in die Schriftform (die Evangelien) und schufen die Grundlage für das Buch: das Neue Testament. Es gibt keinen Beleg dafür, dass sich Jesus ausdrücklich als fleischgewordener Sohn oder Adoptivsohn Gottes bezeichnete. Aber ihm wurde von seinen Anhängern wesensgleiche (Homousie), zumindest wesensähnliche (Homoiusie) göttliche Kraft zugesprochen. Darüber herrschte Unstimmigkeit und es drohte die Spaltung der frühen christlichen Gemeinde. Für Athanasius war Jesus Gott wesensgleich, für Arius (beide 4. Jahrhundert n. Chr.) hingegen nur wesensähnlich. Gott war für Arius transzendent: »ungeworden und ungezeugt«, Jesus dagegen ein Logos Sohn, gezeugt von Gott, der erst dadurch zum Vater wurde. Der Logos Sohn ist Gott untergeordnet. Nicht zuletzt gilt: Ein Gott kann nicht am Kreuz sterben. Die Thesen des Arius standen der These von der Erlösung des neutestamentlichen Christus entgegen. Zudem hatte der weströmische Kaiser Konstantin I. 324 seinen Einflussbereich im Oströmischen Reich gefestigt und der theologische Streit störte den »Römischen Frieden«. Konstantin I. entschied sich gegen die Arianer. Im Konzil zu Nicäa 325 n. Chr. wurden die Thesen des Arius als häretisch verurteilt und Arius wurde verbannt. Damit ist die »Dreifaltigkeit« der dreieinige Gott (Trinität) und ist damit bis heute eine feste Größe der christlichen Glaubenslehre.

Mohammed ist der Begründer des Islam, der zweiten weltweit verbreiteten Religionsgemeinschaft, die sich auf Abraham (Ibrahim) beruft. Mohammed war bereits ein etwa vierzig Jahre alter Familienvater – er hatte zehn Ehefrauen – als er seine Religionslehre etwa 600 Jahre n. Chr. zunächst im Familienkreis predigte. Im Traum erschien Mohammed der Erzengel Gabriel, der ihn mit einem beschriebenen Seidentuch arg bedrängte und ihm befahl, das Geschriebene vorzutragen, genauer, es wortgetreu zu rezitieren, was er fortan tat. Aus der Hand Mohammeds ist kein einziges Schriftstück überliefert. Der Koran entstand in Teilen schon vor Mohammeds Tod um 613 n.Chr. Die Teile wurden ergänzt und unter dem Patronat des ersten Kalifen Abu Bakr mit Predigern der Lehre Mohammeds abgestimmt. So entstand eine Art erster amtlicher Koran. Der dritte Kalif Uthman ibn Affan sammelte alle Koranfassungen ein, ließ sie verbrennen und verfasste den Kodex, der die Basis des heute gültigen Korans ist. Der Name Koran hat ins Deutsche übersetzt die Bedeutung »Lesung«, auch »Rezitation«, und ist für Muslime die letzte Offenbarung Gottes.

Nach seinem Tod wird der Moslem, so wie im Christentum, über Zwischenstationen und ein Jüngstes Gericht leiblich in den Himmel aufgenommen oder in die Hölle verbannt.

Eine dritte Religion, zu der sich etwa ähnlich viele Menschen bekennen wie zum Christentum und zum Islam, ist der Hinduismus. Der Hinduismus – Brahmismus – hat wie andere Religionen auch seine Wurzeln im Götterreich früher menschlicher Kulturen. Der Polytheismus wurde aber in der weiteren Entwicklung nicht fallengelassen. Es fand sich niemand, der wie Abraham die Vielgötterei beendete und einen alleinigen einzigen Gott benannte und nachhaltig etablierte. Wie beim Islam kennen die Hindus kein zentrales geistliches Oberhaupt, das bestimmt, wer ein Hindu ist und wer nicht. Zahlreiche Gemeinden mit unterschiedlichen religiösen Lebensentwürfen blieben bestehen oder bildeten sich neu. Erste schriftliche Dokumente über die religiöse Vielfalt stammen aus der Zeit von ca. 2000 Jahren v. Chr. Archaische Rangordnungen erhielten sich, das heißt Kasten, sogar mit einer Kaste der Unberührbaren, zuständig für die Entsorgung der Ausscheidungen jeder Art der höheren Kasten.

Im Unterschied zu den abrahamitischen Religionen kennt der Hindu Himmel oder Hölle nur als Zwischenstationen. Er erhöht während seines Lebens sein Karma durch gute und vermindert es durch böse Taten. Das Karma, sozusagen die Datei (DNA?) seiner ethischen Lebensleistung bestimmt den Weg und die Anzahl seiner theoretisch nicht endenden Wiedergeburten. Die Wiedergeburt ist eine Einschalung der eigenen Seele als Gast in einen anderen lebenden Körper (Pflanze, Tier), und das Karma bestimmt eine gute oder schlechte Wiedergeburt. Für den Hindu heißt Erlösung, der erneuten Einschalung seiner Seele zu entkommen und diese (seine Seele), je nach Glaubensrichtung, mit einer höchsten Entität zu vereinen, oder aber in das unpersönliche Brahman (das unpersönlich Göttliche, ohne Anfang und ohne Ende) einzugehen. In der Philosophie der Upanischaden-Schriften ist Brahman der gedachte Anfang allen Seins, aber bewahrt gleichzeitig seine ursprüngliche Bedeutung: »Heilige Rede«. Also weit vor dem Evangelisten Johannes steht schon in den Upanischaden sinngemäß: »Und das Wort ist Fleisch geworden… «

Schon etwa 500 Jahre vor Chr. entstand in Nordindien im Rahmen des hinduistischen Kulturkreises die Lehre des Buddha und damit eine der großen Weltreligionen. Der jugendliche Abkömmling einer lokalen Herrscherfamilie Siddhartha Gautama entfloh dem herrschaftlichen Wohlstand und Umfeld einer behüteten Jugend und erlebte die Härte des alltäglichen Lebens jener Zeit. Er entwickelte eine von Göttern befreite Lehre, derzufolge durch vollkommene Lebensführung und Meditation schon zu Lebzeiten das Nirwana (siehe weiter unten) erreicht werden kann, wodurch die endlose Kette der Wiedergeburten unterbrochen wird und im günstigsten Falle erst gar nicht beginnt. Entsprechend der Überlieferung hatte Siddhartha Gautama im Alter von 35 Jahren diese »Erleuchtung« unter einer Pappelfeige am Ufer des Flusses Nevanjara. So wurde Siddhartha zu Buddha. Diese Art der Erleuchtung gelingt nur wenigen Auserwählten.

Der Begriff Nirwana wurde schon erwähnt. Seine wörtliche Übersetzung bedeutet das Erlöschen der drei Ursachen allen menschlichen Leids: Begierde, Hass und Unwissenheit. Die in westlichen Kulturen dem Begriff häufig zugewiesene Bedeutung der Leere im physikalischen Sinn ist nicht zutreffend, denn Nirwana – Erlöschen – betrifft im Kern nur die oben genannten drei Ursachen menschlichen Leids. Sind die Ursachen erloschen, verbleibt eine Art dauerhafte Glückseligkeit. Diese wird aber nur durch den endgültigen Ausschluss aus dem ewigen Kreislauf der Wiedergeburten möglich. Sinngemäß ist demnach eine Auferstehung des Fleisches in einem wie auch immer gearteten Himmel gemäß dieser Religionsphilosophie weder möglich noch beabsichtigt. Die eigentliche Hölle ist demnach der Verbleib in der dauerhaften Wiedergeburtsschleife mit dem nicht endenden bewussten Erleben aller Widerlichkeiten des Erdenlebens. Buddha sah zu seiner Zeit offenbar wenig Glück in dem damals noch ziemlich kurzen Leben.

Etwa zur gleichen Zeit wie Buddha lebte in China Konfuzius. Er ist der Begründer des Konfuzianismus. Sein Name leitet sich vom Chinesischen ab und entspricht latinisiert K'ung-fu-tzu, was soviel bedeutet wie Lehrmeister Kong. Bemerkenswert ist an dieser Stelle: Auch von Konfuzius selbst existieren keine selbstverfassten Schriften, seine Lehre wurde erst 100 Jahre nach seinem Tod (481 v. Chr.) schriftlich aufgezeichnet. Konfuzius hat sich selbst nicht als Begründer einer Religion bezeichnet. Dennoch wurde ein religiöser Kult um die Person des Konfuzius betrieben und seine Lehre wird in der Kategorie z.B. der Lehre des Buddha eingestuft. Zu nennen sind noch der Zen-Buddhismus und die Lehre des Laotse. Auch von ihm sind keine schriftlichen Zeugnisse überliefert; selbst seine Existenz als Person (etwa 600 v.Chr.) ist offenbar nicht eindeutig nachzuweisen. Die Lehre könnte aus zahlreichen Überlieferungen zusammengetragen und sodann schriftlich dokumentiert worden sein. Sie beeinflusste im alten China die kulturelle Entwicklung und ist bis heute auch im Westen wegen ihres liberalen Geistes wirksam. Auch den jüngsten technischen Entwicklungen setzt die Lehre keine dogmatischen Grenzen, besonders in China und Korea. Japan beachtet Buddhas Lehre, wenn es um Ernsthaftes geht, Fröhlichsein verbindet es lieber mit den selbst ernannten sehr zahlreichen Göttern des Shinto. So ruft der Japaner nicht wie wir »Oh mein Gott«, sondern nimmt seinen persönlichen Gott, – das kann sogar eine Katze sein – mit in den Shinto-Schrein – und wünscht sich etwas.

Die Beschreibung der dominierenden Religionen ist grob und geht nicht auf die Verästelungen ein, die sie alle im Laufe der Jahrtausende erfahren haben. Der Interessierte findet bereits im Internet genügend Informationen, um sich ein ziemlich genaues Bild der verschlungenen Wege des menschlichen Geistes auf dem Gebiet der religiös geprägten Weltanschauungen zu machen.

Hier wird und wurde versucht herauszuarbeiten, ob die von den Religionen gelenkten Lebensentwürfe noch den heutigen Gegebenheiten gerecht werden. Wiederum ist man geneigt festzustellen, dass in unserer Welt die Veränderung das allein Beständige ist. Auch wenn der Zeitpfeil theoretisch umkehrbar ist, hat er faktisch nur eine Richtung: Alles wird älter und verändert sich. Die Religionsphilosophen sind mit andauernden Änderungen der Faktenbasis konfrontiert, die im Widerspruch zu Gottes ewig wahrem Wort stehen – was nicht sein darf – und unausweichlich zu krassen Reaktionen der Religionshüter führen. Die liberalen asiatischen Religionskonstrukte sind etwas flexibler und öffnen sich mehr dem kontinuierlichen Wandel des menschlichen Existenzumfelds. Das ist ein Pro für die reibungslose Anpassung der religiösen Verfassungen an die sich rasant verändernden Parameter zukünftigen Lebens. Und das tut not, ein Beispiel:

Galileo Galilei wurde am 21. Juni 1633 »dringend der Ketzerei verdächtigt«, weil er die der Heiligen Schrift widersprechende Lehre, nämlich die Erde umkreise die Sonne und nicht umgekehrt, für gültig gehalten und geglaubt hatte. Sein berühmtestes Buch, der »Dialog«, wurde auf den Index der verbotenen Schriften gesetzt und Galilei zu lebenslanger Haft verurteilt. Er wurde erst in jüngster Zeit rehabilitiert. Die diesbezügliche Lehre, die man aus der Heiligen Schrift ableiten zu können glaubte, war nachweislich falsch und musste fallen gelassen werden (sie wurde eliminiert).

Dieser Vorfall erschütterte jedoch nicht etwa das Glaubensgebäude. Schwerwiegenderen Widersprüchen muss die katholische Kirche ausweichen, denn deren Auflösung bzw. Richtigstellung würde die Kirche in ihren Grundfesten erschüttern. Ein Beispiel dafür ist das Dogma von der Auferstehung von den Toten. Jesus ist auferstanden von den Toten und sitzt zur Rechten Gottes. Die Formulierung beschreibt ohne Zweifel ein physisches Wesen. Im Text des Glaubensbekenntnisses ist der Begriff Auferstehung nicht eindeutig als Auferstehung des Fleisches genannt. Dass die Kirche dabei an ein physisches Wesen denkt, beweist z.B. das 1869/70 erlassene Dekret von Papst Pius IX., in dem die leibliche Aufnahme Mariens in den Himmel zum Faktum erklärt wird. Naturwissenschaftlich ist die Aussage so unwahrscheinlich, dass sie praktisch unmöglich erscheint. Selbst Papst Benedikt XVI. war vorsichtig und sagte: »Ihre« – die der Auferstehung – »erste und ursprunggebende Aussage ist die Botschaft, dass die Macht des Todes, die eigentliche Konstante der Geschichte, an einer Stelle durch Gottes Macht zerbrochen worden und damit der Geschichte eine gänzlich neue Hoffnung eingesenkt worden ist.« Die Auferstehung des Fleisches wird nicht genannt. Da in Glaubensfragen der Papst unfehlbar ist, kann die etwas gewundene Aussage als Abkehr vom Bild der physischen Unversehrtheit beim Begriff Auferstehung gewertet werden. Ist nun Maria leibhaftig im Himmel?

Im Alltag sieht der christlich geprägte Mensch Abbilder Gottes eher als Person und betet »Vater unser, der du bist im Himmel....«, also betrachtet er Gott etwa so wie ihn Michelangelo in der Sixtinischen Kapelle gemalt hat, als alten bärtigen Mann, Adams Finger mit seinem Finger berührend. Aber George Coyne, der ehemalige Hofastronom des Papstes (von 1978 bis 2006), sagte während eines Seminars in Castel Gandolfo, dass Gott sehr anders sein müsse als der, den die Theologen sahen. Die Antwort, die Papst Johannes Paul II. seinem Hofastronomen Coyne schrieb (vermutlich von Kardinal Joseph Ratzinger verfasst), war sehr gewunden und endete mit dem Ratschlag: Jeder solle auf seinem Wissensgebiet versuchen, das Beste zu leisten und gegenseitiges Verständnis aufzubringen. Nach der Wahl Ratzingers zum Papst (April 2005) verließ der Jesuit Coyne den Vatikan 2006.

Dabei gab es schon im Mittelalter christliche Theologen, die Gott vollkommen anders beschrieben, nämlich unpersönlich und pantheistisch. Nicolaus von Kues (1401-1464) verfasste sehr viele theologische Beiträge, und so schrieb er unter anderem folgenden Satz: »Die Weltmaschine (machina mundi) ist so strukturiert, dass es scheint, sie habe ihren Mittelpunkt überall und ihre Peripherie nirgendwo, dies deshalb, weil in Wahrheit Gott selber ihre Peripherie und ihr Mittelpunkt ist, der überall und nirgends ist«; dennoch wurde Nicolaus als Kardinal in den Vatikan berufen.

Auch das christliche Dogma der Trinität ist in der heutigen Zeit nur schwer zu verteidigen. In der Götterwelt gab und gibt es auch in anderen Religionen göttliche Trinitäten, z.B. im Brahmismus (Hindu), Brahma, Vishnu, Shiva, in der römischen Götterwelt Jupiter, Juno, Minerva, und im Zen-Buddhismus wird Buddha als dreifacher Leib angesehen, wobei jedem Leib prominente Eigenschaften zugeschrieben werden. Die Trinität hat im christlichen Glauben eine sehr zentrale Bedeutung. Obwohl sich Jesus als Sohn Gottes bezeichnete, hat er sich selbst nicht ausdrücklich als eine Einheit mit Gott beschrieben. Die Trinität also »mit dem Sohn (filioque)« wurde erst im 4. Jahrhundert n. Chr. nach heftigen Auseinandersetzungen mit den Arianern im Konzil von Niceäa (326 n. Chr.) für wahr erklärt und zum Dogma erhoben.

Die Muslime sind noch weniger gewillt, die sich mit der Zeit aufzeigenden Widersprüche aufzulösen. Was Mohammed niederschreiben ließ, ist »Gottes

Wort«, das letzte, ewig gültige und unumstößliche. Kategorisch verbietet sich auch nur der Versuch einer kontroversen Diskussion. Damit bleiben die Muslime streng an eine Lebensanschauung, Gesellschafts- und Rechtsordnung gebunden, die dem Zeitgeist im Orient im 7. Jahrhundert n.Chr. entspricht und heute in mancher Hinsicht im eklatanten Widerspruch zum geltenden Recht steht. Hinzu kommt, dass jeder Mufti im sunnitischen Einflussbereich, in dem es keinen Klerus gibt, theoretisch eine Fatwa erlassen kann, das ist eine für die in seinem Einflussbereich lebenden Muslime gesetzesgleiche Verfahrensregel. Bekannt ist die im Februar 1989 von Ajatollah Chomeini gegen den Autor der satanischen Verse, Salman Rushdie, erlassene Fatwa, Rushdie zu töten. Außerdem verfassten 120 anerkannte islamische Autoritäten und in Indien etwa 70 000 islamische Geistliche Fatwas gegen Organisationen wie den Islamischen Staat, Al-Qaida und die Taliban (Gefahr für die Menschheit). Der Mangel an einer internationalen islamischen Autorität führt zu widersprüchlichen Fatwas und zu Zwisten innerhalb der islamischen Glaubensgemeinschaft.

Moderne Muslime mahnen eine zeitgemäße Deutung des Korans an, sind aber ideologisch sehr gebunden. Entsprechend wirken ihre Bemühungen zum Teil skurril. Der muslimische Anthropologe Malek Chebel nannte z. B. in einem Focus-Interview (Focus, Heft 6, 2006) just die Züchtigung als ein Beispiel für die Reformfähigkeit des Islam. Offenbar begrenzte der Korantext (geschrieben 632 n. Chr.) die Anzahl der strafenden Peitschenschläge nicht. Der Text wurde noch im selben Jahrhundert geändert: »Geben Sie ihr 100 Peitschenschläge«. Das spricht für sich. Vor dieser Koranüberarbeitung bekam »ihnen«, natürlich den Frauen, die nicht genannte Zahl Schläge noch schlechter. Viele starben dabei, meinte Chebel im Interview. Ein fürwahr sonderbarer Beleg für die Bereitschaft zu einer Reform dieser heiligen Schrift. Der Islam war und ist noch militant. Eine Bombe hinterhältig in einer Menschenansammlung mit dem Ruf »Gott ist groß« zu zünden ist gegenüber allen Göttern dieser Welt Gotteslästerung.

Alle Religionen haben eine mehr oder auch weniger metaphysische transzendente Grundlage. Selbst vermeintlich gottlose Ideologien berufen sich auf Schicksalsmächte. Zum Beispiel bemühte Hitler die Vorhersehung, die ihn und sein Volk zum Erfolg führen werde. Geister und Dämonen begleiten das menschliche Dasein offenbar nachhaltig. Selbst die Agnostiker leben nach einem metaphysisch geprägten Lebensentwurf. So mancher bringt das anhand der Metapher: »Ich bin ein katholischer Agnostiker« zum Ausdruck. Selbst in jahrelang streng materialistisch regierten Ländern blieben die metaphysischen Gedankenwelten im Verborgenen erhalten und erwachten, sobald es selbst unter widrigen Umständen möglich wurde. Da es aber bei zunehmender Populationsdichte unvermeidlich ist, die menschliche Gesellschaft nach energetisch und physisch möglichen Grundsätzen zu organisieren, führen göttliche Anweisungen, z.B. »Macht euch die Erde untertan«, zu bedrohlichen Reibungsverlusten.

Noch 1994 stufte die »American Psychiatric Association« einen starken religiösen Glauben als Geistesstörung ein. Das Duale in der neuronalen Ausrüstung des Menschen eliminieren zu können ist indes sehr unwahrscheinlich. Womit noch vor 1980 niemand rechnete, ist das Potenzial der elektronischen Datenverarbeitung. Die in Kapitel 14 beschriebene anorganische Intelligenz mündete innerhalb kürzester Zeit in die künstliche Intelligenz (KI), die auch zu einem religiös-philosophischen Problem wird. Ohne sie wäre die Analyse des Genoms von Lebewesen und damit der Startschuss für den Eingriff in die göttliche Schöpfungsallmacht nicht möglich. Die KI kennt zunächst die menschliche Abhängigkeit von Metaphysischem nicht, agiert per se rein physisch und ganz frei von ethischen und moralischen Normen, aber nur so lange keiner versucht, menschliche Normen mit metaphysischen Begriffen in die Algorithmen einzuschreiben. Zum Machtgemenge der bereits bestehenden Weltanschauungen addiert sich zukünftig die Macht der Algorithmen, nämlich wer sie beherrscht und welche auf Fakten basierende Normen – er, sie, es – in sie einarbeitet.

Die Vernunft, den Logos im Sinne des Evangelisten Johannes als Regulativ in die modernen Algorithmen einzubauen, wäre nun tatsächlich eine ernst zu nehmende Aufgabe einer Ethikkommission, in der allerdings nur unabhängig nachprüfbare Fakten zur Meinungsbildung herangezogen werden dürften. So wäre es z.B. derzeit nicht möglich, den Papst, aber auch die Religionswächter aller religiösen Gemeinden dabei einzubinden, denn der

Papst müsste in dieser fiktiven Konferenz die dem Logos widersprechenden Beschlüsse des im Jahr 325 abgehaltenen ersten Konzils von Nicaea als bedauerlichen Irrtum verkünden. Dazu wäre er ermächtigt, denn beim Ersten Vatikanischen Konzil (1869/70) in der Amtszeit von Papst Pius IX. wurde das Unfehlbarkeitsdogma verkündet, das besagt, dass der Papst in Glaubens- und Sittenfragen sowie bei Lehrentscheidungen nicht irren kann. Noch 1950 hat Papst Pius XII., wie schon beschrieben, das Dogma von der leiblichen Aufnahme (Auferstehung des Fleisches) der Gottesmutter Maria in den Himmel verkündet. Ein Dogma, das den naturwissenschaftlichen Fakten widerspricht. Im o.g. Konzil von Nicaea wurde, entgegen den Forderungen der Arianer, Jesus zusammen mit Gott Vater und Gott Heiliger Geist zum Konstrukt »dreieiniger Gott« erhoben. Der Widerruf dieses Dogmas würde die inzwischen mehr als 1690 Jahre alte christliche Kirche der Dreifaltigkeit in ihren Grundfesten erschüttern. Noch zur selben Stunde müsste der Papst seine Mitra zurückgeben. Die muslimischen Teilnehmer würden, wenn sie nur einen Vers in einer Sure als Irrtum erklärten, noch am selben Tage gesteinigt oder gnädigerweise nur erschossen.

Das Ergebnis der fiktiven Konferenz wäre ohnedies unbefriedigend, denn das geglaubte Jenseitige wäre eliminiert, und der Mensch müsste ohne Gott/ Götter, Teufel, Himmel, Hölle, Belohnung, Strafe und Wiedergeburt sein Leben fristen.

Für das Gebäude der klassischen Religionen müsste zuvor ein Ersatz bereitgesellt werden.

Welche Alternativen sind denkbar?

Die Einheitserfahrungen mit Gott, die von Mystikern erfahren werden, könnten als Zugang gelten. Newberg und Rause geben sich am Ende ihrer Darstellung als interaktionistische Dualisten zu erkennen, die die Existenz immaterieller (nicht physikalisch begründbarer) Zustände als Einflussgrößen auf das Bewusstsein einbeziehen, wenn sie schreiben: »Die Metapher Gott zieht ihre nachhaltige Bedeutung aus der Tatsache, dass sie in etwas wurzelt, das als uneingeschränkt real erfahren wird. Der neurobiologische

Hintergrund der spirituellen Transzendenz zeigt, dass das »Absolute Eins-Sein« eine denkbare, ja plausible Möglichkeit ist. Dieser mehr als höchste Einheitszustand kann rational begründet werden und ist real. Diese Realität ist kein Beweis für die Existenz eines höheren Gottes, doch sie spricht sehr dafür, dass das menschliche Leben mehr umfasst als das rein Materielle.«

Mehr als das Materielle heißt noch nicht metaphysisch, denn die elektromagnetische Kraft wird von vielen nicht als Materie aufgefasst, obwohl sie als Energieform physischer Natur ist und obwohl Geistiges ohne sie als Träger bisher noch nicht nachgewiesen werden konnte.

Die Gotteskonstrukte wirken über längere Zeiträume umso nachhaltiger, je sorgfältiger und reproduzierbarer sie dokumentiert sind und auf diese Weise wiederholt memoriert werden können. Und sie wirken umso anhaltender, je nachdrücklicher sie Belohnung versprechen (die niemanden auf der Welt etwas kostet), Strafe androhen und – auch mit Gewalt – missionarisch verbreitet werden. Wurde und wird darüber hinaus über lange Zeit dem einmal dokumentierten Wort ewige Gültigkeit zugewiesen – was automatisch gilt, wenn Gott mit den Attributen »unfehlbar«, »allwissend« und »ewig« versehen wird – so wird das Gotteskonstrukt im neuronalen System des Menschen gleichsam epigenetisch eingeschrieben. Mit zunehmendem Alter des Gotteskonstrukts ergeben sich, wie schon beschrieben, Widersprüche zum aktuellen Zeitgeschehen und damit Konflikte. Viele Menschen leben dann offensichtlich lieber mit dem Konflikt, als ihn aufzulösen. Es ist nicht leicht, vom scheinbar altbewährten Gott zu lassen, denn eine bedrohlich empfundene Auflösung kultureller und sozialer Strukturen wird befürchtet. Tröstlich ist es zu glauben, Gerechtigkeit und Frieden gäbe es wenigstens im Jenseits bei Gott.

In einem Focus-Interview vom 6. Februar 2006 hat der Philosoph Thomas Metzinger eine bemerkenswerte Zusammenfassung unserer heutigen Geistesverfassung gegeben: »Wir entdecken, dass unser bewusstes Selbst nur eine elegante Benutzeroberfläche ist, hinter der kein Ich-Kern steht«, und weiter: »Der Begriff der Seele spielt in der Wissenschaft und der Philosophie keine Rolle mehr.« Schon früher sagte Metzinger (1999) Bedrohliches: »Was die Hirnforscher verkünden, bedroht unsere geistige Gesundheit.« Damit nahm er den Diskussionsfaden der Frankfurter Allgemeinen Zeitung in der Debatte im Winter 2004/2005 wieder auf, die in der Feststellung gipfelte: Der Mensch hat keinen freien Willen und ist eigentlich für seine Missetaten nicht verantwortlich zu machen. Die derzeitige geistige Gemengelage überfordert die Mehrzahl der Menschen. Die Konsequenz: Man hält zunächst lieber am Herkömmlichen fest, zumal die derzeit möglichen Alternativen weder Lohn noch Vergeltung durch eine wirklich unabhängige Instanz aufzeigen. Da war einstmals die Inschrift über dem Kirchenportal der Pfarrkirche in Dornbirn, Vorarlberg, für den Guten tröstlich: »Mein ist die Rache«. Irgendwer, wer auch immer, glaubte nicht mehr daran und ließ die Inschrift löschen. Wozu sollte sie (die Inschrift) noch gut sein, wenn der »Schöpfer von allem« nicht in der Lage ist, das Elend, die Ungerechtigkeit und die Niedertracht der Menschen zu beenden (Theodizee) und sich selbst in einer Entfernung von Milliarden Lichtjahren nur als energetisches Inferno präsentiert? Wenig tröstlich: Alles deutet darauf hin, dass auf unserer Erde alles den natürlichen Gesetzen folgend so rücksichtslos determiniert ist, dass selbst in der Philosophie Anzeichen von Hoffnungslosigkeit zu erkennen sind. An dieser Stelle wird nochmals auf die Wirkung psychotroper Moleküle hingewiesen. Manche sogenannte Drogen, wie z.B. Lysergsäure (LSD), sind weder toxisch noch suchtauslösend, aber sie haben, richtig dosiert, eine tiefgreifende Wirkung auf die neuronalen Verschaltungen im Gehirn. Es werden vollkommen neuartige Bewusstseinszustände, auch Einheitserfahrungen, erzeugt, die zu verändertem sozialen Verhalten führen. Solche oder gleichsinnig wirkende Moleküle können zukünftig hilfreich sein, um die zunehmende Elimination transzendenter religiöser Einheitserfahrungen, die sinngebend für die menschliche Gesellschaft sind, zu kompensieren. Moleküle wie Muscimol, das aus Ibotensäure im Fliegenpilz bei Lagerung entsteht, halfen schon den Schamanen seit urdenklichen Zeiten, ihre mystischen Zustände zu erreichen, die unerklärlich waren und den Boden mystischer religiöser Meme bereiteten.

Dawkins liefert sogar einen nachvollziehbaren Gottesbeweis: »Gott existiert wirklich, und sei es nur als Muster (neuronales Konstrukt) in den Gehirnstrukturen, repliziert in den Köpfen von Milliarden Menschen.« Bei Bedarf kann das Muster (Konstrukt) in das Bewusstsein gehoben werden, denn es ist ohne Zweifel existent. An dieser Stelle sei auf den schon erwähnten Shinto-Schrein hingewiesen, in dem jeder seine eigene Götterwelt haben und demnächst mithilfe von bewusstseinserweiternden Molekülen Göttliches erfahren kann.

Welche unabhängige Entität bestraft die Missetäter und wer belohnt die Guten, was immer unter Gut und Böse verstanden wird? Die beiden Begriffe lassen sich allgemeingültig nicht definieren (unter Adolf Hitlers Regime war ein Nationalsozialist und Rassist gut, nach 1945 abgrundtief böse). Gibt es einen denkbaren Ausweg aus diesem Dilemma?

Ein Anfang wäre gemacht, wenn sich die wichtigsten Glaubensgemeinschaften auf einen für alle annehmbaren Code einigen könnten. Vom Grundsatz her wäre es einfach, den Glaubensfrieden zu schließen, besonders für die jüdische, die christliche und die muslimische Religionsgemeinschaft, denn sie haben gemeinsam den Gott Abrahams.

Aber auch die übrigen Religionsgemeinschaften könnten sich zu einer globalen Gottes-Entität bekennen, würde man den ersten Versen des Johannesevangeliums (Joh. 1, 1-2) zur allgemeinen Anerkennung verhelfen. Ihr Sinngehalt wäre geeignet, alle religiösen Strömungen zu bündeln:

»Im Anfang war der Logos

und der Logos war bei Gott

und Gott war der Logos,

dieser war im Anfang bei Gott.

Alles ist durch den Logos geworden

und ohne den Logos wurde nichts,

was geworden ist«.

In Vers 14 wird der Logos zu Fleisch, das unter uns gewohnt hat. Auch diese Aussage der zitierten Textpassage ist folgerichtig, denn ohne die fleischliche Physis des Menschen wäre der Logos nicht ausgesprochen worden, er wäre stumm geblieben. Ohne den Logos wäre das Tier nicht Mensch geworden, und niemand hätte den Begriff Gott formuliert. Nach diesen wenigen Zeilen entfernt sich das Johannesevangelium von den primären Aussagen. Es beschreibt und erklärt Grundlagen der frühgeschichtlichen christlichen Religion.

Gott als Logos »auch als Sinn« zu begreifen, das sollte in der Jetztzeit für jedermann annehmbar sein, und unter diesem Gottbegriff könnten sogar verbissene Atheisten zu Gott finden. Für die Übersetzung den schlecht definierbaren Begriff »Sinn« zu benutzen käme auch denen entgegen, die nach dem Sinn des Lebens fragen, denn der Begriff Logos, der von einer naturwissenschaftlichen Basis ausgeht, würde die Menschen zu gleichen Schlussfolgerungen führen. Neue Entwicklungen jedweder Kategorie könnten jederzeit reibungslos integriert werden, sofern sie dem Logos entsprechen. Ein Umformulieren, Neuinterpretieren für unumstößlich gehaltener göttlicher Texte würde überflüssig, denn der Logos würde auch für die weitere evolutionäre Entwicklung der Menschheit vernünftige Leitlinien bereitstellen, d.h. es gälte nur noch die aktuelle Vernunft.

Der Begriff Vernunft schiebt sich in diesem Zusammenhang in den Vordergrund.

Gleichgültig in welcher Medienkategorie man die Suche beginnt, beim Versuch, die Frage zu klären, was aktuelle Vernunft ist, rollt eine gewaltige Informationslawine auf einen zu. Zunächst fällt auf, dass der Begriff im Altertum, im Mittelalter, in der Zeit der Aufklärung und im Jetzt vorwiegend eine Domäne der Philosophie war und ist und einen stetigen Bedeutungswandel erfuhr, dass er also, wie gerade gesagt, einem evolutionären Prozess unterworfen ist. Entsprechend der Intention dieses Buches werden zuerst die naturwissenschaftlichen Fakten vorgestellt, die bisher den Begriff beschreiben. In den Neurowissenschaften wird der Verstand als fluide Intelligenz aufgefasst, d. h. als Fähigkeit zum logischen Denken und Problemlösen. Die dafür zuständigen neuronalen Strukturen befinden sich im dorsolateralen präfrontalen Cortex (DLPFC). Wird dieser Hirnteil verletzt, verhalten sich die betroffenen Patienten nachweislich »unintelligent«. Im Unterschied zum Begriff Verstand wird nach der Auffassung der Neurowissenschaft vernünftiges Handeln, z.B. »das Abschätzen von sachlichen und sozialen Handlungsfolgen, das erfahrungsgeleitete Aufstellen von Handlungszielen und die Kontrolle egoistischer Verhaltensimpulse« nachweislich im orbitofrontalen Cortex (OFC) gesteuert.

Der Begriff der Vernunft umfasst also in seiner modernen Verwendung das Vermögen des menschlichen Denkens, aus den im Verstand durch Beobachtung erfassten Sachverhalten allgemein gültige Zusammenhänge der Wirklichkeit zu erschließen, durch Schlussfolgerungen deren Bedeutung zu erkennen, Regeln und Prinzipien aufzustellen und danach zu handeln.

Im Übrigen beherrschen in der Literatur die Geisteswissenschaftler das Feld, allen voran die Philosophen, z.B. Immanuel Kant mit seiner Schrift »Die Kritik der reinen Vernunft«.

Luther übersetzt Logos mit »Wort«. Wikipedia (Suchbegriff Logos, verkürzt wiedergegeben) nennt für den Begriff Logos »das Wort, die Rede sowie deren Gehalt, geistiges Vermögen und was dieses hervorbringt, z. B. die schon genannte Vernunft, Weltvernunft, wie auch ferner ein allgemeineres Prinzip einer oder eines Gesamtsinns der Wirklichkeit. Darüber hinaus existieren je nach Kontext noch spezifischere Verwendungen, beispielsweise Definition, Argument auch Rechnung oder Lehrsatz«, aber auch wie schon angedeutet der ebenso wenig eindeutig beschreibbare Begriff »Sinn«.

Wiederum ein Begriff und viele Begriffsinhalte. Eine Einladung, neue hinzuzufügen?

Fast alle aufgezählten Eigenschaften sind auch Eigenschaften, die in allen Religionen Bedeutung haben. Logos gilt überall, er kann nicht nationalisiert werden: »...und alles ist durch Logos geworden«. Logos wäre als universaler Gott geeignet. Doch die Wahrscheinlichkeit, dass der Begriff den traditionellen obsolet macht, ist, wie bereits ausgeführt, sehr gering.

Im Zusammenleben in einer zunehmend globalisierten Welt sind in jüngster Zeit ethische und moralische Normen meist auf der Grundlage der abrahamitischen Religionsgemeinschaften niedergeschrieben worden. Aber von einer globalen Akzeptanz und täglicher Befolgung sind wir weit entfernt.

Im krassen Gegensatz dazu hat man sich in den Naturwissenschaften und in der auf ihnen fußenden Technik global auf anerkannte Normen geeinigt. Man denke an die Nomenklatur, die definierten Benennungen, mit denen in den Naturwissenschaften gearbeitet wird (s.a. Kapitel 2). Besonders ausgeprägt ist die Nomenklatur chemischer Substanzen mit eindeutigen Namen der Verbindungen und mit den zugeordneten Strukturformeln, aber die Nomenklatur herrscht auch in der Physik, der Mathematik, der Informatik und in der Medizin. Selbst die Finanzwirtschaft hat sich auf das metrische System bei Währungen geeinigt, und weil es zu viele Verkehrstote gab, einigte man sich weltweit weitgehend auch bei den Verkehrszeichen.

Die globale Einigung, mit verifizierten Fakten Begriffe eindeutig zu formulieren, ermöglichte erst die präzise reproduzierbare Technik für jedermann und damit den globalen rasanten technischen Fortschritt, den leider die Menschen nutzen, um sich selbst massenhaft zu ermorden, z.B. in Kriegen.

Unsere hervorragende Befähigung, mit Vernunft die Gegenwart und die Zukunft zu gestalten und modellhaft zu prognostizieren, sollte es uns mit Hilfe unserer technischen Exzellenz ermöglichen, die physischen Übel des irdischen Lebens, als da sind: Krankheit, Armut, Ungerechtigkeit, Hoffnungslosigkeit, Unglück, auch für Milliarden Menschen so weit zu minimieren, wie es selbst innige Gebete nicht vermögen. So könnte sich eine Chance ergeben, den eigentlichen Motor religiösen Glaubens, nämlich die durch den Glauben nicht garantierte Erlösung von allen Übeln, insoweit zu drosseln, dass der Glaube das notwendige reale Tun nicht behindert. Das notwendige Wissen und die Kenntnis der Fakten, das sei an dieser Stelle nochmals ausdrücklich wiederholt, stehen bereit, der Paradigmenwechsel ist überfällig.

Mit der Gentechnologie greift der Mensch tatsächlich in Gottes Domäne ein, indem er neue biologische Objekte erzeugt, die sich vermutlich evolutionär so nicht hätten bilden können. Es wird ängstlich befürchtet, dass neben den beabsichtigten Objekten potentiell grässliche Monster entstehen könnten. Sofern mit einem biologischen Objekt der Mensch gemeint ist, besteht eigentlich keine Gefahr, dass der von Friedrich Schiller in seinem Gedicht »Die Glocke« beschriebene menschliche Wahn noch gesteigert werden könnte. Der Mensch hat sich bereits »den schrecklichsten der Schrecken« in seinem Wahn ausgedacht. Steigerungen sind kaum mehr möglich. Jedes künstlich erzeugte Lebewesen kann *eigentlich nur weniger schrecklich werden.*

Wie schon gesagt, der Mensch will den verschlüsselten Botschaften seiner Theologen, Astrologen, Wahrsager und Heilsverkünder glauben. Selbst das Versprechen, unmittelbar nach einer Untat in ewig seliger Verzückung im Paradies mit 72 Huris auf grünen Wiesen an silbrigen Bächen zu lagern, wird von einigen Anhängern gierig geglaubt.

Die meisten Menschen vermögen nicht, neue Erkenntnisse zu verinnerlichen und müssen sich dafür später, wenn aus den neuen Erkenntnissen harte Fakten geworden sind, schmerzlich mit ihnen auseinandersetzen, wie z. B. im Fall der Atombombe, die, so *Thomas Metzinger* (1999), zunächst auch nur ein neuronales Konstrukt war, ebenso wie der neuronale Computer.

Marianne Fredriksson schickte »Noreas Geschichte« (Fischer Taschenbuchverlag, 2002) einen Gedanken Monimos (griechischer Philosoph, 4. Jahrhundert v.Chr.) voraus, der stellvertretend für viele, die Ähnliches gesagt oder geschrieben haben, zitiert wird. Monimos sagte: »Gib es auf, Dir über Gott und Welt und ähnliches das Gehirn zu zermartern. Suche Ihn bei Dir selbst und lerne zu erkennen, wer in Dir ist, der sich alles vollständig zu Eigen macht und spricht: »Mein Gott, mein Verständnis, mein Denken, meine Seele, mein Körper!« Trachte zu erkennen: »Woher kommen Schwermut und Gelöstheit, Liebe und Hass? Wenn Du dies genau untersucht hast, dann wirst Du Dich selber finden. In Dir.«

Die Botschaft lautet: Suche Gott nicht im Universum, sondern in Dir und kommuniziere dort mit ihm. Der letzte Satz sagt nichts darüber aus, was mit den Verstorbenen geschieht. Der Materialist weiß, dass er den Verstorbenen in keiner physischen Form jemals wieder sehen wird. Ihm bietet sich annäherungsweise das besondere Nichts der Buddhisten an: Da, wo nichts ist, gibt es keine Physis und nichts sonst, das uns und unserer Umwelt gleicht. Dort kann sich nichts sammeln, denn was nicht ist, kann nicht gesammelt werden. Es sei denn, es gäbe eine spezielle leere Menge ohne Ort, die ein Zusammensein von etwas ohne Physis ermöglichte, das weder belebend noch müde, weder gut noch böse und zeitlos wäre. In dieser metaphysischen Menge gäbe es nichts physisch Auferstandenes, da säße zur Rechten Gottes auch kein bigotter Opa, der nichts anderes als ein Familientyrann war.

In unserem Universum ist das »Nichts« physikalisch eigentlich nicht möglich, denn die Schwerkraft und die elektromagnetische Kraft wirken überall. So sind z.B. die Photonen überall. Wie weiter oben ausgeführt, besitzen Photonen keine Ruhemasse, aber sie sind Energiequanten, also Korpuskeln, aber sie sind zugleich auch hochenergetische elektromagnetische Strahlung und erreichen uns auf Erden selbst aus Entfernungen, die einer Milliarde Lichtjahre entsprechen. Es gibt dunkle superkalte Areale im Universum, von den Astronomen »Supervoid« (Spektrum der Wissenschaft 4/2017, Aufmacher: »Das Nichts«) genannt, in denen die Photonen beim Durchqueren dieses »Nichts« ihre Eigenschaften ändern. Aber die Photonen sind etwas, und wenn etwas in das Nichts eintritt, ist das Nichts kein Nichts mehr.

Es wurde versucht darzulegen, dass Information per se keine physische Entität ist, aber nur mit ihr existent ist. Der Einwand, es sei bisher noch kein anderer als ein physischer Träger bekannt, schließt nicht aus, dass dieser andere Träger noch gefunden werden wird. Auf diese Weise wäre es auch dem Monisten möglich, das Informationskonstrukt, das den geliebten Menschen repräsentierte, in diesem »besonderen Nichts« vorzufinden. Vorfinden kann man nur etwas, das existiert. Vielleicht hat das »besondere Nichts« überprüfbare Eigenschaften, die bisher nicht beschrieben sind, die es aber erleichtern würden, das alles zu akzeptieren, auch das Informationsparadoxon.

Ein Ausweg aus dieser religiösen Gemengelage ist nur schwer zu finden. Als Übergangslösung bietet sich so etwas wie der japanische pragmatische Buddhismus/Shintoismus an. Der Buddhismus bahnt den Weg in das Nirwana nach vielen oder sogar keiner Wiedergeburt. Für das tägliche virtuelle Selbstgespräch wählt man sich im Shinto-Schrein dasjenige Göttliche, das Wohlbefinden, Einkehr und Hoffnung verspricht. Das kann sogar ein rauschender Regen sein. Die Wiedergeburt, die zunächst sehr abwegig daherkommt, wird zum Faktum, wenn man sich vom »Selbst« löst und für die fortdauernde Wiedergeburt lebendiger biologischer Formen als Repräsentant die RNA/DNA benennt. Sie ist das Eigentliche, das fortwährend wiedergeboren wird.

Der Wissende hat es schwer, wenn nur noch Glauben tröstet; die Wenigsten wollen es schwer haben!

19 Problem Überleben

Ist die Zukunft ein Problem? Oder etwa nur dann, wenn sie ein Übel wird? Das Gebet lautet: »… führe uns nicht in Versuchung, sondern erlöse uns von dem Übel …, Amen.« Versuchung? Zu üppig zu leben? Ist das ein Übel? Übel steht im Gebet in der Einzahl. Welches Übel ist hier gemeint? Übel ist ein sehr weit gefasster Begriff. Was in einem Kulturkreis ein Übel ist, ist in einem anderen keines. Von den Menschen werden physische Übel gleichartig empfunden. Den Tod empfinden wir als Übel, so wie Hunger, Schmerz und unwürdige Lebensumstände. Es gibt aber auch schwerwiegende psychische Übel, z.B. unsere Befähigung, Szenarien mental zu kreieren: Die Vorstellung, dass apokalyptische Zustände schon bald unseren Planeten heimsuchen, wird je nach Rezeptionsvermögen fast real erlebt und erzeugt Angst. Angst ist ein Begriff mit einem Richtungsvektor in die Zukunft. Ist die Angst vor einer üblen Zukunft berechtigt? Können wir überleben? Wie im Kapitel Fazit beschrieben, heißt die Antwort: ja, aber.

Ist die Messlatte dafür der derzeitige Lebensstandard in entwickelten Ländern? Verbrauchen wir zu viel Ressourcen und zwingen zwangsläufig die uns nachfolgenden Generationen in die Armut? Wird das unvermeidliche Ende des Wachstums überhaupt als Mangel empfunden werden? Vielleicht.

Aber haben die frierenden mittelalterlichen Ritter die vergessenen Fußbodenheizungen der Römer bewusst vermisst? Stoppte unsere Entwicklung signifikant, weil Gilgamesch, der Protagonist des sumerischen »Gilgamesch-Opus«, zusammen mit seinem zum Menschen gemachten Freund Enkidu ca. 700 Jahre v.Chr. den Hüter des Zedernwaldes Humbaba tötete? Gilgamesch fällte den Zedernwald und war damit ein Vorreiter der Umweltfrevler. Im Mittelmeerraum fielen damals mächtige Wälder dem Schiffsbau zum Opfer; riesige kahle Flächen entstanden. Hat uns das geschadet? Nein, wir sind erheblich mehr Menschen und leben besser als alle Generationen jemals zuvor.

Also könnten wir uns zurücklehnen und dem Gang der Dinge freien Lauf lassen und darauf hoffen, dass die, die nach uns kommen, Wege finden werden, um ihre Probleme zu lösen. Aber ist das tatsächlich möglich?

Die Frage erzwingt eine unsichere Aussage. Zunächst müssen Antworten auf einige Probleme gefunden werden.

20 Problem Weltbevölkerung

In der Zeit von 1920 bis 2018, also innerhalb von ca. 100 Jahren, wuchs die Weltbevölkerung von ca. 1,5 auf ca. 7,5 Milliarden an. Einen solchen Zuwachs innerhalb von knapp 100 Jahren gab es nie zuvor. Schon 1926 waberte Smog durch die Straßen der Großstädte. Aus Abertausenden Schornsteinen quollen die giftigen Verbrennungsgase von Braun- und Steinkohle, die irischen Hungersnöte lagen noch gar nicht so lange zurück, fernab in Afrika und sonstwo starben Abertausende an Malaria, an der Schlafkrankheit, an Cholera und anderen Seuchen. Die Spanische Grippe raffte nach dem ersten Weltkrieg mehr Menschen dahin als der Krieg selbst. Die Lungentuberkulose und die Syphilis waren im 19. Jahrhundert in Europa immer noch weit verbreitet. Global bremsten diese und andere Übel den Bevölkerungszuwachs nicht.

Der rasante Bevölkerungszuwachs ist korreliert mit den sich stetig verbessernden Lebensbedingungen fast aller Menschen. Hygiene, Medizin und vor allem die industrialisierte Landwirtschaf und ein Überfluss an nutzbarer Energie sowie der weltweit preiswerte Transport und Verkehr waren die wirkungsvollen Faktoren. Die dafür vor allem in Europa in ca. zwei Jahrhunderten geschaffenen wissenschaftlichen Grundlagen und Normen wurden gewollt, aber mitunter auch unbeabsichtigt weltweit verbreitet. Sie zeigten dort in relativ kurzer Zeit entsprechende Wirkung, nämlich ein explosives Wachstum der Weltbevölkerung und als Folge die unbedachte Ausbeutung der verfügbaren Ressourcen, die notwendig sind, um die erreichten sozialen und kulturellen Fortschritte zu bewahren.

Die o.g. Korrelation gilt global, aber nicht lokal. Es zeigt sich nämlich, dass sie bei hoch entwickelten Völkern umgekehrt proportional ist. Exemplarische Beispiele hierfür sind Japan und Deutschland. Die Geburtenrate in Japan lag bis 1960 bei 4 Kindern pro Frau und sank 2005 auf ein Minimum von 1,3. Damit eine Volksgemeinschaft zahlenmäßig stabil bleibt, sind bei guter medizinischer Versorgung etwas mehr als 2 Kinder pro Frau erforderlich. Japans Bevölkerung nimmt ab. Obwohl die Kriegsverbrechen Japans beachtlich waren, blieb Japan schon aus Tradition offensichtlich fremdenfeindlich rassistisch gefärbt und unterband jede Art von Immigration. Japan blieb ethnisch stabil, aber begann zu überaltern. Den entstandenen Mangel an Dienstleistungspersonal und Industriearbeitern versucht Japan weitgehend organisatorisch und mit spezialisierten Robotern zu kompensieren.

In Deutschland nahm die zahlenmäßige Entwicklung der Bevölkerung einen ähnlichen Verlauf. Nach 1945 gab sich Deutschland als Folge der Kriegsverbrechen eine Verfassung, die allen Menschen gleiche Rechte, Asyl bei Verfolgung und Gefahr für Leib und Leben sowie freie Religionsentfaltung garantiert. Immigration wurde politisch und von Seiten der Industrie gefördert. So wurde die Gesellschaft ethnisch und kulturell heterogen. Es gibt den für Japan beschriebenen Mangel an Menschen nicht im gleichen Maße, aber es bestehen Probleme des Zusammenlebens verschiedener Ethnien und Probleme der Integration der zum Teil sehr unterschiedlichen Kulturen.

Wie kommt es dann, global gesehen, nicht zu der oben beschriebenen Korrelation, so wie in den als Beispiel gewählten Ländern, sondern zu der Vervierfachung der Weltbevölkerung innerhalb von nur ca. 100 Jahren?

Die verwobenen Ursachen sollen an Beispielen erläutert werden.

Als erstes Beispiel wird ein hierfür typisches österreichisches Bundesland, nämlich Vorarlberg, gewählt. Bat dort ein Bedürftiger bildlich gesprochen um ein Stück Brot, bekam er gar nicht so selten die Antwort: »Mir händ selbscht nüt z' esset.« Ein schlimmer Satz, aber er war im Ländle wohl bekannt. In Vorarlberg gibt es zwei topografisch sehr unterschiedliche Regionen. Zum einen ist da das Rheintal, das ein vom jungen Rhein auf dem Weg zum Bodensee mit Kies und Sand zugeschwemmtes Gletschertal ist. Die Böden waren unergiebig und häufig überschwemmt, Ernten gingen verloren. Entsprechend kärglich waren die allgemeinen Lebensbedingungen. Der Rest Vorarlbergs war mitnichten besser dran als das Rheintal: Bergland bis über 2000 m hoch. Getreideanbau war nur begrenzt möglich. Milch- und etwas Holzwirtschaft waren die wirtschaftliche Grundlagen. Im Bregenzer Wald herrschten zeitweise mafiaähnliche Strukturen. Ein Käsebaron hatte alles fest im Griff, diktierte die Preise und mehr. In den Hochlagen der Gebirgstäler waren die Lebensbedingungen noch erbärmlicher. Selbst die Ärmsten waren zudem dem Adel und dem Klerus tributpflichtig. Wer einmal den Film »Schlafes Bruder« gesehen hat, bekommt eine Vorstellung davon, wie dort das Leben vor ein- bis zweihundert Jahren gewesen ist. Die Familien waren meist sehr kinderreich. Zwischen 5 bis 12 Kinder waren eher der Durchschnitt als eine Seltenheit. Die Kindersterblichkeit war hoch und die Familien waren gezwungen, schon Kinder im Alter von ca. 10 Jahren als Viehhüter z.B. ins Allgäu zu schicken, für nicht mehr als karge Kost und ein Nachtlager auf dem Heuboden. Die Lage besserte sich erst, als einerseits einige tüchtige Leute Ende des 19. Jahrhunderts mit der erst dann erschwinglichen Technik eine kleine Textilindustrie aufbauten, und als andererseits die Kindersterblichkeit wegen besserer medizinischer Versorgung sank, aber vor allem als Emigration nach Amerika möglich war. Sie war möglich geworden, weil Amerika ohne Rücksicht auf die dort lebenden Menschen Immigranten Raum bot, und weil Ende des 19. Jahrhunderts die Transportkapazitäten stiegen und damit die Reisekosten soweit sanken, dass Wagemutige und verzweifelte Arme die entbehrungsreiche Reise ohne Wiederkehr antreten konnten. Die Armen wurden sozusagen exportiert, und fanden, oder auch nicht, Wohlstand fernab der Heimat. Die Verbliebenen fanden in den entstandenen Fabriken zunehmend mehr Arbeit und mehrten spürbar ihren Wohlstand.

Der geschilderte Prozess betraf zwei bis drei Generationen, wobei die erste noch bis zu 14 Familienmitglieder umfasste, während die nachfolgenden sowohl der Ausgewanderten als auch der Verbliebenen auf unter 6 fielen.

Amerikas Bevölkerung wuchs durch die ungebremste Immigration innerhalb relativ kurzer Zeit stark an. Selbst afrikanische Menschen wurden in Massen als Sklaven nach Amerika verschleppt und erst befreit, als die durch den technischen Aufschwung massenweise verfügbaren Maschinen die sozial und ökonomisch nicht vertretbare Sklavenarbeit unattraktiv machten. Doch schon im 21. Jahrhundert mussten selbst die Vereinigten Staaten von Amerika die Immigration begrenzen und die Massenimmigration der sogenannten Latinos aus dem südlichen Amerika stoppen, wozu sogar Grenzmauern errichtet wurden und noch werden.

In Ländern, für die Prozesse wie für Vorarlberg geschildert nicht möglich waren, wuchs zwangsläufig die Bevölkerung exponentiell an, als die medizinischen und hygienischen Möglichkeiten bekannt und genutzt werden konnten. So wuchs die Bevölkerung selbst in sehr rückständigen Ländern stark an, wenn sie z.B. Kolonien europäischer Länder waren. Die Kolonialherren waren darauf bedacht, die benötigten Arbeitskräfte, aber vor allem sich selbst unter den ungünstigen klimatischen Verhältnissen gesund zu erhalten.

Nomaden, Jäger und Sammler wurden mehrheitlich nicht nur sesshaft, sondern auch zunehmend urban. Die Völker wuchsen in den Jahren zwischen 1800 und 2000 aufgrund der verbesserten Hygiene und durch den Zugang zu Medikamenten stark an. Zugleich verknappten sich die verfügbaren Ressourcen und ein ungleicher Konkurrenzkampf begann. Selbst mit Hilfe der zahlreichen Umwelt- und Tierschutzverbände reduzierten sich die primäre

Umwelt und die darin lebende Tierwelt signifikant, ein Kampf der jetzt schon verloren ist. Europa hat praktisch keine primären Umweltareale mehr, und weltweit schwinden diese fortschreitend schneller.

Dass bei sinkender Lebensqualität die Fertilitätsrate eher steigt als abnimmt, ist ein eigenartiges Phänomen, das Thyde Moniere in seinem Roman »Liebe – Brot der Armen« schon romanhaft geschönt beschrieb.

Zu jedem Beispiel gibt es auch ein Gegenbeispiel. Ein solches ist Bangladesch, wo sich 2017 auf 147.570 km2 ca. 165 Millionen Einwohner drängten; die Lebensbedingungen dort sind besonders schwierig und entbehrungsreich. Entgegen der strengen islamischen Vorschriften sank dort die Fertilitätsrate in den letzten Jahren von ca. 6 auf 2 (2017) Kinder pro Frau.

Tradition, aber auch Religionsgebote sind häufig maßgebliche Ursachen. Wie schon mehrfach erwähnt, haben alle menschlichen Gesellschaften in ihrer Entwicklung einen religiös basierten Moralkodex entwickelt, gleichgültig ob sie nomadisierende Jäger, Sammler oder bereits sesshafte Landwirte waren. Selbst wenn sich ihr Lebensumfeld signifikant veränderte, konnten und können sich diese Menschen nicht immer von ihren kulturellen und religiösen Wurzeln im gleichen Tempo lösen, wenn sie, Jahrhunderte überspringend, ins 21. Jahrhundert hinein katapultiert wurden. Vielweiberei und zahlreiche Kinder sind nicht nur im südlichen Mittelmeerraum, sondern auch in Afrika, in Südamerika und Asien immer noch geachtete männliche Attribute. Die meisten Religionsgemeinschaften haben ein großes Potenzial, die Weltbevölkerung weiter ansteigen zu lassen. Es wirken Kräfte, die den irdischen Lebensweg nur als unbedeutende schicksalshafte Zwischenstation für das Leben im Paradies betrachten. Die Gläubigen dürfen das »Tal der Tränen« verlassen und in himmlische Gefilde eintreten. Ein Sendungsbewusstsein ermächtigt die Gläubigen, Ungläubige auch mit Gewalt auf den rechten Weg zu bringen und sich selbst bedenkenlos und ungehemmt zu vermehren. Dabei werden mancherorts Übervölkerung und Mangel in Kauf genommen. Insbesondere der Islam versucht, durch gewaltsame Eingriffe in die immer empfindlichere Infrastruktur moderner Gesellschaften Mangel und Unordnung zu erzeugen. Erklärtes Ziel ist es, globale islamische Staatsreligion zu werden und möglichst sogenannte Gottesstaaten (z.B. Iran) zu etablieren, in denen Geistliche die politische Führungsspitze bilden. Biologisch bleiben solche Gesellschaften in der Regel jung und dominieren zahlenmäßig schon in relativ kurzer Zeit die ursprünglich nicht muslimischen Volksgruppen (Beispiel Bosnien). Dieses Potenzial der biologischen Dominanz führt unweigerlich zu sozialen Differenzen, zu erbittert geführten Gewaltakten und Migrationsdruck. Es kommt zu Vertreibungen und ethnischen Säuberungen (z.B. in Myanmar, Volksgruppe der Rohingya, und in China) und Immigrationsverboten. Mehrheitlich lehnen westliche Gesellschaften Gewalt ab, sogar noch dann, wenn in ihrem Lebensraum immigrierte terroristische Gäste zuweilen ihre Gastgeber in die Luft sprengen. Selbst dann noch, wenn zudem ein Potentat dazu aufruft, den Gastgeber mit zahlreichen Nachkommen zu unterwandern und das Land biologisch zu erobern. Meist alimentieren die Gastgeber diese Politik auch noch mit großzügigen Kindergeldern.

Viele Länder stemmen sich aus religiösen Motiven gegen eine Familienplanung. Obwohl die katholische Geistlichkeit in Europa die Familienplanung tolerieren muss, wird sie z.B. in Lateinamerika und den Philippinen abgelehnt oder einfach nicht praktiziert (Herrschaft der Machos).

Brennpunkte dieser Fehlentwicklung sind riesige Flüchtlingslager.

Im Lager Al Chalti in der Nähe von Gaza-Stadt leben auf ca. 0,7 Quadratkilometern 80.000 Menschen, eine der höchsten Bevölkerungsdichten weltweit. Trotz drückender Armut sind dort die Geburtenraten meist sehr hoch, obwohl den Eltern bewusst sein muss, dass den Nachwuchs eine eher schlechtere als bessere Lebensqualität erwartet. Unbeugsamer Glaube, aber auch Elend erzeugen einen Fatalismus, dessen grausame Gleichgültigkeit durch das Versprechen auf ewige Seligkeit im Paradies leichter ertragen wird. Nur so ist es zu erklären, dass in Kriegsgebieten, z.B. im »Nahen Osten«, auch nach jahrelangem Krieg betroffene Familien bei allem Elend und trotz aller Entbehrungen zahlreiche Kinder haben. Verschärft wird die Entwicklung durch die Empathie der Völkergemeinschaft: Sie hilft. Es entwickelt sich eine Art Hilfe-Industrie. Sie pumpt Milliarden Dollar in Entwicklungsprojekte und Hungerhilfen. Die Hilfe rettet zwar Menschleben und vermindert die Kindersterblichkeit, sie trägt aber auch dazu bei, dass die letztlich leidende Menschenzahl sich vervielfacht. Die Mittelzuflüsse werden von den Empfängern oft auch noch als ehrenrührige Almosen empfunden. Auch wenn der Hunger gestillt wird, bleiben für die Massen, und darunter vor allem für die Jugendlichen, die Perspektivlosigkeit und Eintönigkeit der Gesamtsituation sowie keine Aussicht auf Arbeit usw. Solange nicht der ersehnte Wohlstandsgrad und freie Entfaltung erreicht werden können, steigt das Aggressionspotential. Jede Art der Regierungsform, gleichgültig ob autoritär oder demokratisch, ist aus Mangel an Ressourcen gar nicht in Lage, die Verhältnisse real zu bessern und muss daher scheitern. Solche Orte sind quasi unverantwortliche Feldstudien über die Veränderung der menschlichen Eigenschaften, wenn diese unter Bedingungen leben müssen, die der Massentierhaltung vergleichbar sind.

Multimillionenstädte werden weltweit alltäglich werden, wenn die jetzige Steigerungsrate der Weltbevölkerung anhält, wenn die industrialisierte Landwirtschaft sie ernähren muss und zugleich die arbeitslos werdenden Landarbeiter in die Städte zwingt.

Selbst in einigen muslimisch geprägten Ländern gilt die genannte Korrelation: je wohlhabender, desto weniger Kinder.

Für Wüstenbewohner, die Jahrtausende unter krassen Umweltbedingungen dank eines streng geregelten religiös geprägten Verhaltenskodexes überlebten, wurden die vereinzelt vorkommenden stinkenden und mit Öl und Pech verunreinigten Orte in der Wüste plötzlich zu sprudelnden Geldquellen. Innerhalb weniger Jahrzehnte konnten sich relativ kleine Volksgemeinschaften mit Hilfe der im 20. Jahrhundert entwickelten Explorationstechnologie zahlreiche Ölvorkommen in den lebensfeindlichen Wüsten eröffnen. Der Ölhunger der hochmotorisierten technologisch entwickelten Welt überschwemmte die Wüstenstaaten förmlich mit Kapital. Die sogenannten Ölscheichs konnten sich alles kaufen, was die übrige Welt in den oben genannten zwei Jahrhunderten mühsam erdacht und geschaffen hatte. Die Neureichen ließen sich die höchsten Türme und modernsten Wüstenstädte bauen. Das Wissen, die Technik und die Logistik lieferten die entwickelten Länder, vorwiegend Europa.

Katar ist z.B. ein wenn auch kleines, sehr reich gewordenes Ölscheichtum. Es wird autokratisch regiert, der Islam ist Staatsreligion und die Scharia weitgehend das »Gesetz«. 2017 jedoch gehörte Katar zu den Staaten mit einer Fertilitätsrate von nur 1,9, aber eben bei einem Pro-Kopf-Einkommen von rund 100.000 Dollar. Selbst im wahhabitischen Saudi-Arabien, wo die Scharia immer noch Hände abhacken und Köpfe rollen lässt, wo die patriarchalische Familie noch die Norm ist und das Bruttoeinkommen pro Kopf immerhin ca. 25000 Dollar beträgt, sank die Zahl der Kinder pro Frau auf 2,1. Auch im muslimischen Gottesstaat Iran sank die Zahl der Geburten pro Frau auf 1,8. Und die Menschen im wohlhabenden Stadtstaat Singapur mit einer reichen Mixtur an ethnischen und religiösen Gemeinschaften haben derzeit weltweit die niedrigste Rate mit 0,8 Geburten pro Frau. Die Daten zu diesem Thema entstammen dem Factbook 2016. Offensichtlich ist die Art der Religionsausrichtung bezüglich der Fertilitätsrate real nicht so maßgebend. Auch wenn die Daten nicht der öffentlich empfundenen Situation entsprechen, wird dabei oft übersehen, dass der Islam von keiner zentralen Autorität global gesteuert wird, also eine flache Hierarchie besitzt, und dass daher der muslimische Geistliche im Prinzip mehr Freiraum bei der Auslegung des Koran hat.

Entsprechend geht derzeit die Gefahr der Überbevölkerung unseres Planten vor allem von Nord- und Zentralafrika, von Teilen Süd- und Mittelamerikas und von Teilen Asiens aus.

Selbst wenn es gelingt, den Zuwachs deutlich zu mindern, steht die Menschheit vor einem Berg von Problemen. Für den angestrebten Wohlstand, der schon als sozialisierter Wohlstand bezeichnet wurde, wird bereits jetzt schon eine Menge Energie benötigt, die ohne Störung des bestehenden globalen Gleichgewichts im Grunde nicht aufgebracht werden kann.

Ein Entfliehen aus der Überbevölkerung in Kontinente wie Amerika gib es nicht mehr, und dort, wo noch Platz ist, wird die Immigration zunehmend strenger geregelt. Räuberische Landnahme ist angesichts der globalen technischen Hochleistungsrüstung immer schwieriger, und alle Beteiligten verlieren kriegerisch mehr als sie zunächst gewinnen.

Sozusagen leeres Land gibt es auf unserem Globus jedoch reichlich. Riesige Wüsten, vor allem auf der nördlichen Halbkugel, könnten für die Besiedlung gewonnen werden, wenn eine genügende Bewässerung gewährleistet wäre. Die Wüsten bieten zwar sehr viel Raum, sind aber nur mit hohem kapitalintensivem technischem Aufwand dauerhaft für Menschen bewohnbar. Ein Beispiel dafür ist Kalifornien, das vor ca. 300 Jahren nahezu menschenleer war. Inzwischen ist der aride Küstenstreifen dicht besiedelt, braucht die Wasservorkommen eines sehr weiten Hinterlandes nahezu vollkommen und begrenzt dadurch dort das weitere Wachstum der Bevölkerung. Natürliche Süßwasserkapazitäten sind in anderen Kontinenten einschließlich Südamerika vorhanden, aber oft nur saisonal. Riesige Auffangbecken könnten hier als Puffer dienen, sind aber topographisch nicht immer möglich. Hinzu kommt, dass die nötigen Transportwege (Pipelines) aufwändig sind. Meerwasser ist erst nach energiezehrender Entsalzung eine unerschöpfliche Wasserquelle und muss über Pipelines dem Verbraucher angeliefert werden. Der Ruf: »Wasser- statt Ölpipelines« könnte in naher Zukunft die Lande erfüllen. Wie an den Beispielen ersichtlich wird, sind das Projekte, die nur mit ausreichender Bereitstellung von Energie realisierbar sind. So finanzieren bereits einige reiche arabische Ölstaaten entsprechende Projekte in ihren Wüsten.

Auch wenn wir auf diese Weise beginnen, die Oberfläche unseres Planeten global zu verändern, nur um sagen wir einmal 10 Milliarden Erdenbürger komfortabel zu domestizieren, türmen sich für die Massen junger Leute dennoch Probleme auf. Und zwar in zweierlei Hinsicht. Zum einen gibt es zu viele, die dasselbe wollen, nämlich angenehme Arbeit und Wohlstand, zum anderen fehlen Arbeitgeber, die so große Zahlen von Mitarbeitern beschäftigen können und auch Löhne zahlen, die den gewünschten Wohlstand ermöglichen. Vervielfacht wird die Konkurrenz durch Maschinen und neuerdings durch die elektronische Datenverarbeitung, durch die KI und durch die Steuerung von Maschinen bzw. Robotern. Das Problem wird noch ausführlich In Kapitel 25 beschrieben.

Es drängt sich die Frage auf, ob eine undemokratische Regulierung der menschlichen Reproduktion ein mögliches oder gar notwendiges globales Zukunftsmodell sein kann. Mit einer zwangsweise verordneten Ein-Kind-Familie gelang es jedenfalls in China, die explosionsartige Zunahme der Bevölkerung in dem Riesenreich zu verlangsamen und die Lebensqualität aller Menschen langsam zu verbessern. Der Preis dafür war hoch: Die Ein-Kind-Politik bewirkte den Verlust persönlicher Freiheitsgrade, brachte massive Eingriffe in die familiäre Entfaltung sowie Überalterung.

Der Wunsch (Drang), in einer hierarchisch orientierten größeren Familie zu leben, ist entwicklungsgeschichtlich ins Erbgut der Menschen eingebrannt. Denn nur in der Familie, im Clan, in einer fest verschweißten überschaubaren Gruppe und dank eines tief verwurzelten religiösen Rückhalts, war bisher ein Überleben auf Dauer möglich. Ein diesbezüglicher nachhaltiger Paradigmenwechsel ist selbst dann nicht gewährleistet, wenn der an sich anonyme Staat dieselben Sicherheiten wie der Clan gewährleistet und die widersprechenden religiösen und kulturellen Einflüsse zurückdrängt. Kaum war der jahrzehntelang andauernde materialistische Kommunismus der UDSSR überwunden, gewannen in den Regionen der Russischen Union und den Nachfolgestaaten die orthodoxe christliche Kirche und auch der Islam wieder erheblichen Einfluss.

Der Staat kann, wie z.B. Deutschland, ein engmaschiges soziales Netz weben, das im Notfall ebenso zuverlässig hilft wie eine Familie, die ja auch keine lückenlose Sicherheit bieten kann. Die Familien sind auf durchschnittlich zwei bis fünf Mitglieder gesunken. Ehen werden immer zögerlicher geschlossen, dagegen werden immer öfter lockere, eheähnliche Lebensabschnittsgemeinschaften eingegangen. Die Anzahl alleinerziehender Frauen, aber auch Männer stieg steil an. Der Staat als Ernährer kann diese Aufgabe aber nur solange erfüllen, wie er über Steuern die finanziellen Mittel eintreibt, um das soziale Netz zu finanzieren. Das bedeutet wiederum: Der Staat muss über eine nachhaltig funktionierende nicht korrumpierte Verwaltung und über eine stabile Wirtschaft verfügen. Wird der Staat insolvent, sind die Folgen gravierender als sie es bei der klassischen Absicherung durch herkömmliche intakte Familienverbände und Clans wären. Die Covid-19-Pandemie in

2020/21 gab einen Vorgeschmack auf die Nebenwirkungen und Spätfolgen des gesellschaftlichen Wandels.

Ein sehr schmerzhafter Paradigmenwechsel unserer sozialen Verfasstheit wird schon in naher Zukunft durch die hybride Vereinigung der klassischen Arbeitswelt mit der EDV-KI-Welt erzwungen werden. Familien mit über 7 Personen (F1- und F2-Generation) werden in der nahen Zukunft nicht mehr unterstützt, sondern verhindert werden müssen.

China war politisch bereits ein Großreich, als nur begrenzt größere Reiche im Mittelmeerraum, z.B. in Ägypten und im Zweistromland, bestanden. China erkundete schon sehr früh mit bereits sehr großen Schiffen den Westen, fand, grob gesagt, dort nichts Begehrenswertes und begab sich in die Isolation. Trotz gelegentlicher Hungersnöte, Invasionen aus dem Norden und Japan, Epidemien und Revolutionen wuchs die Bevölkerung im 20. Jahrhundert unserer Zeitrechnung auf über eine Milliarde an. Auch nach der vom Staat verordneten Ein-Kind-Familie ist die Bevölkerungszahl noch gewachsen. Die strikt kommunistische Gesellschaftsordnung wurde nach Mao Zedong modifiziert: Privatleute durften Eigeninitiative entwickeln und Kapital ansammeln. Dagegen blieben Grund und Boden Allgemeingut. Die konsequente staatliche Lenkung, die Vorgabe von Entwicklungsrichtlinien, die Beschränkung religiöser Einflussgrößen, insbesondere des Islam, beschleunigten den Aufstieg hin zu einem technisch hoch entwickelten Land. Innerhalb von 50 Jahren wurde China global zur zweitgrößten Wirtschaftsmacht. Das Land, das viele Hungernöte kannte, exportiert neuerdings sogar Lebensmittel. Volle Nutzung der technischen Möglichkeiten ist das erklärte Staatsziel. Großprojekte werden in kürzester Zeit realisiert. Ist dem Projekt ein Dorf im Weg, so werden die Menschen zwangsevakuiert und in moderne Hochhäuser eingewiesen, die zunächst meist sogar eine verbesserte Wohnqualität bieten. Die künstliche Intelligenz wird konsequent eingesetzt und überwacht örtlich bereits sogar jede einzelne Person im öffentlichen Raum. Der Zentralrechner – vielleicht sogar korruptionssicher, streikfrei und 24 Stunden täglich im Dienst – weiß, wer sich regelkonform verhält und ordnet Belohnung oder Bestrafung an. Renitente und zerstörerische Volksgruppen werden in China bereits einer Art unsanfter Gehirnwäsche unterzogen. Im Internet kann man lesen: »Die chinesische

Regierung beantwortete den Uiguren-Terror seit 2009 mit einer massiven Verstärkung der Polizeikräfte in der Provinz Xinjiang. Zu den Umerziehungslagern erklärte nun der Gouverneur der Provinz Xinjiang, Shorat Zakir, in der Staatszeitung »Xinhua«, Xinjiang habe ein gesetzliches Programm zur beruflichen Aus- und Weiterbildung der Uiguren gestartet. Der Zweck sei, Terrorismus und religiösem Extremismus den Boden zu entziehen.« www.journalistenwatch.com, 20.Okt.2018.

Ist China der Wegweiser? Undemokratisch, freiheitsbeschränkend, aber vielleicht eine der wenigen Möglichkeiten für das triebhafte Wesen Mensch, in seiner selbst geschaffenen Welt zu überleben.

Es gibt also Modelle, um der Bevölkerungsexplosion zu begegnen, sie aber global durchzusetzen, das ist nicht nur wegen gravierender kultureller Unterschiede und machtgieriger Alphamenschen sehr schwer, wenn überhaupt möglich. Die widernatürliche Dominanz des Menschen stört in einem so hohen Tempo die übrige Biosphäre, dass der Natur – wenn man sie als lebendes Subjekt benennt – nur noch wenige Nischen bleiben, um sich gegen die menschliche Dominanz zu behaupten (z.B. in Form einer aber tödlichen Viruspandemie).

21 Problem Energie und Klima

Der Begriff Energie wurde in Kapitel 2 beschrieben. Die SI-Einheit für Energie ist das Joule. Energie wird benötigt, um Arbeit leisten zu können. Die Arbeit, die ein Joule pro Sekunde leistet, ist das Watt, W=J/s. Lautet z.B. die Leistungsangabe für ein Gerät »1000 Watt«, so ist das die Leistung, die das Gerät über einen Zeitraum von einer Sekunde erbringt/aufnimmt. Ein 50-Watt-Leuchtmittel benötigt z.B. 50 Joule pro Sekunde. Um eine Stunde (3600 Sekunden) in Betrieb zu sein, sind 50*3600 = 180000 J erforderlich. Das ist die Energiemenge, die 1/20 einer Kilowattstunde, also 0,05 kWh, entspricht. Wird auf einer Herdplatte bei Höchstleistung von 1500 Watt 40 Minuten (=2400

Sekunden) lang gekocht, sind 1500W*2400 Sekunden = 3600000 J erforderlich. Das ist die Energiemenge, die einer Kilowattstunde (kWh) entspricht.

In den Beispielen wird elektrische Energie benutzt. Wird hingegen der Öltank gefüllt, liegt pro Kilogramm Öl die Energiemenge von ca. 12 kWh abrufbereit.

Wer aufmerksam die Ausführungen verfolgt hat, dem fällt auf, dass im vorliegenden Text auf das Wort Energieverbrauch verzichtet wird. Entsprechend dem Energieerhaltungssatz kann Energie nicht erzeugt und nicht vernichtet werden. Auch wenn das gefühlt nicht möglich erscheint, ist Energie vom Urknall bis heute eine gegebene Größe. Darüber wurde in den ersten Kapiteln, soweit möglich, Wissenswertes ausgeführt und festgehalten. Nach dem Urknall gab es die kinetische Energie des sich aufblähenden Universums, die elektromagnetische Energie, die Gravitationsenergie und die Atomenergie. Sie sind die Kräfte, die Leben ermöglichen. Diese Energiebeiträge gab es also von Anfang an, sie wirken unlöschbar fort, und nur sie stehen zur Verfügung. Für die mentale Erfassung der Größenordnung der im Universum wirkenden Kräfte bleiben dem Menschen nur ein Blick ans nächtliche Firmament – dort wo keine Lichtverschmutzung herrscht – und das Wissen, dass darin unsere wärmende Sonne quasi ein Nichts ist. Für die gewaltige Energiemenge, die das »Quasi-Nichts Sonne« ins Universum abstrahlt, fusioniert diese pro Sekunde $564*10^9$ kg Wasserstoff zu $560*10^9$ kg Helium. Hierbei werden $4*10^9$ Kilogramm Materie in Energie umgewandelt. Diese stationäre Wasserstoffatombombe, sprich der »Atomfusionsreaktor Sonne«, zündete vor vielen Milliarden Jahren und wird die Erde noch einige Milliarden Jahre mit Energie versorgen. Von dieser gewaltigen Energiemenge erhält die Erde nur einen winzigen Anteil. Im Orbit der Erde beträgt die Strahlungsenergie »E_0« pro Quadratmeter 1362 J/sec*m². E_0 ist die »Solarkonstante«, sie ist aber nicht tatsächlich konstant. Die Strahlung der solaren Zyklen variiert geringfügig. Die Größe E_0 wird im erdnahen Weltraum unbeeinflusst von atmosphärischen Einflüssen von Satelliten gemessen.

Die Menge der auf die Erde einstrahlenden Energie ist gleich dem Produkt aus der Solarkonstante E_0 und der Fläche der Erdkontur und beträgt

$1{,}736*10^{17}$ J/s. Entsprechend den Literaturangaben werden davon 30% (+/-?) in den Weltraum zurückgestrahlt, sodass die effektive Strahlungsleistung mit etwa $1{,}21*10^{17}$ J/s etwas geringer ist. Diese gewaltige Energiemenge, die dem Erdball jede Sekunde nachhaltig zur Verfügung steht, leistet gigantische Arbeit bei der Bildung von Wolken, Regen, Wind, Orkanen und Wärmeströmen in der Atmosphäre und in den Ozeanen. Die gesamte Biosphäre besteht aus jahrein, jahraus energiezehrenden Prozessen, wobei auch eingestrahlte Energie in chemisch gebundene Energie gewandelt wird und gegebenenfalls in Lagerstätten verbleibt (z.B. Kohle, Torf, usw.). Dabei ist die Gesamtoberfläche der Erde viermal so groß wie die Fläche der Erdkontur. Und obwohl aufgrund der Erdrotation innerhalb von 24 Stunden nur die Hälfte des Erdballs einmal voll beleuchtet wird, ist die Oberflächentemperatur auf der Erde über lange Zeiträume in den unterschiedlichen Klimazonen ausreichend stabil. Die insgesamt von der Sonne eingestrahlte Energie wird nach getaner Arbeit und nach Abzug des als chemische Energie auf der Erde verbleibenden Betrags wieder in den Weltraum abgestrahlt, allerdings mit Strahlung im langwelligeren Bereich des elektromagnetischen Spektrums. Dieser Betrag ist eine bedeutende Einflussgröße auf das Klimageschehen, denn wird mehr Energie aufgenommen als abgestrahlt, so muss sich die Temperatur der erdnahen Atmosphäre zwangsläufig erhöhen. Das System ist dennoch ziemlich robust, denn nach dem Planckschen Strahlungsgesetz erhöht sich der Betrag der abgestrahlten Energie um das Sechzehnfache, wenn sich die abstrahlende Fläche um 2 Kelvin erhöht, aber er vermindert sich ebenso drastisch, wenn die Temperatur um 2 Grad sinkt. Kann auf diese Weise ein klimaschädlicher Entropiesumpf entstehen?

Die Beschaffenheit der Atmosphäre beeinflusst das Klimageschehen. Die unterschiedlichsten Prozesse auf der Erdoberfläche schleudern Partikel und Gase unterschiedlicher Beschaffenheit in alle Schichten der Atmosphäre, wo sie die Absorption, Reflexion und Abstrahlung des einfallenden Sonnenenergieflusses so sehr verändern, dass es zu meteorologischen und langfristigen Klimaveränderungen kommt, die nicht nur das Biotop der Erde beeinflussen. Aber es ist nicht nur die Atmosphäre, sondern es sind geringe Schwankungen der Solarkonstante sowie Gravitationskräfte, die hier wirken. Der Anteil der reflektierten und abgestrahlten Energie ist eine Variable in der irdischen Energiebilanz, die in allen Klimamodellen eine signifikante Fehlerquelle sein kann. Ferner verändern Einschläge von Asteroiden, Laufbahnänderungen, Achsenneigung, Vulkanismus und vieles mehr langfristig das Klimageschehen. Die Erdgeschichte zeugt von der Gewalt selbst scheinbar unbedeutender Systemveränderungen. Eine Zusammenfassung der vielen Einflussgrößen auf das Ökosystem Erde hat Jürgen Paeger im Internet publiziert (www.oekosystem-erde.de, die Seite enthält ein umfangreiches Literaturverzeichnis).

Der Menschheit ist im Zeitgeschehen des Universums nur ein Augenblick gewährt. Und selbst in diesem Augenblick ergeben sich beachtenswerte Veränderungen. So verursacht z.B. allein der Energiehunger der an sich unbedeutenden Masse Mensch bedeutende Eingriffe in das gerade bestehende Umweltgeschehen.

Der Energiehunger der Menschen bedarf einer Analyse. Schrödinger (s.a. Kapitel 10) reduzierte Leben auf einen thermodynamischen Prozess: Wir organisieren unseren geordneten zellulären Aufbau, indem wir die Unordnung (Entropie) der Umwelt erhöhen. Für diesen Prozess benötigen wir Energie. Somit ist eindeutig, dass wir zum Überleben ausreichend Energie zur Verfügung haben müssen sowie eine Umwelt, die es uns ermöglicht, ihre Entropie zu erhöhen und nicht umgekehrt. Dieser Prozess ist naturgegeben.

Alle Lebewesen müssen aus ihrer Umwelt Energie entnehmen, um selbst leben zu können. Thermodynamisch sind sie Mini-Bio-Kohlekraftwerke, die chemisch getarnten Kohlenstoff biochemisch zu Kohlenstoffdioxid verbrennen. Die in den Lebensmitteln chemisch gebundenen Elemente Kohlenstoff, Wasserstoff und Sauerstoff werden als Kohlenstoffdioxid, Wasserdampf, Harn, Kot und Schwitzwasser ausgeschieden, wobei das im Winter vom Warmblüter ausgehauchte Wasser als Dampfwölkchen entweicht, aus den Kühltürmen der Kohlekraftwerke aber als gewaltige Dampfwolken, die als Superabgaswolken des Klimakillergases Kohlenstoffdioxid herhalten müssen. Für die Energiebeschaffung muss Arbeit geleistet werden, z.B. durch Verzehr von Grünmaterial, durch Ackerbau oder Zucht und Jagd auf Tiere. Diese Arbeit dient der Erhaltung und Optimierung der Art (Konkurrenzprozesse) und der Freisetzung der Energie aus den aufgenommenen Nahrungsmitteln. Reduziert man also den menschlichen Energiebedarf unter Verzicht auf hochenergetische Prozesse (Nutzung von thermischer und elektrischer Energie) auf den biologisch lebensnotwendigen Bedarf, so kann der menschliche Basis-Energiebedarf relativ einfach abgeschätzt werden.

Veranschaulichen wir uns das anhand einer eigentlich verbotenen, aber weiterhin populären Energieeinheit, der Kalorie (1 cal = 4,18 J). Im Durchschnitt benötigt der Mensch pro Tag eine Energiemenge von 2500 +/- 500 kcal (Kilokalorien), das sind 10450 kJ pro Tag und pro Jahr 10450 kJ*365d $=3800*10^6$ J $= 3,8*10^9$ Joule

Eine ausführliche Abhandlung dazu findet sich unter www.dir.rip.de (2017) mit zahlreichen Quellenhinweisen. Diese Energiemenge ist als chemische Energie in den Nahrungsmitteln gespeichert.

Was unterscheidet dieses menschliche Mini-Kraftwerk von den mächtigen Wärmekraftwerken? Ein erstes Merkmal: Es darf niemals einfach so für ein paar Tage abgeschaltet werden, also erkalten, denn dann ist es tot, wieder anfahren ist nicht mehr möglich. Zweitens: Reparaturarbeiten müssen klinisch bei laufendem Betrieb durchgeführt werden. Drittens muss es im Prinzip nur soviel Energie liefern, wie für den Selbsterhalt des Minikraftwerks nötig ist, d.h. die Nennleistung muss nur für den Selbsterhalt – einschließlich Nahrungsbeschaffung – ausreichen. Die derzeit auf Erden lebenden 7,5 Milliarden Menschen benötigen für ihre persönlichen Aktivitäten pro Jahr rund $3.83*10^{19}$ Joule biologisch gebundene Energie.

Überraschend: Diese Energiemenge liefert uns die Sonne mit $1,21*10^{17}$ J/s in ca. 4 Minuten.

Mit diesem Energiebedarf wäre menschliches Leben nicht einmal auf Steinzeitniveau möglich und schon gar nicht für 7,5 Milliarden Menschen. Wie schon ausführlich dargelegt, sind die Menschen Meister in der Versklavung von Energie, auch menschlicher, die ihnen eigentlich nicht zusteht. Es wird rückhaltlos Energie genutzt mit dem Ergebnis, dass nicht nur jährlich Bio

$3,8*10^{19}$ Joule benötigt werden, sondern für das Jahr 2017 etwa $1,70*10^{14}$ kWh, entsprechend $6*10^{20}$ Joule. Auch diese Energiemenge liefert die Sonne mit $1,21*10^{17}$ J/s in 5000 Sekunden, entsprechend 83 Minuten.

Das Ergebnis überrascht und ermutigt, die Nutzung der Sonnenenergie zunächst einmal zu verdoppeln. Zumindest bricht diese Analyse eine Lanze für die Bemühungen, den Energiebedarf der Menschheit aus dem Energiefluss der Sonne zu decken. Die Energienutzung zu begrenzen ist allemal angezeigt, denn selbst wenn riesige Wüstenflächen mit Energiewandlern abgedeckt werden, verändert sich etwas im bestehenden Ökosystem. Auch die exzessive Nutzung von Atomkraftwerken (Spaltung/Fusion) erhöht die Energie, die, wenn benutzt, in unserer Umwelt die abzustrahlende Energielast erhöht (s. oben).

Obwohl die Solarkonstante und die Erdkontur verlässliche Ausgangsgrößen sind, muss die Energiebilanz als grobe Schätzung eingestuft werden, insbesondere die reflektierte und abgestrahlte Energie sind fehlerbehaftete Größen. Wenn auf der Erdoberfläche 70% der eingestrahlten Energie verbleiben, so wird diese nicht vernichtet, sondern nur ihr Zustand verändert. Die Rückstrahlung reagiert nicht nur empfindlich auf die Eigenschaften der reflektierenden und abstrahlenden Oberfläche, sondern auch empfindlich auf Temperaturänderungen der abstrahlenden Flächen (s. oben).

Wie weiter oben gezeigt, ermutigt das Ergebnis, die Energieprobleme der Zukunft zu lösen, indem man die Sonnenenergie – damit sind alle erneuerbaren Energiequellen eingeschlossen – vermehrt nutzt. Dem sind jedoch Grenzen gesetzt, denn die Sonnenenergie liefert nicht wie in einem Großmarkt am Automaten, im Kühlregal oder auf dem Warentisch Fertigwaren sozusagen auf Knopfdruck. Wir sind noch lange nicht so weit, die Sonnenenergie so effizient wie nötig zu nutzen. Wir benötigen immer noch den Rückgriff auf fossile Energieträger. Zu denken gibt auch, dass schon unsere Nutzung der oben genannten unerheblich erscheinenden Energiemengen die Oberfläche unseres Planeten in einem Ausmaß verändert, das bereits aus großer Distanz zur Erde von Satelliten aus sichtbar ist.

Der Erde steht Energie auf einem Niveau zur Verfügung, das es gestattet, diese zur Leistung von Arbeit zu nutzen. Diese Aussage schließt die fossilen Energieträger mit ein, denn sie sind in Millionen von Jahren akkumulierte Solarenergie. Die vollständige Umsetzung von Energie in Arbeit, insbesondere mittels thermischer Prozesse, (z.B. durch Kohlekraftwerke, Verbrennungsmotoren, aber auch durch den Menschen) ist nicht möglich. Ein Teil der eingesetzten Energie geht immer als Abwärme, Reibung und anderes verloren. Das bedeutet, dass der Wirkungsgrad der eingesetzten Energie nicht 100% erreicht. Zur Aufrechterhaltung des Arbeitsprozesses ist die zügige Ableitung der Abwärme – in eine kühlere Umwelt – eine Vorbedingung. So wird verständlich, wenn im Rundfunk während einer Hitzeperiode die Nachricht zu hören ist, dass die Leistung der Kraftwerke gedrosselt werden muss, weil das Kühlwasser aus den Flüssen für eine zügige Ableitung der Prozessabwärme zu warm ist, und weil die in den Flüssen lebende Flora und Fauna durch eine zu hohe Wassertemperatur abzusterben droht. Bei Verbrennungsmotoren wird die noch sehr warme Kühlflüssigkeit im Kreislauf über einen Luftwärmeaustauscher geführt und selbst eine hohe Abwärmetemperatur kann noch ausreichend abgekühlt werden. Elektromotoren setzen Energie effizienter in mechanische Leistung um als thermische Energiewandler. Selbst Wirkungsgrade von 99% erzielen Elektromotoren mit supraleitenden Statoren (s.a. www.smartertworld.de).

Der Energiebedarf der Menschheit führt fast unweigerlich in eine problematische Sackgasse. Denn die konsequente technisch unterstützte Energienutzung ermöglichte die derzeitige Populationsdichte. Die Anstrengungen, den erreichten Lebensstandard nicht nur vielen Menschen, sondern allen zu gewähren, erfordert noch sehr viel mehr Energie und verschärft die schon jetzt bestehenden Probleme, z.B. den beschleunigten Klimawandel.

Das Klima ist ein Problem der Menschen des 21. Jahrhunderts. Sie befürchten, in eine Umwelt zu gleiten, die ihnen ihr bisheriges Wohlleben verweigert. Zu Recht? Die Menschen vor uns – es waren weniger – hatten schwerwiegende Probleme, Kalt- und Warmzeiten kamen und gingen, sie darbten und überlebten, denn sonst gäbe es uns heute nicht. Im Titel dieser Schrift steht das Wort »Überleben«. Und genau darum geht es. Nur, es wollen und sollen nicht nur einige (ev. auf dem Mars?), sondern alle die zukünftigen Kalt- und Warmzeiten auf einem hohen Lebensstandard überleben.

Wie problematisch das ist, das zeigt die folgende Tabelle, wobei hier nicht nur der Energiebedarf der Länder, sondern auch die Wirtschaftsräume vergleichbar sind. Afrika z.b. hat noch naturbelassene Flächen und riesige Naturreservate, aber auch eine stark wachsende Bevölkerung, und doch benötigt es zurzeit nur die Hälfte der Energie des europäischen EU-Raums. Die Angaben sind Richtgrößen, denn die jährlichen Veränderungen sind von Land zu Land sehr unterschiedlich; Quelle: Energiestatistik/enerdata. net (Mtoe in kWh umgerechnet).

	Mtoe	kWh
Nahost	803	$940*10^{10}$
Afrika	850	$1020*10^{10}$
Asien	5859	$7031*10^{10}$
Latein Amerika	622.	$986*10^{10}$
Nord-Am	2558	$3070*10^{10}$
GUS	1081	$1300*10^{10}$
EU 27	1847	$2216*10^{10}$
Summe		$1,7*10^{14}$

Bezüglich der gestaltenden Energiemengen sind selbst grobe Schätzwerte nicht zuverlässig, zumal sich die Herkunft der Energien für diese vielfältigen Prozesse überlagern. Die angegebene Summe von $1,7*10^{14}$ kWh/a stimmt mit dem oben genannten globalen Bedarf überein, obwohl die Angaben aus unterschiedlichen Quellen stammen. Wenn alle Menschen Afrikas auf den Wohlstand, wie er z.B. im europäischen Schengenraum besteht, angehoben werden, so kann das eigentlich nur zum Nachteil der Tier- und Pflanzenwelt geschehen und das Klimageschehen negativ beeinflussen. Die verzweifelten Versuche der Naturschützer, dort die Naturparks und die letzten originären Naturräume zu retten, werden kläglich scheitern, wenn hungrige Massen diese letzten Räume stürmen und fordern, die Europäer – und andere – sollen doch in ihrem eigenen Land dafür im selben Verhältnis Flächen schaffen, anstatt täglich ihr Grün mit Beton zu überbauen. Ähnlich könnte die Diskussion in Lateinamerika und anderswo geführt werden. Aber alles zielt auf eine noch höhere Umwelt- und damit Klimabelastung.

Auch von der Sonne unabhängige Ereignisse beeinflussen das Klimageschehen, z.B. geothermische Prozesse wie Vulkanismus, Erdkrustenbewegungen und die dadurch ausgelösten Erdbeben, Tsunamis und Auswirkungen auf die Atmosphäre sowie Flut- und Ebbe-Phänomene, die der Gravitationskraft geschuldet sind. Die Macht der Atomkernspaltung z.B. von Uran, Halbwertszeit eine Milliarde Jahre (Gravitationskräfte?) halten den Erdkern immer noch glühend heiß. Alle diese Prozesse sorgen dafür, dass auch an den Erdpolen keine Weltraumtemperaturen herrschen, sondern dass die Eiskappen einmal wachsen und einmal schmelzen. Siehe auch www.energie-experten.org.

Die Beschreibung der globalen geothermischen und kinetischen Prozesse ist nicht Gegenstand dieser Abhandlung, wohl aber die Beschreibung der energetischen Prozesse in der Biologie.

Die Sonne kann, wie beschrieben, in etwas mehr als einer Stunde die für den Menschen derzeit erforderliche Energiemenge bereitstellen. Theoretisch reicht eine weitere Stunde eingestrahlter Energie aus, um das Energieproblem der Menschheit zu lösen. Diese Annahme ist plausibel, denn die riesigen Wüsten auf unserem Planeten könnten mittels photoelektrischer Anlagen den Bedarf an elektrischem Strom decken. Die Umwandlung der kinetischen Windenergie (Windräder) in elektrischen Strom ist bereits heute sehr ergiebig. Die mögliche Realisierung scheitert weitgehend an nationalen Egoismen und fehlender Standortsicherheit der aufwändigen Anlagen.

Die Energiequellen Wasserkraft, Windkraftanlagen, Bioenergie und Kernkraft werden in den folgenden Kapiteln vorgestellt. Wenn die Kernfusion großtechnisch zur Verfügung stünde, so wäre das Energieproblem selbst dann gelöst, wenn dramatische Klimaveränderungen das Leben sehr vieler Menschen sehr stark einschränken würden. Die Menschheit könnte dann mit ungeheurem technischen Aufwand und existenziellem Paradigmenwechsel die nächste Eiszeit – und die kommt mit Sicherheit – überstehen, aber auch eine globale Versteppung mit hohen Temperaturen überdauern, z.B. unterirdisch; es sei denn, die heute lebende Generation schlösse eine jahrtausendelange weitere Existenz der Menschen vollkommen aus (selber schuld).

Die Diskussion über mögliche Auswege aus dem Dilemma sind im vollen Gange, aber in hohem Maße kontrovers und meist weit entfernt von den harten Konsequenzen, die unverzüglich vollzogen werden müssten, um auch nur die nahe Zukunft zu überleben. Vermutlich ist hier die von China jetzt schon eingeübte streng materialistische und autoritär durchgesetzte Vorgehensweise ein ungeliebter Fingerzeig. Und selbst dann müssten die uns zu Verfügung stehenden Energien vernünftig genutzt werden, denn sie sind die Voraussetzung für die Bewältigung der nachfolgend beschriebenen Probleme. Die Frage, wieviel Energie uns aber überhaupt zur Verfügung steht, und wieviel wir davon nutzen dürfen, wird uns vorschreiben, wie groß unsere Populationsdichte in Zukunft sein darf. Zur Verdeutlichung: In einem Film verklagte ein Knabe, der die Nöte von Kindern in Kriegsgebieten drastisch beschreibt, vor Gericht seine Eltern sinngemäß mit dem ungeheuerlichen Satz: »Ich verklage meine Eltern, denn sie haben mich unbedacht, ja fahrlässig in diese für mich perspektivlose Welt gesetzt.« Schon die Covid-19-Krise im Jahr 2020 zeigte relevante Merkmale des nötigen Paradigmenwechsels und führte zu Protestmärschen.

Der Zugang zu bedarfsdeckender Energie wird von den meisten Menschen als Grundrecht empfunden, sozusagen als verfassungsrechtlich geschützt. So ganz unberechtigt ist dieses Gefühl nicht. Wenn es genug Energie gäbe, wäre unsere Versorgung mit allen Gütern – inklusive Lebensmittel (s.a. Kapitel 24) – selbst für 10 Milliarden Menschen auf unserem Globus wenn auch nicht erstrebenswert, so doch durchaus möglich. Das Management von und der Zugriff auf Energie ist daher ein maßgeblicher Parameter für die zukünftige Lebensqualität der Menschheit. Aber, und immer wieder gibt es ein »Aber«: Auch wenn dem gierigen Menschen »ad libitum« Energie zur Verfügung stünde, z.B. durch die Kernfusion, würde er sie bedenkenlos nutzen und die Atmosphäre des Erdballs auch ohne die Produktion von

Kohlenstoffdioxid so lange von unten aufheizen, bis selbst das allerletzte Eis geschmolzen und die am Meer liegenden Städte untergegangen wären. Das wäre ein geeignetes Szenario, um das Problem Klima näher zu beleuchten.

Das Klima wird vorwiegend durch die Sonnenaktivität, aber auch durch geothermische Ereignisse bestimmt. Entsprechend dem heutigen Kenntnisstand nimmt die Strahlungsleistung der Sonne in einer Million Jahre um 1°C zu. Dagegen nimmt die geothermische Aktivität mit zunehmender Anzahl der Halbwertszeiten des radioaktiven Zerfalls langlebiger Isotope im Erdinneren ab. Welchen Anteil in der Energiebilanz im Erdinneren die Schwerkraft hat, wurde für diese Schrift nicht evaluiert.

Für die menschliche Population sind Hunderttausende von Jahre anhaltende Klimaveränderungen aller Wahrscheinlichkeit nicht relevant. Selbst ein sehr oberflächlicher Blick auf das Klimageschehen zeigt uns, dass wir uns immer noch in einer Phase des Übergangs infolge einer Reihe von Eiszeiten befinden. Noch vor 20000 Jahren herrschte in Europa eine Eiszeit. Ein kilometermächtiger Eisschild der skandinavischen Gletscher bedeckte das Gebiet der heutigen Ostsee. In seiner heutigen Form gab es das neue Binnenmeer erst vor ca. 8000 Jahren. Das Klimageschehen ab der geltenden Zeitrechnung war für ca. 400 Jahre ausgeprägt warm, ab 400 ziemlich kalt und von 1000 bis 1300 wieder wärmer – die Wikinger besiedelten den Südrand von Grönland. Sodann folgte eine Tod und Elend bringende kleine Eiszeit von 1600 bis 1900. Seither, also erst seit 120 Jahren, wird es wieder wärmer. Die Gletscher in den Alpen, die bis weit in die Täler hineinreichten, zogen sich wieder zurück und das Klima wurde zum bewussten Problem. Das Geschehen betraf nicht nur Europa. Die eiszeitlichen Steppen und Wälder im nördlichen Afrika fielen trocken. Bei Ausgrabungen fanden sich dort Artefakte, die darauf hindeuten. In Afrika, Kleinasien und Asien verwandelten sich Steppen zu lebensfeindlichen Wüsten und zwangen die Bewohner, in die noch fruchtbaren Urstromtäler zu migrieren. Da sich dort zu viele Menschen auf relativ kleinen Flächen drängten, mussten sie sich organisieren und mangels weitläufiger Jagd- und Weidegründe Landwirtschaft auf bereits hohem Niveau entwickeln. Die Besiedlung im Zweistromland begann vor 11000 Jahren. Erste Vorläufer von Keilschriften und Hieroglyphen entstanden vor etwa 7000 Jahren in Mesopotamien bzw. Ägypten. Ab dem 19. Jahrhundert wuchs in ca. 200 Jahren die Weltbevölkerung von etwa 1,5 auf 7,5 Milliarden. Die industrialisierte Landwirtschaft und Technik unter dem räuberischen Einsatz von sehr viel Energie machte dies möglich. Wie bereits mehrfach erwähnt, ist die derzeit beschleunigte Erderwärmung bedrohlich. Bisher war der Menschheit der ansteigende Meeresspiegel nicht tatsächlich bewusst, obwohl die Landnahme des Meeres an den von eiszeitlichen Gletschern abgeflachten Nordküsten Europas schon im 12. Jahrhundert örtlich bereits schützende Deiche von 1,20 Meter Höhe erforderlich machte. Dem Tempo des weiterhin schmelzenden Eises aus der Eiszeit wurde erst Ende des 20. Jahrhunderts volle Aufmerksamkeit geschenkt. Sozusagen unbedacht sind riesige Städte entlang flacher Küstenstreifen und Buchten entstanden, die mit gewaltigen Hafenanlagen Umschlagplätze für den weltweiten Handel bereitstellen. Vorausberechnungen prognostizieren den Untergang so mancher Millionenstädte und flacher Inseln in den Weltmeeren. Auch wenn die Beschleunigung des Temperaturanstiegs durch menschliche Aktivität keineswegs auszuschließen ist, sind wir eigentlich erst am Anfang der auf jede Eiszeit folgenden Warmzeit. Zwölftausend Jahre sind erdgeschichtlich fast »nichts«. Die Entwicklung des Klimas wird zu einer bedeutenden Herausforderung für die kommenden Generationen. Indonesien bereitet schon jetzt die Räumung und den Neubau von Jakarta auf einem höher gelegenen Küstenstreifen vor.

Eine große Forschergemeinschaft ist der Meinung, dass der steigende Kohlenstoffdioxidgehalt, aber auch Wasserdampf und Methan in der Luft zu der in den letzten Jahren gemessenen beschleunigten globalen Erwärmung und zu einer Klimakatastrophe führen. Das ist die schlechte Nachricht. Die Kohle-, Öl- und Gasindustrie fürchtet Umsatz-, Gewinn- und Arbeitsplatzverluste: eine weitere schlechte Nachricht. Sibirien hofft auf wärmere Winter. Es gibt naturwissenschaftliche Fakten, die der Klimaschädlichkeit von Kohlenstoffdioxid widersprechen: Das ist eigentlich eine gute Nachricht. Es liegen nämlich Untersuchungsergebnisse vor, die zeigen, dass die kilometermächtige Atmosphäre den Teil des ultraroten Lichtes, der vom Kohlenstoffdioxid absorbiert wird, schon bei einer Konzentration von 357 ppm in der Luft praktisch vollkommen absorbiert. Werden bereits 99,9

% des Lichtes der betroffenen Bande des ultraroten Spektrums absorbiert, bleibt jede beliebige Erhöhung der Kohlenstoffdioxidkonzentration praktisch ohne Wirkung (Gesetz von Lambert und Beer, siehe auch Heinz Hug, Die Klimakatastrophe – ein spektroskopisches Artefakt (1998), www.schulphysik.de/klima/artefact.htlm).

Bemerkenswert ist hierbei, dass dieser Aspekt für die internationale Gemeinschaft der Klimaforscher anscheinend unerheblich ist. Eines ihrer Gegenargumente ist die Versuchsanordnung der Absorptionsmessung: Die Atmosphäre ist durch Luftdruck, Temperatur und Wasserdampfgehalt geschichtet, aber dennoch auch turbulent und hin zum Weltraum offen. In der ringsum geschlossenen Küvette in dem zur Analyse eingesetzten IR-Spektrometer befindet sich dagegen ein ruhendes Gas. Analog sollten die Klimapessimisten aber dann nicht mehr vom Treibhauseffekt des Kohlenstoffdioxids sprechen, denn das Treibhaus ähnelt in seiner Rundumgeschlossenheit doch sehr einer sehr großen Küvette. Die Veränderung der Zusammensetzung der Atmosphäre kann die Rückstrahlung von Energie im langwelligen Bereich des elektromagnetischen Spektrums erniedrigen und zu einem Temperaturanstieg beitragen. Das Klimageschehen der letzten 2000 Jahre stützt das Faktum einer anhaltenden progressiven Warmphase, zeigt aber auch dessen Variabilität. Eine kleine Eiszeit endete tatsächlich erst 1900. Danach zogen sich die Gletscher wieder zurück, allerdings mit Pausen. So fürchtete z.B. die Gemeinde Grindelwald in der Schweiz noch in den 70er-Jahren, dass der Schweizer Grindelwaldgletscher sich wieder bedrohlich auf das Areal der Gemeinde zubewege, wo er in jüngster Vergangenheit noch gewesen war.

Das Klima verändert sich, sogar beschleunigt, und doch wird es einmal wärmer und einmal wieder frostiger, aber doch stetig wärmer. Dabei wird gerne übersehen, dass wir nur einen Wimpernschlag der Zeit des Klimageschehens der Welt beobachten. Seit Milliarden von Jahren kommen und gehen Eis- und Warmzeiten.

Für die derzeitige Klimaerwärmung ist in der Öffentlichkeit der Schuldige eindeutig ausgemacht, nämlich das anthropogen erzeugte Kohlenstoffdioxid. Entzündet hat sich die Debatte daran, dass sich der Kohlenstoffdioxidgehalt in der Luft innerhalb von zwei Dutzend Jahrzehnten von ca. 300 ppm auf 400 ppm erhöhte. Die Erde war in ihrer Geschichte schon sehr viel höheren Konzentrationen ausgesetzt, ohne dass die globale Temperatur seit Entstehung der ersten Lebensformen bis in den letzten Winkel unserer Erdoberfläche dauerhaft über 50° Celsius aufgeheizt wurde, denn höher entwickelte Lebewesen hätten dann nicht überlebt. Vor ca. 50 Millionen Jahren lag der Kohlenstoffdioxidgehalt der Luft bei etwa 1000 ppm, stieg zwischenzeitlich auf sogar 1500 ppm und senkte sich danach vor etwa 30 Millionen Jahren wieder langsam ab. Die Vereisung der Antarktis begann. Während der letzten Eiszeit, eigentlich eine Glazialzeit, die vor etwa 200000 Jahren begann und erst vor ca. 20 000 Jahren ihren Höhepunkt erreichte, vereiste auch die Arktis. Der Kohlenstoffdioxidgehalt in der Luft sank auf etwa 300 ppm und entsprach damit der vorindustriellen Konzentration der Jetztzeit. Diese Informationen sind jedermann im Internet anhand von wenigen Mausklicks zugänglich.

Ob der steigende Kohlenstoffdioxidgehalt den sogenannten Treibhauseffekt bewirkt, ist nicht tatsächlich nachgewiesen. Sicher ist aber, dass die gewaltige anthropogene Energienutzung das Klima beeinflusst. Nach dem Energieerhaltungssatz bleibt die Energiemenge nach ihrer Nutzung erhalten, wenn auch auf einem thermodynamisch niedrigeren Niveau, denn Energie kann nicht vernichtet werden. Auch wenn die Größe der Nutzung durch den Menschen im Vergleich zur Energiebilanz der Erde klein ausfällt, muss der Raubbau der allemal endlichen fossilen Energieträger beendet werden. Für die Exekutive ist der Ausstoß von Kohlenstoffdioxid eine geeignete Messgröße, um die Nutzung fossiler Energieträger zu regulieren und zu überwachen. Der Handel mit CO_2-Zertifkaten ist in diesem Zusammenhang durchaus vernünftig.

Ein Gebot der Vernunft ist auch die Bewahrung einer Notreserve fossiler Brennstoffe. Genug Brennmaterial für eine warme Mahlzeit und einen wärmenden Ofen sind, wenn alles schiefgeht, mehr wert als Gold. Dafür sollten einige der europäischen Kohlelagerstätten und der ihnen angeschlossenen Kraftwerke in Betrieb bleiben und so viel Energie liefern dürfen, dass ihre Selbstkosten gedeckt bleiben. Die Covid-19-Pandemie 2020 gab einen Fingerzeig: Globalisierung ja, aber etwas wirtschaftliche Autonomie kann eine sehr preiswerte Investition sein, auch wenn sie teuer ist.

21.1 Fossile Energiequellen

Wie schon beschrieben erfolgt die Deckung des Energiebedarfs immer noch vorwiegend durch die wichtigsten fossilen primären Energiequellen Erdgas, Mineralöl und Kohle. Erdöl hat als flüssiger, nicht zu leicht entzündlicher Stoff Vorteile hinsichtlich der Handhabung und der Verteilung. Jährlich werden viele Milliarden Tonnen Kohle, Erdöl und Erdgas verbraucht, um den weltweiten Energiebedarf zu decken.

Die fossilen Energiequellen, insbesondere Steinkohle, sind über Jahrmillionen primär aus biologischer Masse unter Luftausschluss entstanden und, vom Gebirgsdruck gepresst, abgelagert worden. Sie können daher als Langzeitspeicher von Sonnenenergie bezeichnet werden. Kohle, Erdöl und Methangas sind Kraftstoffe mit relativ hoher Energiedichte, die aber nur noch für eine begrenzte Zeit in ausreichender Menge zur Verfügung stehen. Bei der Umsetzung der chemisch gebundenen Energie in mechanische oder Wärmeenergie wird Kohlenstoff zu Kohlenstoffdioxid, Wasserstoff zu Wasser, Stickstoff zu Stickoxiden und Schwefel zu Schwefeldioxid oxidiert. So entstehen z.B. aus 12 Gramm Kohlenstoff 44 Gramm Kohlenstoffdioxid, und wenn Muscheln daraus Kalziumkarbonat machen, werden rechnerisch daraus 100 Gramm Kalk, vorausgesetzt dass alle Reaktionen einhundertprozentig ablaufen. Für den Autofahrer hier ein interessantes Gedankenspiel: angenommen, ein Wagen hätte pro Kilometer einen Kohlenstoffdioxid-Ausstoß von 150 Gramm. In Kalk umgerechnet würde der Wagen nach jedem Kilometer einen Kalkstein von etwa 340 Gramm auf die Autobahn fallen lassen. Bei nur 1000 Kraftwagen pro Tag wären das pro Kilometer 340 Kilogramm und pro Jahr rund 124 metrische Tonnen. Dennoch haben diese Kraftstoffe erhebliche Vorteile, denn sie haben eine hohe Energiedichte und sind eigentlich die einzigen preiswerten relativ sicheren Energiespeicher. Für sie gibt es ein weltweit erprobtes Verteilernetz, und sie können im großen Maßstab mit erprobten Verfahren aus Kohlenstoffdioxid und Wasser klimaneutral synthetisiert werden, und sie werden es zu dem Zeitpunkt, wenn die Preise auf gleicher Höhe sind.

Die Zukunft wird zeigen, ob die elektromagnetische Kraft die niederkettigen Kohlenwasserstoffe und Methan ersetzen können.

Alternativen werden in den nachfolgenden Kapiteln vorgestellt.

22 Alternative Energiequellen

Kernkraftwerke, Gezeitenkraftwerke und Geothermie ausgenommen sind praktisch alle unsere Energiequellen eigentlich nur eine einzige, nämlich die Sonne. Kohle, Öl und Gas sind Stoffe, deren chemische Energie als gespeicherte Sonnenenergie bezeichnet werden darf. Es sind Stoffe, die sich mit hoher Wahrscheinlichkeit anaerob aus biologischem Material gebildet haben. Licht, Wind- und Wasserkraft sowie biologisches nachwachsendes Material sind überwiegend Energiequellen, deren Ursprung die Sonnenenergie ist. Hingegen stammt spaltbares Material für Atomkraftwerke (AKWs) von Materie, die bei Supernovaeexplosionen in den Weltraum geschleudert und von der Erde eingefangen wurde. Kernspaltungsprozesse schwerer Elemente mit langen Halbwertszeiten helfen immer noch den Erdkern zu heizen, verursachen den hochenergetischen Vulkanismus, lassen die Erde beben und veränderten die Erdoberfläche. Die geothermische Energie steht jetzt schon in begrenztem Umfang als Energiequelle zur Verfügung und kann mit Tiefbohrungen weiter erschlossen werden. Die Gezeiten resultieren aus den Schwerkraftfeldern der Erde, der Sonne und vor allem des Mondes. Der vom Mond für den Gezeitenhub geleistete Energieaufwand wird der Mondumlaufgeschwindigkeit entnommen, die messbar stets ein wenig abnimmt.

22.1 Energiequelle biologisches Material

Achim Schaffner von der Deutschen Landwirtschaftlichen Gesellschaft (DLG) stellte fest: »Wenn man die gesamte Agrarfläche der Welt für die Energieversorgung in Anspruch nähme, würden damit nur 15% des Energiebedarfs gedeckt« (Frankfurter Allgemeine Zeitung, 12. März 2011, S. 139). Die Abschätzung zeigt, selbst wenn sie grob unscharf ist, dass wir nicht darauf hoffen können, aus der aktuell nachwachsenden Biomasse auch nur annähernd den Energiebedarf decken zu können, ohne das derzeitige Ökosystem total zu verändern. Zuträglicher wäre es, die Biomasse überhaupt als nennenswerte Energiequelle für uns aus allen Klimamodellen auszuklammern, um zumindest in großzügigen Naturschutzgebieten die Biodiversität der Fauna und Flora zu bewahren. Die Nutzung von Biomasse einschließlich Holz kann nur Nischen unserer Gesellschaft mit ausreichend Energie versorgen (z.B. Holzheizkraftwerke in Gebirgstälern mit ausreichend jährlich anfallendem Fallholz).

22.2 Energiequelle bewegtes Wasser

Die Bewegungsenergie von fließendem Wasser wurde schon sehr früh vom Menschen genutzt. Das bezeugen Mühlen und Sägewerke an Bächen und Flüssen. Das Prinzip: Wasser wird in Kanälen und Rohren mit möglichst geringem Höhenverlust in Staustufen (Stauseen) gesammelt und dann auf kürzestem Wege in Röhren mit geringem Reibungsverlust über eine möglichst große Höhendifferenz sozusagen abstürzen gelassen. Das stürzende Wasser treibt Turbinen und Mühlräder an. Sie wandeln dabei die kinetische Energie des abfließenden Wassers in ein nutzbares Kraftmoment um, das Arbeit verrichtet, z.B. Dynamos und Mühlsteine bewegt. Diese alternative Energie wird schon weitgehend genutzt, sie ist, wie man so sagt, praktisch ausgereizt, denn ihre Nutzung hat auch ökologische Folgen: Bäche und Flüsse fallen trocken. Ihre kinetische Energie, die Gestein zermahlte, Täler mit Schotter und Erde füllte, Sandbänke bildete und Auen anlegte, ist abgezweigt. Diese Prozesse finden zwar immer noch statt, aber schon sichtbar abgeschwächt. Ob der ökologische Effekt schädlich oder sogar nützlich ist, wird hier nicht kommentiert. Sicher ist, dass die in riesigen Stauseen aufgestauten gewaltigen Wassermassen die tiefer liegenden besiedelten Landflächen gefährden. Seismologische Kräfte können selbst den mächtigsten Staudamm brechen.

22.3 Energiequelle Wind

Der Wind ist eine weitere Energiequelle, die von den Menschen schon sehr früh genutzt wurde. Ein vom Wind aufgeblähtes Menschheitsgeschichte als Vorbild für ein brauchbares Segel zur Gewand, das den Träger zu Boden riss, wurde sehr früh in der Fortbewegung eines Bootes erkannt; aber auch als Antrieb für ein Mühlrad überall dort, wo Wasser knapp ist und/oder zu träge dahinfließt. Die Windenergie ist weitgehend umgewandelte Sonnenenergie. Bis zu 2% der von der Sonne eingestrahlten Sonnenenergie wird in Wind umgewandelt. Bei aller Unsicherheit der veröffentlichten Daten zur Energiebilanz des Planeten liegt die Nutzung der Windenergie im Bereich »Teile pro Millionen (ppm)« und lässt der Energiequelle Wind noch reichlich weiteres Nutzungspotenzial, ohne die Windbestäubung der Getreidefelder, den Fön und die Sturmfluten merklich zu beeinträchtigen. Aber Technik, Ökonomie und soziale Verträglichkeit zeigen bereits jetzt schon die Grenzen der »Windradlandschaften« auf.

Manche Nachteile dieser Energiequelle sind zugleich vorteilhaft. Die Zahl der Windkraftanlagen geht in die Tausende, und sie sind über große Areale verteilt. Daher ist ein gewaltiges Leitungsnetz nötig, um die Energieerträge zu sammeln und den Verbrauchern zuzuleiten. Außerdem ist der Elektrizitätsfluss starken Schwankungen unterworfen und es erfordert eine ausgefeilte Logistik, um ihn in das allgemeine Elektrizitätsnetz zu integrieren. Erforderlich ist ebenso ein breites Netz von sehr mobilen Technikern zur Wartung der Anlagen. Hierbei ist die weiträumige Verteilung kleinerer Kraftwerke allerdings von Vorteil; Ausfälle einzelner Kraftwerke können besser abgepuffert werden, und das Netz ist verhältnismäßig robust gegen terroristische Attacken.

22.4 Direkte Nutzung der Energiequelle Sonne

Von der Natur ist die Simulation der Sonne auf Erden (Kernverschmelzung) nicht eingeplant, aber der Mensch trachtet danach, genau das zu tun. Noch ist es nicht soweit. Bis zu diesem Zeitpunkt steht uns nur das stationäre Wasserstoff-Fusions-AKW Sonne zu Diensten. Der Energiefluss der Sonne dominiert den globalen Energiekreislauf, erwärmt Wasser, Land und Atmosphäre, sorgt für Luft und Meeresströmung und für einen gewaltigen Wasserkreislauf. Wie gewaltig die Energiemengen unserer Sonne sind, das kann sich jeder veranschaulichen anhand der Vorstellung, dass jeder Ort auf der gedachten Innenfläche einer Kugel mit dem Radius Entfernung Erde <-> Sonne in jedem Augenblick dieselbe Energie erhält wie die sonnenbeleuchtete Seite der Erde. Nur etwa ein halbes Milliardstel der insgesamt zu jedem Zeitpunkt von der Sonne ausgestrahlten Energie erreicht unseren Planeten. Das sei wenig, mag man meinen: Jedenfalls reicht der Energiefluss aus, um das gesamte meteorologische Geschehen und das globale Leben zu befeuern und um, wie weiter oben erwähnt, möglicherweise unsere Sehnsucht zu erfüllen, ausschließlich alternative Energien für uns nutzen zu können.

Die Sonne versorgt uns mit Strahlungsenergie. Im Raum Frankfurt sind das pro Jahr und pro Quadratmeter ca. 1100 kWh, im Süden Spaniens dagegen etwa 2100 kWh. Global sind es 900 bis 1500 kWh pro Quadratmeter und Jahr. Nach dem aktuellen technischen Stand kann mittels Photovoltaiksolarzellen elektrische Energie in Deutschland derzeit bestenfalls eine Stromausbeute von 8 bis 14 Wh pro Quadratmeter erbringen, also pro Jahr 70 bis 125 kWh/m2. Selbst mit einem relativ großflächigen Dach wird ein Einfamilienhaus in Deutschland bezüglich des geernteten Solarstroms nicht tatsächlich autark. Zur Erzeugung eines nennenswerten Anteils an der benötigten globalen Gesamtstrommenge müssen sehr große Flächen, die in riesigen ariden Gürteln der Erde als unbesiedelte Flächen zur Verfügung stehen, mit Solarzellen bedeckt werden. Wo möglich, sollte die elektrische Energie vor Ort zur Erzeugung von Kraftstoffen erfolgen. Der Transport von elektrischer Energie über lange Distanzen ist technisch aufwändig und verlustreich. Die Elektrolyse von Wasser zu Wasserstoff und Sauerstoff ist eine effiziente Methode der Umsetzung von elektrischer Energie in einen

Stoff mit hoher chemischer Energie. Wasserstoff ist direkt als Kraftstoff vorzüglich geeignet, aber erfordert wegen seiner Flüchtigkeit und seinen Explosionsgrenzen – 4% in der Luft – ebenfalls einen hohen technischen Aufwand.

Die Reduktion von Kohlenstoffdioxid mit Wasserstoff zu Kraftstoffen wie z.B. Methan, Propan bis hin zu Dieselöl ist wirtschaftlich und ökologisch eine vernünftige Option. Dafür sind alle notwendigen Technologien, Speicherung und Verteilung im öffentlichen Raum gegeben. Theoretisch stellt die Fotovoltaik ein beachtliches Energiepotenzial zur Verfügung. Sie zu nutzen eröffnet die Option, der Natur einen größeren Anteil für Wälder und Fluren zu belassen. Regionale und politische Gegebenheiten behindern aber die nachhaltige Nutzung selbst der unbewohnbaren Areale; das dort investierte Kapital ist hoch riskant. Es ist daher anzustreben, ja sogar dafür zu kämpfen, diese Areale – auch die tropischen Regenwälder – zu internationalisieren, sie z.B. unter die Verwaltung und den Schutz der UNO zu stellen. Dafür Kapital verfügbar zu machen wäre notwendiger, als mit gewaltigem Kapitalaufwand Deutschland vollkommen klimaneutral machen zu wollen. Das wäre wahrscheinlich noch nicht einmal theoretisch machbar und könnte im weltweiten diesbezüglichen Szenario einschließlich »made in Germany« allenfalls unter »ferner liefen« abgelegt werden.

Eine technische Hürde ist die Anlieferung von Süßwasser zu den Elektrolysewerken in den Wüsten. Statt Ölpipelines müssen Wasserpipelines die Kontinente und Meere durchqueren.

Neben der Photovoltaik ist, besonders im häuslichen Umfeld, die Solarthermie eine effiziente Möglichkeit, um Heiz- und Warmwasserkosten zu senken. Von der jährlich global eingestrahlten Sonnenenergie von 900 bis 1500 kWh pro Quadratmeter kann man mit den Solarkollektoren pro Jahr und Quadratmeter 500 bis 750 kWh Wärmeenergie ernten. Zumindest im Internet findet man die dafür entsprechenden Angaben von Fachanbietern (s.a. www.aroundhome.de). Nachdem die Kollektoren sich selbst in der kälteren Jahreszeit noch über 30°C erwärmen können, kann das erwärmte Wasser in relativ preiswerten Warmwasserspeichern gesammelt und über großflächige Wärmeaustauscher (Fußbodenheizung) und in Kombination mit Wärmepumpen für ein angenehmes Raumklima sorgen. Die nötigen Umwälzpumpen brauchen meist um 100 Wh. Rechnerisch lassen sich damit ca. 55% der eingestrahlten Energie nutzen, denn selbst die Abwärme der Pumpen geht in die abgegebene Heizleistung ein. Hingegen leistet die Fotovoltaik bestenfalls die Hälfte. Wobei die Beispiele nur begrenzt vergleichbar sind, denn für den Bereich der Raumheizung muss der bei der Fotovoltaik anfallende Strom erst gesammelt und sodann in Wärmeenergie umgewandelt werden, damit der o.g. Vergleich tatächlich stimmig wird. Außerdem ist die Fotovoltaik in der Praxis in die großflächige Energieverteilung integriert, sodass der Solarkollektor für eine preiswerte Zusatzversorgung bei der Warmwasserbereitung im häuslichen Bereich Vorteile bringt.

22.5 Atomenergie

Zur Einstimmung hier noch einmal: ohne Energie kein Leben. Wenn es nicht gelingt, für die globale Energieversorgung die riesigen Wüsten mit Photvoltaikanlagen zu bestücken und diese über sehr lange Zeiträume sicher und zuverlässig zu betreiben, werden unausweichlich auf nationaler Ebene weiterhin Kernkraftwerke gebaut und betrieben werden müssen.

Mineralöl hat einen Energiegehalt von ca. 12 kWh/kg; vergleichsweise liegt der von Uran 236 bei 21.500.000 kWh/kg. Die Kernfusion von Wasserstoff liefert etwa fünfzigmal mehr Energie als die Kernspaltung.

Wenn unser Leben auf Erden ernsthaft wegen Energiemangels bedroht sein sollte, werden selbst die Risiken der Kernspaltung bedeutungslos werden. Die Frage wird dann nur noch sein, ob wir für die Erschließung dieser Energiequelle noch die notwendigen Technologien, Ressourcen und vor allem die nötige Kraft haben.

Kernenergie hat bereits bedeutsame Unfälle verursacht und ist besonders in Deutschland unpopulär. H_2-Fusion, die theoretisch keine langlebigen radioaktiven Isotope bildet, ist technisch außerordentlich aufwändig und steht in naher Zukunft nicht zur Verfügung.

Werfen wir also noch einen kurzen Blick auf die Energie aus der Kernspaltung. Die Reaktorsicherheit ist bereits beachtlich. Sie einhundertprozentig zu machen kann aus naturwissenschaftlichen Gründen nicht gelingen. Bei modernen Reaktoren (Siedewasserreaktor) stoppt die Kernspaltung, wenn das die Brennstäbe umgebende Wasser verdampft. Aber die Nachzerfallswärme liefert unmittelbar nach der unterbrochenen Kernspaltung für längere Zeit noch 5 – 10% (ca. 2 Megawatt pro Kilogramm Uran 236) der normalen thermischen Leistung des Reaktors. Die Kernschmelze ist dann im Prinzip immer noch möglich, aber bei ausreichender Kühlung der Brennstäbe unwahrscheinlich. Die Möglichkeit von Knallgasexplosionen stellt ebenfalls ein Risiko dar. Um die Sicherheit zu erhöhen, werden vor allem im asiatischen Raum mehr und mehr inhärent sichere Reaktoren (z. B. Kugelhaufenreaktoren) gebaut, die bisher allerdings nur eine verminderte Leistung besitzen.

Die Frage der Abfallentsorgung abgebrannter Kernbrennstäbe ist sicher ein Problem. Zunächst verringert die konsequente Wiederaufarbeitung abgebrannter Kernbrennstäbe die zu lagernde Menge erheblich, und die nutzbare Energie wird um das ca. Sechzigfache erhöht. Für die dann noch zu lagernden Restmengen gibt es geologische Formationen, die eine sichere Lagerung auch über sehr lange Zeiträume zulassen. Die Schweden sind diesbezüglich sehr weit vorangekommen. In einem Granitmassiv lässt man die abgebrannten Kernbrennstäbe in Gewölben abkühlen und lagert danach das radioaktive Material in langen Stollen derart, dass eine Wiederbeschaffung, wenn man das einmal so sagen darf, möglich ist.

Auch andere Lösungen sind denkbar, z. B. oberflächliche Endlager in Gebieten, die schon seit erdgeschichtlichen Zeiten kaum Niederschläge kennen, wie z.B. die Atacamawüste, aber auch in bereits stark radioaktiv belasteten Gebieten, die jetzt schon für den Menschen dauerhaft unzugänglich sind. Tschernobyl zeigt: Dort herrscht Leben, aber es geht keiner mehr hin. Selbst eine Bewachung erscheint überflüssig, müsste aber trotzdem erfolgen, denn die Endlager sind potenzielle, wenn auch hochriskante Rohstoffquellen, die dennoch eines Tages hochwillkommen und wertvoll werden könnten.

Wie oben schon beschrieben, ist die öffentliche Zustimmung zur Nutzung der Kernenergie, global gesehen, sehr unterschiedlich und insbesondere in Deutschland ziemlich gering. Sie ist infolge des jüngsten Nuklearunfalls in Fukushima weiter drastisch gesunken.

Um in Zukunft die Akzeptanz der Kernenergie zu verbessern, müssen eine neutrale, sachgerechte und intensive Information und eine differenzierte Risiko-Nutzen-Abwägung erreicht werden. Mit wenigen Ausnahmen informieren die Medien sträflich fahrlässig. Der mit den Details nicht vertraute Bürger ist meist dem Informationsgewitter der Spezialisten der AKW-Befürworter/innen und –Gegner/innen hilflos ausgesetzt und wird es, so ist zu befürchten, auch in Zukunft bleiben. Da der Mensch geneigt ist, überall Gefahren für sich zu sehen, neigt er intuitiv dazu, den AKW-Gegnern mehr zu vertrauen.

Im Folgenden wird versucht aufzuzeigen, welchen Informationsgehalt die Zahlen in Becquerel und Sievert eigentlich besitzen, die bei der Berichterstattung über irgendeine Nuklearkatastrophe (Kernenergie-Katastrophe) auf uns einstürmen. Hierbei dient als Stütze unter anderen das Buch »Basiswissen Kernenergie« von Martin Volkmer (2007), das als PDF-Datei im Internet jedermann frei zugänglich ist.

Das Resultat ist im Grunde recht kurz und bündig:

Um die Art und Intensität radioaktiver Strahlung messen zu können, sind leistungsstarke Strahlenmessgeräte entwickelt worden. Der Geigerzähler ist z. B. dafür ein bekanntes Beispiel. Ist etwas radioaktiv, dann tickt es, und zwar einen Tick pro radioaktivem Zerfall. Tickt es also schnell, so ist die Radioaktivität hoch. Die Anzahl der Zerfälle pro Sekunde ist ein Maß für die Radioaktivität; sie wird in Becquerel (Bq) gemessen (1 Bq = 1 Zerfall/sec).

Die Strahlen-Dosis (D) ist dagegen ein Maß für die eingestrahlte Energie radioaktiven Ursprungs, die ein Objekt (Mensch) erhält. Bei einem radioaktiven Zerfall werden ganz unterschiedliche Energiemengen frei. Die pro Kilogramm Objekt absorbierte Energie J (Joule) ist die Dosis D (D = J/kg). Die pro Sekunde absorbierte Dosis bezeichnet man als Dosisleistung. Mittels sogenannter Dosimeter kann die Dosisleistung (D/sec) direkt gemessen werden. Diese beiden Messgeräte liefern also die meist so beängstigenden Zahlen bei radioaktiven Ereignissen.

So einfach bleibt die Betrachtung leider nicht. Denn die Energie der Strahlungen der Radionuklide (Alpha-, Beta-, Gamma- und Neutronenstrahlung) und deren Reichweiten sind sehr unterschiedlich. Auch werden sie von organischem Gewebe sehr unterschiedlich absorbiert. Das gilt ebenso für ihre Schadwirkung. Ferner sind die Wirkungsbetrachtungen von oral aufgenommener, eingeatmeter, auf der Haut befindlicher und mit hoher Reichweite strahlender Radioaktivität (Gammastrahlen) getrennt vorzunehmen. Schon daraus folgt, dass es nicht nur eine bestimmte Dosis, sondern eine Reihe spezifischer Dosisarten gibt. Alle sind mittels eines Faktors w gewichtete Energiedosen. Für die gewichteten Dosiswerte ist der Einheitenwert das Sievert (Sv). Also entspricht 1 Sv = 1 J*w/kg Organgewebe, Objekt usw., wobei w der sogenannte Wichtungsfaktor ist. Der Index von w gibt an, worauf w sich bezieht. Die maßgebliche Dosis ist die Folgedosis. Sie kennzeichnet mehr oder weniger die Dosisgröße, die fast alle Variablen einbezieht, vor allem die nach langer Zeit auftretenden Schadwirkungen.

Wenn also z. B. von den Medien ein (Becquerel-)Wert von 10.000 Becquerel und eine Dosis von 150 mSv (m hier = Milli) ohne weitere Angaben bezüglich des betreffenden Radionuklids, der kontaminierten Fläche, des Objekts, dessen Masse usw. gemeldet werden, dann ist die Information bezüglich des Schadrisikos so gut wie wertlos. Es müssen also nicht nur die Radioaktivität (Becquerel) und die Strahlendosis (Sievert), sondern auch die o.g. dazugehörigen Fakten detailliert beschrieben und verständlich bewertet werden, bevor die Öffentlichkeit auf eine sich anbahnende Katastrophe vorbereitet wird. Die Beurteilung und die Abwägung (Wichtung) der Risiken sind weitgehend vom Fachwissen und von der Ideologie der Kommunikatoren abhängig. Die komplizierte Materie kann dem breiten Publikum so nebenbei leider nicht vermittelt werden, da ihm das notwendige grundlegende

Fachwissen dafür fehlt. Die öffentliche Meinung ist daher fast beliebig manipulierbar. Sie ist aber nun einmal die Basis für politische Entscheidungen. Infolgedessen wird auch die Politik sehr häufig handfest manipuliert.

Der Becquerel- und Sievert-Wirrwarr rund um Fukushima ist fast abgeebbt. Welche Risiken aber sind tatsächlich verblieben? Stimmen werden laut, die meinen, das Hauptproblem der friedlichen Nutzung der Kernenergie sei die »Verstrahlung« und Entsorgung der radioaktiven Abfälle. Unsere Umwelt ist jedoch niemals frei von Radioaktivität und ist es nie gewesen. Selbst aus dem Weltraum werden wir unablässig mit Strahlung beschossen. Sie ist an der biologischen Evolution vermutlich maßgeblich beteiligt. Geringe Konzentrationen von Radon kommen in vielen Gesteinsarten vor. Im Bad Gasteiner Heilstollen ist die Radioaktivität sogar beträchtlich. Auch Baumaterialien, z. B. Beton, belasten die Menschen mit Radioaktivität.

Die natürliche radioaktive Belastung beträgt in Deutschland pro Einwohner und Jahr ca. 0,21 mSv, die durch zivilisatorische Aktivitäten verursachte 0,18 mSv. Letztere ist etwa zu einhundert Prozent auf medizinische Anwendungen zurückzuführen. Weitere 0,01 mSv entfallen auf den Tschernobyl-Unfall. Um welche Dosisarten es sich dabei handelt, ist auch hierbei nicht ersichtlich.

In Gebieten mit monazithaltigen Böden – ein Mineral mit wechselnd hohen Gehalten an Thoriumdioxid und Uranoxid – leben Menschen seit jeher mit einer zusätzlichen Strahlendosis, die in der Spitze 120mSv pro Jahr erreicht (Brasilien). Für den interessierten Leser finden sich im Internet zu diesem Themenbereich zahlreiche Beiträge. Eine kurze Beschreibung der Strahlen- und Dosismessung gibt auch Volkmer im weiter oben genannten Buch.

Auch wenn die Qualität der Risiken der Atomenergienutzung nicht in die Kategorie der alltäglichen Risiken zu passen scheint, wird zwangsläufig eine gewisse Anpassung erfolgen, wenn die durch Kernenergienutzung auf Dauer zu beklagende Todesfallrate der durch andere allgemeine zivilisatorische Faktoren (dazu gehört auch Energiemangel) bedingten Zahl an Todesfällen nüchtern gegenübergestellt werden wird.

Risikoabschätzungen, wie schon weiter oben beschrieben, sind meist sehr ungenau. In die Schätzungen fließen Größen ein, die statistisch wenig fundiert sind. So liegt z.b. die geschätzte Anzahl von Todesfällen im Zusammenhang mit dem AKW-Unfall in Tschernobyl irgendwo zwischen 56 und weit mehr als 100.000. Diese gewaltige Spanne eröffnet sich jedem, der sich die Mühe macht, das Internet diesbezüglich zu befragen. Etwa 60 Personen sind in Tschernobyl nachweislich durch die Radioaktivität an Ort und Stelle ums Leben gekommen, alle anderen Zahlenangaben beruhen auf mehr oder wenig gesicherten epidemiologischen Untersuchungen oder gar nur auf Vermutungen, die je nach ideologischer Ausrichtung der Berichterstatter weit auseinanderklaffen. Insbesondere der möglichen Schädigung des Erbgutes wird allgemein ein hoher Stellenwert zugeschrieben, meist, so scheint es, aufgrund eines Bauchgefühls. Statistisch gesicherte Angaben sind schwer zu gewinnen. Natürlich ausgelöste Mutationen sind relativ häufig, und sie sind der Motor der biologischen Evolution. Die Faktenbasis für den Nachweis ernsthafter Schadwirkungen bei der friedlichen Nutzung der Atomenergie ist im Grunde insgesamt zu schwach und damit auch zu schwach für schwerwiegende politische Entscheidungen, wie z. B. derjenigen, die Nutzung der Atomenergie im Eilverfahren zu eliminieren.

Der Einwand muss erlaubt sein, dass andere Risiken (Verkehr, Umwelt, Klimaschäden, Lebensmittel, resistente Keime, neue tödliche Viren) keineswegs ab-, sondern zugenommen haben. Nach einem Bericht der UN vom April 2020 www.zukunft-mobilitaet.net/, (dort die Schaltfläche »Vergangenheit« wählen und den Artikel »Autounfälle – Die ultimative Zeitleiste« aufsuchen) gibt es weltweit pro Jahr mehr als eine Million Verkehrstote. Und das wird wahrscheinlich so bleiben. Und wenn, wie in den Nachrichten (hr-info) am 17. März 2010 berichtet, pro Jahr allein in Deutschland durch Krankenhausinfektionen mit multiresistenten Keimen 15.000 Patienten versterben und die Bundesregierung gezwungen ist, ein Gesetz zur Durchsetzung einer besseren Hygiene in Krankenhäusern zu beschließen, dann relativiert sich so manches.

Diese Risiken sind ebenfalls nachhaltig, und für ihren Abbau könnten sich etwa ähnlich lange Halbwertszeiten wie bei langlebigen radioaktiven Isotopen ergeben. Es wäre interessant, diesbezüglich Risikovergleiche vorzunehmen. Vielleicht käme dabei heraus, dass weite Landstriche wegen zu hoher anderweitiger, durch den Menschen verursachter Schadwirkungen als unbewohnbar erklärt werden müssten, etwa wenn z. B. Ackerland zu Salzwüste geworden ist.

Mutmaßlich raubt die klimabedingte Zunahme der Wüsten dem Menschen jährlich dauerhaft so viel Lebensraum, dass die wegen radioaktiver Kontamination bisher als unbewohnbar erklärten Flächen (innerhalb von 40 Jahren ca. 4 bis 5 Areale mit einem Durchmesser von jeweils 30 – 60 km) dagegen fast vernachlässigbar klein erscheinen können.

In diesem Zusammenhang wird ein Report zitiert, der anlässlich des 24. Jahrestages der Katastrophe von Tschernobyl im Fernsehen (3SAT, Kulturzeit) am 26. April 2010 gesendet wurde. Er zeigte das entvölkerte Landgebiet um Tschernobyl, das schlicht zum »radioaktiven Naturschutzgebiet« erklärt wurde. Es blieb und bleibt sich vollkommen selbst überlassen und hat sich seither so entwickelt, wie es die Natur bei deutlich erhöhter Radioaktivität erlaubte. Um dieses Naturschutzgebiet der besonderen Art herum gibt es keinen Zaun. Die Bewachung ist minimal. Keine Ranger, bestenfalls Wissenschaftler und »todesmutige« Journalisten streifen durch das Areal. Ansonsten wagt sich niemand dorthin, kein Jäger, nicht einmal Pelzjäger; das Gebiet schützt sich einfach selbst: es ist radioaktiv. Der Moderator hatte alle Mühe, die Negativpunkte dieses Naturreservats herauszuarbeiten, das ja eigentlich gar nicht existieren dürfte: Brände und Vögel könnten die tödliche Radioaktivität weiter verbreiten. Als dann im Sommer 2010 und 2018 riesige Waldbrände in Russland auch das Areal Tschernobyl heimsuchten, war das kontaminierte Gebiet wegen der möglichen Verfrachtung radioaktiver Gase und Stäube als Menetekel den Medien hochwillkommen, aber offenbar wurde nichts oder so gut wie nichts verfrachtet.

Wie aber zeigte sich das Land um Tschernobyl dem Zuschauer? Ein ungewöhnlich belebter Urwald war entstanden, in dem eine artenreiche Tierwelt frei und ungestört lebt und sich fortentwickelt. Dem Moderator fiel gar nicht auf, dass er einen einzigartigen, zwei Dekaden langen Multigenerationstest in einem hoch radioaktiv verseuchten riesigen Testgelände präsentierte, in dem sich heute eine vom Menschen tatsächlich ungestörte Population wild lebender Tiere und Pflanzen befindet. Mutationen, die sich in dem kurzen Evolutionsprozess durchsetzen konnten, waren vereinzelt anzutreffen. Auch einige deutlich geschädigte Tiere wurden inzwischen gesichtet, aber die überwiegende Zahl der Tiere hat sich behauptet. Ob ihre Lebenserwartung sich verändert hat, ist Forschungsgegenstand. Monster sind erst gar nicht entstanden oder haben sich nicht durchgesetzt. Sie wären schon längst gesichtet worden und hätten die Medien weltweit elektrisiert, ganz abgesehen davon, dass ein schlimmeres Monster als der Mensch im Grunde nicht möglich ist. Es zeigt sich deutlich, dass sich wohl die meisten, wenn nicht sogar alle Arten, z. B. das dem Menschen physiologisch doch sehr verwandte Wildschwein, über viele Generationen in diesem tödlichen Reservat gut behauptet haben. Gejagt wird dort kein Schwein, denn die einen dürfen Schweine nicht essen, die anderen essen sie nicht aus Furcht, die Radioaktivität könnte bei ihnen frühzeitig Krebs auslösen, dem sie meist früher oder später ausgeliefert sind. Zynisch gesagt: »Radioaktiv kontaminierte Gebiete schaffen die besten Naturreservate«. Nun, der durch ein Mega-Erdbeben in Fukushima verursachte Gau ereignete sich in einem sehr dicht besiedelten Gebiet, und es gab keine unmittelbaren Verluste an Menschenleben durch radioaktive Strahlung, hingegen viele infolge des Bebens. Hier wie in Tschernobyl driften die Vorhersagen bezüglich der Langzeitfolgen erheblich auseinander.

Auch Tschernobyl und Fukushima sind ein Teil unserer neuen Welt und ein Lehrbeispiel dafür, welche Langzeitfolgen ziemlich schlimme Unfälle und Klimaveränderungen haben werden. Im Naturpark Tschernobyl wird sich kein Mensch freiwillig ansiedeln, obwohl er für nichtmenschliche Kreaturen nicht gerade lebensfeindlich zu sein scheint. Selbst In Fukushima stabilisiert sich die Lage und Japan betreibt weiterhin Kernkraftwerke. Wie uneinheitlich die Einschätzungen des noch bestehenden Risikos sind, das kann jeder für sich selbst mit wenigen Klicks im Internet aus einer Fülle von Expertenmeinungen extrahieren.

Wenn sich die Technik so ungestört fortentwickelt wie in den letzten zwei Jahrhunderten, dann wird der Kernfusionsreaktor (Atomfusionsreaktor) vielleicht doch noch serienreif und somit würde das Problem der Kernschmelze eliminiert und das Problem des Atommülls zumindest sehr abgemildert. Aber auch dann wäre die Einschleusung von zu viel Atomenergie in die erdnahe Atmosphäre ebenso klimaschädlich wie die durch zu viel Kohlenstoffdioxid bedingte zusätzlich absorbierte Sonnenenergie.

Übrigens, wie schon weiter oben erwähnt, wird die Menschheit mit viel höherer Wahrscheinlichkeit Opfer eines Meteoriteneinschlags, der Eruption eines Supervulkans, eines Atombombeninfernos oder eines zögerlichen, aber tödlichen Virus. Unwahrscheinlich erscheint hingegen, dass wir Strahlenopfer nuklearer Unfälle und radioaktiver Abfälle werden. Der Mensch muss vor allem das nukleare Bombeninventar vernichten, welches ein viel höheres Risiko darstellt als alle Kernkraftwerke zusammen. Er muss begreifen, dass wegen Energiemangels und wegen der Gefahr eines atomaren (A-Bomben-) Overkills ein Zusammenbruch der derzeitigen Gesellschaftsformen letztlich das tatsächlich lebensbedrohende Risiko ist.

22.6 Speicherung und Transport von Energie

Energiedichten von niederkettigen Kohlenwasserstoffen und Methan sind mit etwa 12 kWh (z.B. Dieselöl pro Kilogramm) recht hoch. Sie sind die derzeit wirtschaftlich bestens geeigneten Energiespeicher. Transport, Lagerung und Speicherung sind gut kalkuliert, und die Sicherheit der Handhabung im öffentlichen Raum – mit Ausnahme der Gase – ist gut. Große Mengen können auch unterirdisch sicher gelagert werden. Das gilt selbst für gasförmige Energieträger mit Ausnahme von Wasserstoff; doch davon später.

Elektrische Energie kann mit hohem Wirkungsgrad in mechanische umgesetzt werden und ist unentbehrlich geworden.

Aber die Lagerung von Elektrizität, also von freien Elektronen, ist nur elektrostatisch realisiert, wie z.B. in Kondensatoren oder in Gewitterwolken. Die erzielbaren Potentialdifferenzen sind dabei sehr hoch, aber die nutzbaren Mengen an Ampere je Sekunde – Coulomb – sind bescheiden, auch wenn der Blitz das Gegenteil zu beweisen scheint: Er wirkt, er arbeitet, aber nur millisekundenschnell. Hohe dauerhafte Stromflüsse – Ampere pro Sekunde – sind bisher vor allem durch mechanisch angetriebene Dynamos zu erzielen. Die hohen Stromflüsse können aber nicht unmittelbar gespeichert werden, sondern müssen über elektrische Leiter, vorwiegend Kupferkabel, sozusagen online zum direkten Gebrauch weitergeleitet werden. Hierbei wäre es optimal, wenn immer nur soviel Strom bereitgestellt würde, wie gerade benötigt wird. Das ist aber sehr schwierig zu realisieren, denn der Strombedarf schwankt im Tagesverlauf erheblich. Kraftwerke, die träge, aber effizient sind, müssen daher die Grundlast bereitstellen, z. B. Kohle- und Kernkraftwerke. Die restlichen variablen Strommengen müssen flinke anpassungsfähige Kraftwerke liefern, z. B. Gas- und Wasserkraftwerke. Die alternativen Energielieferanten sind zwar leistungsfähig, aber von launischem Wind und Wetter abhängig. Eine zuverlässige und sichere Anlieferung von Energie ist eine Grundbedingung wirtschaftlicher Nachhaltigkeit. Hier besteht Nachholbedarf. Fotovoltaik- und Windkraftanlagen erzeugen elektrische Energie, die atmosphärisch bedingt erratisch ist und in einer Art Massenspeicher gesammelt werden muss, um bei Bedarf einen gleichmäßig fließenden elektrischen Strom abrufen zu können. Akkumulatoren sind geeignet, aber wegen der doch recht niedrigen Energiedichte (Li-Ionenbatterie etwa 0,15 kWh/Kg, jedoch Dieselöl 15 kWh/Kg) aufwändig und teuer. Elektrisch betriebene Pumpen, die Wasser in Wasserhochspeicher pumpen und über Turbinen und Dynamos Strom bereitstellen, wann immer er gebraucht wird, sind als Energiespeicher gut geeignet, setzen aber genügend verfügbare Oberflächengewässer und verfügbares bergiges Land voraus.

Wie schon weiter oben beschrieben, kann man in ariden Gebieten aber auch generell photovoltaisch anfallende Energie an Ort und Stelle zur Elektrolyse von Wasser nutzen und den erzeugten Wasserstoff als Energierohstoff in den Verkehr bringen, wofür wiederum Spitzentechnologie erforderlich ist. Wasserstoff (H_2) ist ein sehr kleines Molekül, das durch kleinste Lecks zügig hindurchschlüpft und bereits ein explosionsfähiges Gas (Knallgas) bildet, wenn die Luft nur 4% Wasserstoff enthält. Etwas verringert wird die Wahrscheinlichkeit explosiver Wasserstoff-Luft-Gemische durch die sehr ausgeprägte Flüchtigkeit von Wasserstoff im Freien. Die Verteilung von Wasserstoff im öffentlichen Raum erfordert dennoch eine wirklich zuverlässige Technologie, damit sich nicht wesentlich häufiger als jetzt schon bei der Nutzung von Erdgas mächtige Explosionen ereignen. Im öffentlichen Raum ist Wasserstoff in der Hand einer riesigen Schar von Laien immer noch sehr riskant. Der erzeugte Wasserstoff sollte aus den genannten Gründen an Ort und Stelle mit Kohlenstoffdioxid beispielsweise zu Methan oder gleich zu mehrkettigen Kohlenwasserstoffen verarbeitet werden; sie sind klimaneutrale synthetische Treibstoffe, haben die nötige Energiedichte, sind effizient schwefelfrei und sicher in Netzen verteilbar. Die dafür nötige Technologie ist weltweit vorhanden, in der Praxis erprobt und erfordert keinen zusätzlichen Kapitaleinsatz.

Elektrische Energie ist bestens dazu geeignet, sehr unterschiedliche Arbeiten zu leisten, insbesondere mit Elektromotoren. Sie sind preiswert, robust, sehr flexibel und haben vor allem einen hohen Wirkungsgrad. Nachteilig ist ihre Abhängigkeit von der kontinuierlichen Erzeugung und Anlieferung der erforderlichen Elektrizitätsmengen zum Verbraucher. Der erforderliche kontinuierliche elektrische Stromfluss wird für die Öffentlichkeit durch ein dichtes Leiternetz gewährleistet. Für den mobilen Einsatz von Elektromotoren hat sich das erforderliche ortsfeste Leitungsnetzwerk vor allem bei der Eisenbahn durchgesetzt, bei der die parallel zum Schienenstrang verlaufende Oberleitung den kontinuierlichen elektrischen Energiezufluss gewährleistet. Für den allgemeinen elektromobilen Transport von Gütern und Personen in der Öffentlichkeit ist ein Oberleitungsnetz aufwändig und technisch nur schwer zu realisieren.

Für den mobilen Einsatz von Elektromotoren werden daher mobile Elektroenergiespeicher benötigt. Elektrischer Strom ist wie gesagt ein Strom freier Elektronen, die z.B. durch ein Kupferkabel fließen. Die Anzahl der Elektronen, die z.B. bei einem Strom von 1 Ampere in einer Sekunde durch den Querschnitt des Stromleiters fließen, ist bekannt: Es sind $6,2*10^{18}$ Elektronen, also eine Menge, die eine Coulomb entspricht (C = A*s). Das Elektron wird in diesem Zusammenhang, weil praktischer, wie ein Korpuskel beschrieben, aber es sei daran erinnert, dass es eine örtlich unbestimmte Elementarladung repräsentiert (s.a. Kapitel 7). Die gewaltige Menge an freien

Elektronen, die benötigt werden, um per Knopfdruck Motoren blitzschnell in Gang zu setzen, können nicht wie Dieselkraftstoff in einem 50-Liter-Tank gespeichert und zu einem beliebigen Zeitpunkt zum Motor geleitet werden. Elektronen sind nicht ohne Weiteres mit der erforderlichen Dichte (Energiedichte) in einem Behältnis zu speichern. Dagegen können chemisch gebundene Elektronen bei Bedarf abgerufen und auch wieder chemisch gebunden werden. Auf diese Weise ist ein Speicherkompartiment für elektrische Energie gegeben. Wie funktioniert das? Zur Veranschaulichung der Signalweiterleitung in Organismen wurde das Prinzip schon am Beispiel des Galvani-Elementes bemüht.

Die chemischen Elemente können oxidiert werden, indem sie mindestens ein Elektron aus ihrer Elektronenwolke verlieren und das Element danach als positiv geladenes sogenanntes Ion vorliegt. Zwischen dem Element und seinem positiv geladenen Ion besteht dann ein elektrisches Potenzial. Aber das Potenzial kann nur zwischen zwei Elementen gemessen werden. In der Elektrochemie hat man sich darauf geeignet, alle Potenzialunterschiede auf das Potenzial des Elements Wasserstoff als Referenz zu beziehen und diesem ein Potenzial von 0 zuzuweisen.

Ein Beispiel dafür ist das Paar Wasserstoff / Kupfer.

Wasserstoff (Gas) $H_2 = 2H^+ + 2 e^-$ Referenzpotenzial 0 Volt (V)

Kupfer (Metall) $Cu = Cu^{2+} + 2 e^-$ Potenzialdifferenz zur Referenz = + 0,35 Volt

Die Potenziale der Elemente in Bezug zum Referenzelement Wasserstoff wurden gemessen und ergaben nach ihrer Größe geordnet die sogenannte elektrochemische Spannungsreihe der Elemente. In Bezug auf Wasserstoff hat Lithium die größte negative (-3,04 Volt) und Fluor die größte positive (+2,84 Volt) Spannungsdifferenz. Wichtige Elemente mit geringeren negativen Spannungsdifferenzen sind: Caesium, Kalium, Calcium, Natrium, Magnesium usw., und solche mit geringeren positiven sind Schwefel, Sauerstoff in seiner aktivsten Form sowie Gold, Chlor, usw.

Die Bereitschaft, Elektronen abzugeben wird geringer, je edler das Element ist, also: Lithium > Eisen > Kupfer > Platin > Chlor > Gold > Schwefel > Fluor, wobei das Element vor dem Zeichen > der Elektronengeber ist. Lithium ist in der Tabelle das Element mit dem größten negativen Potential in Bezug zum Wasserstoff, und so liefern Redoxreaktionen mit edleren Elementen Potenzialdifferenzen bis zu 3,4 Volt. Diese und die übrigen Eigenschaften von Lithium machten seine Redoxreaktion »Lithium > Lithium+ + e- « zu einem sehr guten Energielieferanten und somit zur Grundlage von wieder aufladbaren Batterien für den mobilen Einsatz von Elektromotoren.

Umgekehrt nimmt die Bereitschaft, Elektronen wieder aufzunehmen zu, je unedler das Element ist.

Das Element, aber auch das Molekül, das Elektronen abgibt, heißt in der Fachsprache Elektronendonator oder auch Oxidationsmittel, der Stoff der Elektronen aufnimmt (akzeptiert) heißt Elektronenakzeptor oder auch Reduktionsmittel. Die Reaktion, bei der jeweils ein Elektronendonator mit einem Elektronenakzeptor reagiert, wird Redoxreaktion genannt. Leben ist ohne Redoxreaktionen als Energielieferanten nicht möglich.

Derzeit liefert ein moderner LiPo-Akku 0,13 bis 0,15 kWh pro Kilogramm Batteriegewicht. Ein Liter Dieselöl (etwa 0,85kg) liefert hingegen rund 10 kWh (viele Infos zu diesem Thema unter www.hho-generator.de). Mit 10 Litern, also 8,5 kg Dieselöl, kann ein Automobil je nach Typ etwas mehr als 100 km fahren. Ein rein batteriebetriebenes Elektrofahrzeug benötigt dafür etwa dieselbe Anzahl an Kilowattstunden. Für die Speicherung dieser Energiemenge ist aber eine Batterie mit 150 Kilogramm notwendig, was somit gerade einmal einem Tankvolumen von 10 Litern Dieselöl entspricht. Die Angaben verdeutlichen das Kernproblem der Elektromobilität, nämlich das Missverhältnis von Energiespeichergewicht pro kWh. Dieses Missverhältnis der Bruttolasten wird sich aus chemisch-physikalischen Gründen nicht wesentlich verbessern.

Ohne chemische Bindung lagern sich Elektronen an isolierenden Oberflächen an, wie z.B. an Leder, Haare, Kunststoff, Gewebe und an den schon genannten Bernstein, aber auch in Wolken, Staubwolken und an anderen

Oberflächen. Aus bestimmten Materialien lassen sich Kondensatoren bauen, die elektrische, insbesondere hochgespannte Energie speichern. Da die erzielbare Energiedichte nicht hoch ist, sind Kondensatoren vorwiegend für spezielle Anwendungen, z.B. in elektronischen Schaltkreisen, in der EDV und anderen massenhaft im Einsatz.

Und weil elektrochemisch nur ein Elektron zur Oxidation je Atom Lithium zu Lithiumoxid, dagegen 8 bei der Oxidation eines Moleküls Methan zu Wasser und Kohlenstoffdioxid zur Verfügung stehen, sind und bleiben Methan, gefolgt von niederkettigen Kohlenwasserstoffen, die idealen Kraftstoffe für mobile Aggregate. Flüssiger Wasserstoff liefert bei seiner Oxidation zu Wasser pro Kilogramm 33 kWh und ist daher als Treibstoff, mit Wasserdampf als Abgas, im mobilen Betrieb ideal. Unersetzlich ist Wasserstoff für kurzzeitige Höchstleistungen wie z.B. zum Raketenantrieb.

Wie schon weiter oben beschrieben, ist eine ausreichende Bereitstellung von alternativer Energie möglich und notwendig, aber global verwaltet und betreut unwahrscheinlich. Regional kann jedoch der voraussehbare Bedarf nicht immer ausreichend bedient werden. Fossile Energieträger sind wertvolle, aber nur endlich verfügbare Basischemikalien und dürfen nicht länger verbrannt werden. Aber fossile Kraftstoffe durch klimaneutral synthetisierte gleichwertige Stoffe zu ersetzen wird zukünftig eine unverzichtbare Option sein.

Regional wird man weiterhin zwangsläufig zur Deckung des Grundbedarfs auf konventionelle – auch synthetische – Kraftstoffe und auf die Kernenergie zurückgreifen, trotz Tschernobyl und Fukushima.

23 Problem Medizin

Medizin und Hygiene begleiten den Menschen schon seit der Antike. Aber erst die Naturwissenschaften im Zusammenspiel mit neuen technischen Systemen ermöglichten der Medizin vor ca. 150 Jahren eine beispiellose

Entwicklung, die dem Menschen eine Vorrangstellung innerhalb der Gesamtheit der Lebewesen verschaffte. Einen weiteren, ebenfalls exponentiell verlaufenden Schub erhielt die Medizin in den letzten 100 Jahren durch die moderne chemische Synthese von Medikamenten, durch die Biotechnologie, die Gentechnologie, die Kopplung der EDV mit spektroskopischen bildgebenden Diagnoseverfahren sowie durch ausgefeilte technische Hilfsmittel bei Operation und im der Pflege.

Früher wurde der Arzt gerufen, wenn der Patient schon fast moribund war. Heute gehen die Menschen zur Vorsorgeuntersuchung und werden mit den besten Verfahren und Maschinen auf mögliche Krankheiten untersucht. Viele weitere Beispiele könnten noch genannt werden.

Ohne die industrielle Landwirtschaft, ohne Hygiene und moderne Medizin könnten auf unserem Globus 7,5 Milliarden Menschen nicht leben. Aus der Sicht des Jahres 2021 wäre im Durchschnitt der in Europa erreichte Lebensstandard eine global erstrebenswerte Richtgröße für ein menschenwürdiges Leben, obwohl das eine sehr europäisch geprägte Perspektive und daher keine weltweit gültige Richtgröße ist. Unwürdig ist sicherlich für jedermann ein hinausgezögertes Sterben in einem sterilen Gerätepark. Selbstbestimmtes Sterben ist in Deutschland nicht mehr gesetzeswidrig, aber der Zugang zu den dafür notwendigen Stoffen ist nicht geöffnet.

Bessere Ernährung, Hygiene und Medizin sind maßgeblich an der rasanten Zunahme der Weltbevölkerung in den letzten 100 Jahren beteiligt. Die Kindersterblichkeit wurde gesenkt und die Lebenserwartung in den entwickelten Ländern erheblich erhöht. Mehrheitlich ist ein langes gesundes Leben erwünscht, um das »molestam senectutem«, das qualvolle Greisenstadium, zu vermeiden. Das gelingt schon mancherorts recht gut. Inzwischen wird immer häufiger beobachtet, dass zum Lebensende hin sich die Zeitspanne verlängert, die durch eine befriedigende Lebensqualität gekennzeichnet ist, und dass die morbide Periode vor dem Tod sich deutlich verkürzt. Die unsinnigen Anstrengungen einiger Egomanen, nach langem Gefrierschlaf wieder glanzvoll dominierend aufzuerstehen, wurden an anderer Stelle bereits kritisch beurteilt.

Die Menschheit wird nicht ewig leben, denn irgendwann stirbt die organische Materie den Hitzetod oder versinkt in Kältestarre oder aber zerstiebt im All. Mit Hilfe unseres erworbenen Wissens und mit technischem Geschick können wir die beiden Klimaextreme wahrscheinlich länger überleben, als es uns ohne unser technologisches Wissen möglich wäre. Dieses »Wahrscheinlich« wahrscheinlicher zu machen ist schon eine extreme Herausforderung für die Milliarden menschlicher Individualisten. Eine signifikante Lebensverlängerung ist aufgrund der rasanten Zunahme biochemischen und genetischen Wissens möglich, scheint aber gesellschaftspolitisch und auch ethisch problematisch. Zum Beispiel werden irgendwann auch die konservativsten Christen und Muslime u.a. nicht verhindern können, dass Eltern sich ihr Baby lieber etwas hellhäutiger, blonder oder dunkelhaariger, jedenfalls frei von Missbildungen, Gehirnschäden und Erbkrankheiten wünschen. Auch der steigende Anteil an schwerbehinderten Senioren wird es notwendig machen, den Freitod moralisch und ethisch neu zu formulieren und zu erleichtern. Die nächste medizinische Erfolgsperiode hat mit der Gentechnologie und trotz mancher Rückschläge bereits begonnen. Die ethischen Bedenken werden überrollt, wenn erst einmal die Massen realisiert haben werden, dass es nur ein einziges Leben und das nur auf Erden gibt, und dass jede Optimierung der kurzen Lebenszeit ein höchst persönliches willkommenes Geschenk darstellt.

24 Problem Brot für die Welt

Ein globaler zweijähriger Streik der Kunstdüngerproduzenten würde eine gründliche Gehirnwäsche der Konsumenten bewirken. Er würde notgedrungen die Einsicht herbeiführen, dass ohne synthetischen Dünger (Stickstoff, Phosphor, Kalium, Spurenelemente), aber auch ohne Pflanzenschutz in der Landwirtschaft global gesehen nichts geht.

Die eigentliche »Grüne Revolution« setzte ein, als Justus von Liebig (1803 – 1873) herausfand, dass einzig die oben genannten Elemente, in geeigneter verfügbarer Form und Mischung, für die Ernährung von Pflanzen nötig sind. Als um 1900 der Landwirtschaft entsprechende Düngemittel zur Verfügung standen, stiegen die Hektarerträge um 90%. Fritz Haber gelang es 1914, Luftstickstoff zu Ammoniak zu reduzieren, woraus unter anderem Kunstdünger hergestellt werden konnte. Dadurch wurde der Import von südamerikanischem Guano überflüssig, und der weltweite Bedarf an Stickstoffdünger wurde fortan vornehmlich von der chemischen Industrie gedeckt. Die weitere und künftig noch zu steigernde Bereitstellung von »Brot für die Welt« ist in Zukunft vor allem durch Verknappung der Anbauflächen bei zugleich wachsender Weltbevölkerung gefährdet. Wobei die Verknappung nicht nur durch die Zunahme arider Landstriche erfolgt, sondern auch durch die Überbauung und zwangsweise Ausweisung von Naturschutzgebieten zur Erhaltung der Artenvielfalt.

Die Hauptnahrungsmittelproduzenten sind heute schon maschinell und personell hoch durchrationalisierte Großbetriebe. Sie müssen ihre Flächen ebenso intensiv industriell bewirtschaften wie alle industriellen Großkonzerne, nicht zuletzt um Lebensmittel allen Schichten der menschlichen Gesellschaft zu Preisen anbieten zu können, die bezahlbar sind. Die Betreiber von Kleinbetrieben erreichen nicht die notwendige Wertschöpfung, um zumindest den in westlichen Ländern üblichen Lebensstandard für sich zu erwirtschaften. Doch, wie noch zu beschreiben sein wird, ist diesbezüglich eine differenzierte Bewertung notwendig. Die Heerscharen von Knechten, Mägden, früher auch Sklaven, sind weitgehend entbehrlich geworden.

Die Menschheit sollte sich aktuell fragen, wie sie den ca. 7,5 Milliarden derzeit (2020) lebenden und den voraussichtlich in 40 Jahren über ca. 10 Milliarden Erdenbewohnern ein erträgliches Leben gewährleisten kann. Der jetzt regional bestehende Überfluss, aber auch die global bestehende relativ gute Verfügbarkeit von Lebensmitteln sind nicht nur durch klimatische Einflüsse, sondern auch durch menschliche Fehleinschätzungen unserer Ressourcen und Konflikte gefährdet. Die Ernährung dieser Menschenmassen ist überaus kritisch und störanfällig. Als beispielhaftes Szenario dient eine der jüngeren Hungersnöte, die sich in Irland Anfang des 19. Jahrhunderts ereignete. Wahrscheinlich war es der Ausbruch des Vulkans Tambora, der weltweit das Klima beeinflusste. 1816 gab es keinen Sommer. Zwischen 1816 und 1842 gab es in Irland 14 Kartoffelmissernten. Diese waren nicht nur eine Folge des kühlen regnerischen Klimas, sondern wurden durch das massenhafte Auftreten des Schadpilzes Phytophthora infestans ausgelöst, ein Schadpilz, der klimabedingt besonders gute Lebensbedingungen vorfand und damals noch nicht chemisch bekämpft werden konnte. Eine langanhaltende Hungersnot kostete Millionen von Menschen das Leben; der wirtschaftliche Schaden war immens. Die Hilfe aus England kam zu zögerlich und wurde politisch nur ungenügend unterstützt.

Das Problem der Versorgung mit Lebensmitteln erhält bereits jetzt zu wenig Aufmerksamkeit. Wie selbstverständlich wird das regional überbordende Angebot als »gegeben« empfunden und dabei ausgeblendet, wie sensibel die Produktion und die Logistik auf Störungen des global vernetzten Verteilungssystems bereits jetzt schon reagieren.

Ohne die industriell geprägte Landwirtschaft des letzten Jahrhunderts, ohne die gleichzeitig entwickelte Technik, ohne die Chemie, die Pharmazie, die Hygiene und die fast freie Verfügung von nutzbarer Energie wäre die Ernährung der 2020 lebenden 7,5 Milliarden Menschen nicht möglich.

Die Ressourcen unseres Planeten Erde wurden und werden noch immer maßlos genutzt und es wird nach wie vor sträflich übersehen, dass das Wachstum der Menschenzahl und der Ökonomie in einem begrenzten System nicht unendlich fortgesetzt werden können. Unbegrenztes Wachstum ist naturwissenschaftlich unerfüllbar und wird kollabierend im Chaos enden. Der Satz: »Wir konnten das Wachstum wieder um 2% erhöhen« erscheint in diesem Zusammenhang eher bedrohlich als erfreulich. Es sei denn, unter Wachstum würde nicht materielles, sondern nachhaltiges, qualitatives Wachstum verstanden. Im Internet finden sich zahlreiche Veröffentlichungen zu diesem Thema. (z.B. Kay Bourcarde ChristianTripp: Ausweg qualitatives Wachstum? Zeitschrift für Wachstumsstudien, Ausgabe 2, 2006, ISSN 1863-947X, S. 25–27, PDF; 0,16 MB).

Die Ernährung des Menschen und der übrigen biotischen Komponenten ist ein vielschichtiges Problem; es war schon weiter oben davon die Rede. So wie sich die Situation derzeit darstellt, wird die menschliche Population noch für einige Zeit zunehmen, und zwar bis etwa auf 9 – 10 Milliarden.

Ein Szenario, das jetzt vorgestellt wird, ist in sich widersprüchlich. Denn einerseits wird die Ernährung der Menschenmassen, die möglichst billig, gut, viel, und besonders viel Fleisch essen wollen, allein durch die industriell gemanagte Landwirtschaft bereitgestellt. Andererseits sind landwirtschaftliche Groß- und Riesenbetriebe sehr krisenanfällig. Eine Maschinenfabrik kann, ohne in der Substanz zerstört zu werden, einige Tage, sogar Wochen stillstehen und danach wieder langsam anfahren. Eine Missernte ist unumkehrbar. Ein totaler Stromausfall oder eine nur kurzfristige Unterbrechung der Futtermittelzulieferung verursachen mit hoher Wahrscheinlichkeit in der Massentierhaltung von tausend Rindern oder zigtausend Hühnern ein Massensterben der betroffenen Tiere sowie desaströse Versorgungsengpässe. Selbst Notstromaggregate und teure Notfuttermittelreserven helfen bei längeren Ausfällen nur wenig. Bei der heutigen Just-in-time-Lieferungsphilosophie sind die Risiken sehr hoch und präventive Maßnahmen dringend geboten, aber teuer und unpopulär. So unwahrscheinlich sind derartige »Blackouts« nicht.

Schon dieser Aspekt sollte Anlass geben, langfristig zu denken. Unser Klima verändert sich auch dann noch, wenn alle Vorräte an Kohle, Erdgas, Öl und Holz verheizt sind. Und nachdem die Menschheit nicht nur die kommenden Jahrhunderte überleben will, und das in Wohlstand, müssen wir uns auf dramatische Veränderungen unserer Lebensmittelversorgung vorbereiten. Das geht nicht hopplahopp! Es muss sich nicht nur die Agrarstruktur verändern, vielmehr müssen darüberhinaus sehr unterschiedliche Auswege aus unserer klassischen Lebensmittelversorgung erforscht werden. Auf dem langen Weg dorthin darf die notwendige industrielle Landwirtschaft nicht behindert werden, denn sie deckt die Grundlast. Zunächst müssen kleinere Betriebe mit gemischter Produktpalette erhalten und gefördert werden. Soweit gewünscht und möglich mit sogenanntem Bio-Anbau, wie es von der »grünen Bewegung« schon immer gefordert wird. Für den Naturhaushalt sind derartige Betriebe verträglicher und ermöglichen zumindest eine minimale Autonomie in Krisenzeiten. Die Wertschöpfung der meist kleinen Betriebe ist aber zu gering und zu unsicher, um rentabel zu sein. Bisher sank die Zahl dieser Betriebe dramatisch. Fakt ist, dass heute selbst eine kleine Zahl der »1945-Hamsterer« im Umkreis einer Großstadt keinen Bauern fände, der Milch, ein Stück Speck und Kohl gegen Gold (1945 Schrauben und Nägel) tauschen könnte, schon gar nicht Zehntausende und mehr.

Die Gesellschaft muss Wege finden, um solche katastrophalen Szenarien abzuwenden. Das kostet Geld und verlangt Einschränkungen und vor allem Pflichtgefühl gegenüber der Gemeinschaft.

Selbst das absolute Mindestmaß an kurzfristiger Versorgungautonomie, nämlich alle Haushalte gesetzlich zu verpflichten, einen Mindestvorrat an Lebensmitteln für zwei bis drei Wochen oder auch mehr dauerhaft vorzuhalten, ist offensichtlich nicht möglich. Selbst die staatlichen Vorratslager wurden aus Kostengründen reduziert oder vollständig aufgelöst.

Im Katastrophenfall würden die Minimalvorräte als Pufferkapazität zwar nicht ausreichen, wohl aber kurzfristig zerstörerisches Chaos vermeiden helfen, zumindest Zeit würde gewonnen. Die Covid-19-Epidemie 2020 gab der Welt einen überdeutlichen Fingerzeig, wie die vernetzte Ökonomie des unbekümmerten Wohllebens schlagartig zum Erliegen kommen kann. Um lebensgefährliche Engpässe fast jeder Art zu vermeiden, gibt es noch viel zu tun. Dieses »Viel-zu-tun« ist aber nicht produktiv. Für die Gesellschaft ist es vielmehr eine Art weitere Dienstleistung, die finanziert werden muss, sie wäre aber besser als die Vorgabe, 2% Wachstum erreichen zu müssen.

Dort, wo Kleinstflächenlandwirtschaft noch verbreitet ist, werden die Betreiber aus vielerlei Gründen zur Aufgabe gezwungen. Aus Indien wird berichtet, dass die Selbstmordrate überschuldeter Kleinbauern bedenklich angestiegen ist, ihre Felder werden zu Großbetrieben umgewidmet, die mit Maschinen und Agrarchemikalien niedrigere Produktionskosten haben und daher Profite machen. Das ist die Perspektive der Profitmacher. Sie sind aber wiederum diejenigen, die die Supermärkte mit Lebensmitteln füllen, die auch Arme noch bezahlen können. Zu verhindern ist die schon weit fortgeschrittene Entwicklung nur, wenn die Betreiber von Kleinbetrieben ihre Produktivität steigern können und soweit subventioniert werden, dass ihnen zumindest ein Einkommen gewährleistet wird, das dem eines Industriearbeiter/s/in in einem entwickelten Land entspricht. Das ist allerdings nur zu finanzieren, wenn die Gesellschaft – und auch die Armen – bereit sind, höhere Lebensmittelpreise zu akzeptieren.

Alarmierend sind die Verluste an Nahrungsmitteln. Die Agentur Entwicklung und Zusammenarbeit (E+Z) veröffentlicht dazu im Internet: »Bis zu 40% der Nahrungsmittel, die weltweit geerntet werden, gehen zwischen Acker und Teller verloren.« Ein erheblicher Teil davon sind Nachernteverluste. Gründe hierfür sind zum Beispiel Qualitätsstandards, Haltbarkeitszeiten, Hygienevorschriften, Schlamperei und vieles mehr. Nachernteverluste zu minimieren würde längerfristig dazu beitragen, ohne Preissteigerung die Qualität der Lebensmittel zu verbessern.

Die Welternährungssituation ist eng mit der Bereitstellung geeigneter Anbauflächen verknüpft. Vermutlich können die konventionelle Landwirtschaft und die sogenannte ökologische Landwirtschaft auf Dauer nicht die notwendigen Nahrungs- und Futtermittel für die Menschen und für die Nutztiere in dem jetzt üblichen Umfang zur Verfügung stellen. Hier kommen erhebliche Probleme auf das System zu. Verschärft wird die Ernährungsfrage durch Versteppung, Erosion, Dürren, Überbauung, Überschwemmungen, Sommerfröste – an die zurzeit niemand mehr denkt – oder auch nur durch die Schaffung zusätzlicher Naturreservate, kurzum durch den Verlust an Anbaufläche. Also Probleme, die der Menschheit nun tatsächlich nicht unbekannt sind, und die sie seit jeher leidvoll begleiten. Insbesondere dann, wenn zunehmend mehr Agrarland zur Energiegewinnung herangezogen wird. Letzteres ist übrigens nicht sündhaft, wie manch einer glauben mag, denn auch in der vorindustriellen Zeit musste bereits ein beträchtlicher Teil der Agrarfläche zur Fütterung (Treibstoff) der Zug- und Lasttiere genutzt werden.

Zunächst muss versucht werden, die Ernte- und die oben genannten Nachernteverluste zu minimieren, um Engpässe zu mindern. Sodann werden tiefgreifende Veränderungen der Essgewohnheiten folgen müssen, z.B. eine deutliche Minderung des Verzehrs von Fleisch. Die ideologisch gefärbte Debatte über das Pro und Kontra des Fleischkonsums bedarf, wie auch die Diskussion über die radioaktive Verstrahlung, einer differenzierten Betrachtung. In der Öffentlichkeit meint man, dass für die Produktion von einem Kilogramm Fleisch 10 Kilo Kraftfutter benötigt werden. Für die Produktion von Rindfleisch ist das richtig, hingegen bei Geflügel reichen schon 2 Kilogramm Futter aus. Bei der Schweinefleischerzeugung ist das Verhältnis ähnlich, aber weil das Schwein ein Allesfresser ist, also auch Küchenabfälle frisst, schwankt der Bedarf an Futter, je nachdem, wieviele »Kilokalorien« das Futter hat. Rinder, die vorwiegend auf Weideland gehalten werden, benötigen täglich 16 – 20 Kilogramm Gras, was aber unsere Ernährungskapazitäten nicht mindert, denn Gras steht nicht auf dem Speiseplan des Menschen. Und nicht überall dort, wo Gras wächst, kann Getreide angebaut werden. Milchleistungskühe würden hingegen bei Gras-Diät wegen Leistungsschwäche disqualifiziert, es sei denn ihre Milch ist als Heumilch (Heukäse) ein begehrtes, teureres Nischenprodukt. Hühner picken selbst noch Getreidekörner auf, die von der Qualität her eher zum Heizen als zum Brotbacken taugen. Tatsächlich ist dort, wo die Prärie riesige Rinderherden ernähren kann, auch Rindfleisch vorhanden und vertretbar. Dort, wo sich Menschenmassen drängeln, wie z.B. in Asien, sind Geflügel und Schweine besser als Fleischquelle geeignet, und in den ziemlich ariden Steppen treiben die Hirten auch Schafe und Ziegen weit durch die Lande. Tierisches Fleisch wird daher immer auf dem Speiseplan des Menschen stehen, aber es wird eher zur delikaten »side order«, ohne den negativen Beigeschmack der »industriellen Massentötung«.

Die Ozeane werden als Nahrungsquelle schon über ein vernünftiges Maß hinaus ausgebeutet; aber hier befinden wir uns noch auf der Stufe der Jäger und Fallensteller. Eine geordnete Bewirtschaftung der Weltmeere hat erst begonnen. Die Kapazitäten sind enorm.

Das vorherrschende Problem ist die Bereitstellung der vom Markt geforderten Mengen. Die Nachfrage kann meist nur durch Massentierhaltung und durch möglichst kurze Mastzeiten erfüllt werden. Dafür wiederum ist Kraftfutter erforderlich, also vorwiegend Mais, Soja, Getreide usw. Das Missvergnügen über die Bedingungen und Tötungsorgien bei der industriellen Massenfleischproduktion ist beachtlich, aber es wird leider erst nach dem Verzehr eines überaus riesigen Schnitzels beim Fernsehen durch einen tiefbesorgten Moderator ins Bewusstsein gehoben. Ziel muss es sein, den Fleischkonsum genau den Landesverhältnissen anzupassen, und ihn dennoch zu minimieren. Mit welchen Mitteln auch immer muss es unterbunden werden, Regenwald zu roden, noch dazu um Rinder für den Export in die Welt zu mästen. Auch das Kobe-Rindfleisch ist zwar ausgezeichnet, aber eben untypisch für Japan, dort ist Fisch angesagt. Der Ausweg, vegan zu leben, ist löblich, aber etwas schwierig für die Ernährung von Menschenmassen, denn die Kost ist auf industrielle Vorverarbeitung und andere Ernährungsmittelhilfen angewiesen, um beim Verbraucher keine Erkrankungen an typischen Mangelerscheinungen zu verursachen. Das betrifft z.B. Soja und die nicht gerade preiswerten Nüsse sowie viele teure Kapseln mit Aminosäuren – meist biochemischen Ursprungs.

Sollte die herrschende Warmzeit auch noch durch menschengemachte Einflüsse zu galoppieren beginnen, so könnte es zu erheblichen Ausfällen in der Nahrungsmittelproduktion kommen, die nicht mehr zu kompensieren wären. Auswege gibt es aber selbst dann. Chemie schafft nicht nur gute Medikamente, Textilien, Plastik und vieles mehr, sie »kann auch Nahrung«!

Die folgenden Beispiele sind hinsichtlich ihres großtechnischen Einsatzes zur Lebensmittelproduktion nicht unbedingt tauglich, aber sie skizzieren mögliche Wege bzw. Auswege. Kohlenstoffdioxid ist dafür der Rohstoff. Es ist in der Luft bereits in bedenklichem Ausmaß angereichert, es liegt gebunden als Kalk in mächtigen Gebirgszügen in ausreichender Menge vor, und es wird neuerdings sogar von Kraftwerken in ausgebeutete Gasfelder eingepresst. Aus diesen Lagerstätten kann es wiedergewonnen und in Reaktoren zusammen mit Wasserstoff (Elektrolyse von Wasser) unter Einsatz von Katalysatoren und einer Kaskade von weiteren Syntheseschritten zu organischen Verbindungen umgewandelt werden, also unabhängig von Pflanzen, die das mit Hilfe der Sonne auf freiem Felde auf großen Flächen tun. Wiederum gilt: Ausreichend Energie muss in genau dieselbe

Menge chemische Energie umgewandelt werden, die die Menschen zum Leben benötigen (s.a. Kapitel 21).

Die chemischen Grundreaktionen zur Herstellung von Kohlenwasserstoffen, Fettsäuren und Fetten, Kohlenhydraten und Aminosäuren sind bekannt. Der erste wichtige Schritt, nämlich die energieaufwändige Umwandlung von Kohlendioxid zu einer organischen Substanz – hier nur als Beispiel die Ameisensäure – mit Hilfe eines Iridiumkatalysators ist bekannt und dokumentiert (s.a. *Christopher Federsel et al.* 2010). Einen Überblick über den derzeitigen Stand der Umwandlung von Kohlenstoffdioxid zu organischen Grundstoffen veröffentlichten *Alexis Michael Bazanella* et al. (2010). Allerdings ist hier der Grundgedanke, Kohlenstoffdioxid als Ausgangsgrundstoff für Polymere zu nutzen. Die direkte Reduktion von Kohlenstoffdioxid zu Kohlenstoffmonoxid (CO), Wasserstoff und Sauerstoff mittels fokussiertem Sonnenlicht und eines Katalysators aus Cerdioxid (CeO_2) wurde z.B. *von Sossina M. Haile* und *Aldo Steinfeld* (2010) vorgestellt. Mit Kohlenstoffmonoxid und Wasserstoff stehen zwei Gase zur Verfügung, die schon seit 1925 zur Synthese von Mineralöl und Alkoholen (Fischer-Tropsch-Verfahren) großtechnisch genutzt werden.

Nun sind Ameisensäure, Alkohole (z. B. Methanol), Harnstoff usw. tatsächlich keine Lebensmittel. Aber sobald die Reduktion von Kohlenstoffdioxid zu einem organischen Grundstoff rentabel ist, werden sehr bald großtechnische Verfahren entwickelt werden, mit denen auf engstem Raum, also in Reaktoren, große Mengen brauchbarer Lebensmittelgrundstoffe herstellbar sein werden. Wahrscheinlich führt der Weg dabei über biotechnologische Verfahren, denn Mikroorganismen können niedermolekulare organische Verbindungen, z. B. Methanol, unter Zusatz von Stickstoff-, Phosphor- und Schwefelverbindungen sowie notwendiger anderer Elemente in proteinhaltige organische Substanzen umwandeln, die wiederum weiterverarbeitet werden können. Zurzeit wird diese Fähigkeit der Mikroorganismen vor allem zur Entgiftung und Klärung von Abwässern benutzt und der dabei entstandene biotische Klärschlamm entsorgt.

Jüngst findet man bereits Muskelfleisch, das mittels Gewebekulturen tierischer Muskelzellen produziert ist, im Angebot von Großmärkten. Die

Entwicklung ist diesbezüglich seit einigen Jahren voll im Gange. Eine Zusammenfassung des Wissensstandes veröffentlichte Jeffrey Bartholet in Spektrum der Wissenschaft bereits im März 2012 unter dem Titel »Steak aus der Retorte?«. Ziel dieser Bemühungen ist die Herstellung eines Fleisches, das unseren heutigen Vorstellungen hinsichtlich Aussehen, Geschmack und Biss entspricht. Die Nährlösungen für die Fleischzellen müssen jedoch bereits Proteine, Kohlenhydrate und anderes enthalten, also bereits kompliziert aufgebaute organische Stoffe. Die Grundstoffe für die gewaltigen Mengen an notwendigen Nährlösungen für die Zellkulturen entstammen dem Fundus landwirtschaftlicher Produkte und nicht dem der Retorte. Die Kosten dafür sind zurzeit noch relativ hoch.

Die Reduktion von Kohlenstoffdioxid zu niedermolekularen organischen Stoffen als Ausgangsstoffe für die Herstellung von Lebensmitteln ist derzeit bestimmt nicht das preiswerteste Verfahren. Das Beispiel wurde aber hier gewählt um zu zeigen, dass der Mensch imstande ist, auch aus dem verteufelten Stoff Kohlenstoffdioxid sehr Nützliches herzustellen, die Natur tut's ja auch, denn sonst gäbe es uns nicht. Dieses Szenario ist kein Entweder-Oder-Exempel, sondern ein gradueller Prozess und eine durchaus umsetzbare Option, um den drohenden Mangel an Agrarflächen graduell zu kompensieren, ja vielleicht sogar der vielzitierten geschundenen Mutter Natur große Flächen zurückzugeben. Theoretisch ist das alles möglich, zumindest am Schreibtisch.

Bei dem Gedanken, dass die Chemie außer den vielen Pillen, Farben, Stoffen, usw. nun auch noch Nahrungsmittel herstellen soll, wird den Menschen unwohl, sogar sehr. Aber sie würden auf diese Weise schlicht und einfach selbst dann noch Lebensmittel erhalten, wenn wegen klimatischer Gegebenheiten und Nutzflächenmangel die Landwirtschaft den Bedarf nicht mehr allein decken könnte und wir deshalb notgedrungen dazu gezwungen wären, mit industriell hergestellten Nahrungsmitteln bestehende Lücken zu schließen.

Diese neuartigen Lebensmittel werden sogar weniger »giftig« sein, also eine neue Qualität besitzen. Wie das ?

Außer den süßen Früchten wollen nämlich fast alle Feldfrüchte nicht gefressen werden und suchen sich mit allerlei giftigen Tricks davor zu schützen. Der Knollenblätterpilz soll in diesem Zusammenhang erst gar nicht erwähnt werden, denn er ist untypisch giftig. Da gibt es nämlich eine ganze Reihe harmlos daherkommender Pflanzeninhaltsstoffe, deren Konsum auf Dauer für viele Menschen nun einmal gar nicht harmlos ist. Darunter sind auch einige bekannte: das für manche Menschen unverträgliche Gluten in Getreide, Laktose, Tannin, Solanin in Kartoffeln und grünen Tomaten, Anthrachinon in Rhabarber, Sambunigrin in Holunderbeeren, Koffein, Nicotin, Toxine in Bohnen und die Schimmelarten in den verschiedenen Käsesorten usw. Den Besuchern wurde bei einer Besichtigung der Felsenkeller in Roquefort, in denen die Käselaibe reiften, im Vorraum zu den Gewölben ein Brotlaib präsentiert, der vollkommen mit Blauschimmel durchzogen war und als Impfkultur für die Käserohmasse diente. Danach vermied so mancher der Besucher den Konsum von Blauschimmelkäse so lange, bis die Erinnerung an das verschimmelte Brot ins Unterbewusstsein abgesunken war. Der Schimmelpilz heißt, bzw. erhielt den veredelnden Namen »Penicillium Roqueforti« und bildet als Blauschimmel eine Reihe von Mycotoxinen, darunter Patulin und das PR-Toxin. Letzteres wird bei der Käsereifung abgebaut. Subkutan erwies sich Patulin als krebserregend. Es ist nicht auszuschließen, dass der köstliche Käse aus verfaulter Milch, als was so mancher Asiate den Käse zu bezeichnen pflegt, bei einer neueren toxikologischen Untersuchung »lege artis« für nicht »verkehrsfähig« erklärt werden muss, denn Patulin ist karzinogen und derartige Stoffe dürfen prinzipiell nicht in den Verkehr gebracht werden.

Die meisten Menschen sind sich nicht bewusst, wie viele industrielle Umwandlungen unsere klassischen Grundnahrungsmittel schon erfahren haben, um die verwöhnten Verbraucher zufriedenzustellen. Produkte aus biologischen Vorprodukten, die durch viele aufeinanderfolgende Fertigungsprozesse und durch Zusatz von Aromastoffen zu Fleisch und milchähnlichen Produkten umgewandelt werden, sind bereits im Angebot der Supermärkte. Wir sind schon längst auf dem Weg, zunehmend industriell gefertigte Produkte in unseren Speiseplan aufzunehmen. Menschen mit Laktoseintoleranz benötigen »Sojamilch« und finden sie nach einer Eingewöhnung geschmacklich einwandfrei. Das Eingewöhnen ist hierbei wichtig, denn danach schmeckt es meistens.

Unsere Enkel kann man damit erschrecken, dass ihre Ururenkel später einmal grausige Geschichten über ihre Vorfahren erzählen werden, so in der Art: »Stell dir vor«, sagt der eine zum anderen, »dein Urururgroßvater aß noch Fleisch von Kadavern. Damals wurden Tiere getötet, und damit ihr Fleisch zarter wurde, ließ man es gelegentlich nahezu anfaulen. Dann wurde das Kadaverfleisch in der Hitze bräunlich angebrannt, wobei schlimme krebserregende Stoffe entstanden. So etwas aßen damals die Menschen! Da haben wir es doch heute besser. So etwas Ekliges müssen wir nicht mehr essen«. Man kann seinen Enkeln schildern, wie ihre Urururuenkel wahrscheinlich leben werden: »Sie haben das gute Proteinsteak von »Nestelle« mit einer exakt ausgewogenen Mischung der lebenswichtigen Aminosäuren, und dank der wunderbaren Aromen der Firma »Symgeschmack« schmecken die Steaks hervorragend und sind gesundheitlich garantiert den urzeitlichen Gerichten aus Kadavern weit überlegen.« Außerdem werden Tiere nicht mehr in Massenzucht gehalten, am Fließband vollautomatisch getötet und vollautomatisch zum Verkauf aufbereitet. Auch müssen keine weiteren Regenwälder (wenn es sie dann überhaupt noch gibt) für die Futterproduktion in Weideland umgewidmet werden. Große Flächen, die bisher für den Futtergetreideanbau benötigt wurden, konnten an Mutter Natur zurückgegeben werden. Zusätzlich werden in riesigen Fabrikanlagen die meisten Nahrungsmittel (wie weiter oben geschildert) vollsynthetisch aus dem reichlich vorhandenen Kohlenstoffdioxid erzeugt. Nur so können die neun bis zehn Milliarden Menschen, die die Erde bald bevölkern werden, bei sinkender nutzbarer Anbaufläche und widerwärtigen klimatischen Bedingungen noch ernährt werden. Die Sonne liefert dafür die Energie – weil es irgendwann keine andere mehr geben wird – über die sogenannten alternativen Energiequellen, aber leider zählen immer noch auch konventionelle Atomkraftwerke zu den Energielieferanten der Zukunft.

Vollsynthetisch hergestellte Lebensmittel stehen nur deswegen noch nicht als breites Angebot in den Regalen, weil die klassische Landwirtschaft die Produkte zum Nachteil der ursprünglichen Biodiversität immer noch erheblich preisgünstiger und dem Publikumsgeschmack entsprechend auf den Markt bringt. Konventionelle Nahrungsmittel werden, wie weiter oben beschrieben, immer zur Verfügung stehen, auch Fleischereiprodukte, denn es wird immer naturbelassene Flächen geben, die für herkömmliche Weidetiere und konventionelle Kulturen bereitstehen und damit die Vielfalt des Lebensmittelangebots erhalten.

Alles nur »Hirngespinste?« Vermutlich nein. Denn das sind die realistischen Optionen in einer Welt, die zu wenig Brot für die Milliarden Kreaturen haben wird, die sich auf Gottes Anweisung die Erde untertan gemacht haben. Sie sind ebenso real wie die zunächst nur als Hirngespinst existierende Atombombe (verbotener Vergleich?) bedauerlicherweise eines Tages zu einer bitteren Realität geworden ist (s.a. Thomas Metzinger, 1999). Hirngespinste werden auch bei der Lösung der im nachfolgenden Kapitel beschriebenen Probleme zu einer zwingenden Realität.

25 Problem Arbeit/Maschine, KI, Soziales, Überlebensstrategien

Im Schweiße deines Angesichts – krumm im Bürostuhl sitzend – sollst du dein Brot essen. Das heißt arbeiten.

Die Moderne begann mit dem Ersatz der Muskelkraft des Menschen durch Maschinen. Es wurde schon mehrfach darauf hingewiesen: Der Mensch lernte, das Feuer zu beherrschen. Er lernte, Wasser so hoch zu erhitzen, dass heißer Dampf etwas bewegt; James Watt erfand die Dampfmaschine 1765. Danach begann die technische Revolution. Die meist mit Energie aus fossilen Energiequellen betriebenen Kraftmaschinen befreiten einen Teil der Menschheit von schwerer, körperlicher Arbeit. Die Industrialisierung brachte breiten Schichten der Bevölkerung beachtlichen Wohlstand. Bereits 250 Jahre nach dieser grundlegenden Erfindung – in der Evolution der Menschheit nicht einmal ein Wimpernschlag – gerieten wir mit der von uns geschaffenen Technik in eine, sagen wir einmal, hybridähnliche, bedenkliche Abhängigkeit. Das Wort »Hybride« ist griechischen Ursprungs und bedeutet etwas Gemischtes, Gekreuztes, aber auch Gebündeltes. In der Botanik und in der Zoologie bezeichnet man damit ein Lebewesen, das durch Kreuzung von Eltern verschiedener Zuchtlinien, Rassen – gibt es das Wort überhaupt noch? – oder Arten hervorgegangen ist (auch: »Bastard«). Hybriden weisen bei der Fortpflanzung keine stabile Generationenfolge auf. Der Begriff »Hybride« als Vermischung zweier sehr unterschiedlicher Arten, wie z.b. Mensch und Maschine, wurde bereits in einer Arbeit mit dem Titel »Interaktion, Risiko und Governance in hybriden Systemen« von *Stepehan* Cramer und *Johannes* Weyer *(2007)* benutzt. In dem Text gibt es eine Passage, die charakterisiert, was schon 2007 unter (bedenklicher?) Preisgabe eigener Handlungsspielräume zu verstehen war: »Mit der zunehmenden Autonomie von Technik verändert sich der Status des Menschen: Er ist aufgrund der Undurchschaubarkeit der Abläufe immer weniger in der Lage, seine strategischen Kalküle unter intelligenter Nutzung der Optionen wie auch der Freiräume, die die Technik bietet, umzusetzen. Der Mensch wird zum passiven Beobachter eines Systems, das er immer weniger versteht. Er muss sein Verhalten der Maschine anpassen und wird dabei zunehmend zu passiv-reaktivem, adaptivem Verhalten gezwungen. Die Autonomie der Technik führt also zu einer Verringerung des Handlungsspielraums des Menschen und zu einem Verlust an Strategiefähigkeit.«

Die Autoren beschreiben den Hybriden im Kern richtig, aber sehr auf die Gegenwart bezogen. Der Mensch hat sich im Verlauf seiner jüngeren Entwicklungszeit vieler Elemente aus seiner Umwelt zu seinem Vorteil bedient und ist im Laufe der Zeit von diesen abhängig geworden. Er ist schon in grauer Vorzeit ohne Feuer, Werkzeug, Pfeil und Bogen, Höhle, Zelt und Hütte im Grunde kaum vorstellbar. Die Abhängigkeit der Menschen von der frühen primitiv erscheinenden Technik, einschließlich der Agrartechnik, hatte schon immer hybridähnliche Merkmale.

Im Vordergrund steht für uns die Frage, welche Position der Mensch in einem solchen hybriden System auf Dauer einnimmt oder auch einnehmen kann. Bringt er letztlich sogar universal befähigte autonome Maschinen in die Arbeitswelt ein und schafft sich somit selbst ab?

Zunächst ist die Vorstellung eines Ersatzes für den Menschen die einer künstlichen, nicht biologisch aufgebauten Maschine, die zumindest über einige menschenähnliche motorische und intellektuelle Fähigkeiten verfügt. Den primitiven Anfang dazu machte ein Tscheche, der 1937 einen Apparat aus Blech vorstellte, den er Robotnik (slawisch für Arbeiter) nannte. 2006 bot Lidl in seiner Supermarktkette auch schon einmal als Sonderangebot einen »Robosapiens« für 70 € an. Laut Prospekt vermochte er über 10000 Bewegungsabläufe auszuführen, kann also laufen, greifen, tanzen, sich drehen, heben und werfen, verfügt über fünf reaktive Sensoren, wird über Funk ferngesteuert, und zahlreiche seiner Bewegungsabläufe sind programmierbar. Inzwischen sind für die industrielle Produktion von Massengütern Maschinen im Einsatz, die bereits eine Vielzahl von Arbeitsabläufen übernehmen, für die bisher Facharbeiter benötigt wurden. Besonders hilfreich sind die Apparate für Tätigkeiten, die der Mensch als biologische Maschine nicht erbringen kann, wofür aber die menschliche Feinmotorik erforderlich ist, z. B. in radioaktiven und sonstigen Gefahrenbereichen. Obwohl diese Robotermaschinen schon weltweit eingesetzt werden, sind sie zurzeit immer noch spezielle vom Menschen gesteuerte Maschinen, selbst wenn sie annähernd universell einsetzbar sind. Aber die Ingenieure arbeiten unverdrossen daran, den Maschinenpark in autonome Einheiten umzuwandeln. Dafür steht das Schlagwort »Emotional Computing«. Mit EDV gemanagte Systeme sollen ihre Verhaltensweisen selbst emotional bewerten, nämlich als Antrieb für den eigenen Erfolg. Beim Menschen leistet dies das limbische System. Der Neurowissenschaftler Gerhard Roth schrieb am 6. Mai 2009 im Magazin »Focus«: »Das limbische System überprüft jeweils: War das gut? Hat das Spaß gemacht, Lust bereitet? Soll das wiederholt werden? Oder war das schlecht, schmerzhaft, mit Misserfolg verbunden? Das Allermeiste im Leben muss unser Gehirn ausprobieren. Die Instinktbasis des Menschen ist ziemlich schmal und hilft uns bei komplexeren Verhaltensmustern nicht weiter. Sogar der Säugling muss fast alles ausprobieren, schon bevor er denken kann und lernt emotional.«

Die Gegenüberstellung des anorganisch-limbischen und des organisch-limbischen Systems ist geeignet, um die eigentliche Schwachstelle des aus beiden sich bildenden Hybriden zu verdeutlichen. Bei der Erstkonstruktion der anorganisch-limbischen Maschine kann der Ingenieur die Algorithmen so abfassen, dass als »gut« definiert wird, was den Produktionserfolg fördert und als »böse«, was ihn mindert. Die vollständig autonome Maschine könnte aber ihre Algorithmen je nach Laune ändern. Also darf die Maschine nicht tatsächlich autonom werden. Der Algorithmus muss daher eine Art Verfassung enthalten, die die Maschine nicht ändern kann. Bisher ist das noch so, aber wie lange? Das bedeutet, dass die Autonomie und damit die Freiheit des abiotischen Teils des Hybriden eingeschränkt bleiben muss. Selbst wenn das verwirklicht werden wird, würde das Dilemma nicht beseitigt, denn die abiotische Einheit wird mit der vollkommen unbeherrschbaren limbisch gesteuerten Biomaschine Mensch hybridisiert, die es sich verbietet, in ihren (selbst verfassten) Freiheiten eingeschränkt zu werden. Der zuweilen ganz friedliche Mensch schlürft abends gerne Whisky, »guckt« einen Video-Krimi mit etlichen Toten und findet das genüsslich. Oder, noch schlimmer, er herzt sein Kind inniglich, geht dann hinaus und sprengt einen S-Bahn-Zug in die Luft, weil er meint, die anderen müssten das glauben, was er selbst glaubt zu glauben. Wer hatte die Idee, diese 7-Milliaren-Monsterfamilie technisch aufs Feinste hochzurüsten und sie dadurch noch monströser zu machen? Schon diese kurze Beschreibung deutet darauf hin, dass der Robosapiens eigentlich nicht das Ziel sein kann. Würde er wie ein »richtiger« Mensch ausgestattet sein, wäre er schon jetzt obsolet. Vom Original gibt es nämlich mehr als genug, und das ist obendrein preiswerter herzustellen. Die Freiheit, Korrekturen des hybriden Systems vorzunehmen, muss der Mensch trotz seiner erratischen Eigenschaften auch behalten. So wird vorerst der vom Menschen kontrollierte Spezialroboter vorherrschen. Aber auch dann ist das Problem nicht wirklich gelöst.

Menschliche Tätigkeiten verrichten bereits in riesigen Fabrikhallen intelligente Spezialmaschinen, hocheffizient und im großen Maßstab. Sie sind in großer Stückzahl leicht herstellbar und entbehren aller lästigen menschlichen Eigenschaften. Sie werden bedarfsgerecht erzeugt, arbeiten rund um die Uhr und sind neben vielen anderen Vorzügen (vorerst) nicht gewerkschaftlich organisiert, noch dazu muss keine von ihnen befähigt sein, nebenher als Stadtverordneter zu agieren. Moralische Kategorien gibt es für die Maschine nicht. Nicht nur in den Fabriken, auch im täglichen Umfeld erobert sie sich, wie schon ausführlich beschrieben, mit spezieller Intelligenz mehr und mehr Raum. Wird eine Maschine obsolet, wird sie recycelt. Die von moralischen Bedenken freie Entsorgung alter Maschinen ist ein besonders wichtiger Vorzug der Maschine gegenüber dem Menschen.

Man könnte sich vorstellen, dass ein großräumiger Maschinenpark, gesteuert von hochintelligenten Großrechnern, ganz ohne den Menschen autonom bestehen und leben kann. Thermodynamisch wäre das immerhin möglich. Indes ist die vollständige Autonomie, wie gesagt, ein Tabu. Auch ein weiteres starkes Argument spricht dagegen: die Selbstreproduktion, aber auch die noch fehlende Anpassungsfähigkeit an sich ändernde Existenzbedingungen. Natürlich stellt sich auch die Frage, was mit der Komponente Mensch geschehen würde, wenn sich der abiotische Maschinenpark selbst inthronisieren würde.

Die Bedeutung der Reproduktion wurde in diesem Kontext schon skizziert. Bisher kannte die Natur ausschließlich rein biologisch aufgebaute Lebewesen. Deren Existenz ist nur in einem sehr schmalen Temperaturbereich – ca. 270° Celsius oberhalb des absoluten Temperaturnullpunktes (0 Kelvin) – möglich und an notwendige Voraussetzungen gebunden. Zum Beispiel stellt der Mensch fast alle Stoffe, die er für den Aufbau, Erhalt und Betrieb seines Körpers benötigt, aus der aufgenommenen Nahrung selbst her. Und das alles bei 35° bis 38° Celsius, in einem ca. 70 kg schweren Körper mit einem spezifischen Gewicht von knapp über 1 g/cm³. Generell sind Flora und Fauna auf diesen relativ schmalen Temperaturbereich angewiesen. Jedes einzelne Individuum besitzt den vollständigen eigenen Bauplan und die Fähigkeit, ihn selbstständig auf engstem Raum mit bordeigenen Mitteln unter Energie- und Grundstoffzufuhr aus der unmittelbaren Umwelt zu realisieren. Die Reproduktionskosten sind gering. Um Reproduktionsfehler auszugleichen und Ausfälle zu ersetzen, arbeitet die Natur meist mit unmäßig hoher Redundanz gleichartiger, aber nicht identischer Individuen, die sich in einem unerbittlichen Konkurrenzkampf behaupten müssen; nur der Stärkste setzt sich durch. Das Attribut »stark« beinhaltet nicht allein das Merkmal Muskelstärke, sondern beinhaltet alle zum Erfolg führenden Überlebensstrategien. Letztlich findet ein dauerhafter Selektionsprozess statt; er ist der eigentliche Motor der Evolution .

Hingegen bedarf eine intelligente Maschine, die den menschlichen Part im System übernehmen soll, für ihre Selbstreproduktion vieler Maschinen, die auf zahlreiche hochenergetische und mechanische Prozesse aus den Bereichen der Metallurgie, der Chemie (Kunststoffe) und des Maschinenbaus angewiesen sind. Vorerst jedoch ist der dafür notwendige Maschinenpark, noch dazu in einem etwa 70 Kilogramm schweren Mini-Industriekomplex, nicht realisierbar, ja nicht einmal vorstellbar. Um ohne menschliche Hilfe nachhaltig zu überleben, müsste ein derartiger anorganischer·Organismus über eine bis in alle Zukunft zuverlässig funktionierende Logistik verfügen. Selbst kleinere Naturkatastrophen oder andere gewaltsame Einflüsse könnten ein Glied in der Kette der notwendigen Prozesse zerstören und zum Abbruch des Reproduktionsablaufes führen. Um das zu verhindern, müssten sich parallele Produktions- und Reparaturstraßen selbst organisieren und zwar in einem Ausmaß, das uns die Biotechnologie »Natur« tagtäglich vorführt. Als Beispiel taugt die Pusteblume (Löwenzahn). Eine Unzahl gleicher, aber nicht identischer Samen schweben an Fallschirmchen durch die Luft. Jeder Same enthält, wie gesagt, den kompletten Bauplan und alle Werkzeuge, um mit Wasser, verfügbarem Stickstoff, Kohlendioxid und einigen anderen Elementen mit Hilfe des Sonnenlichts eine neue Löwenzahnpflanze zu erzeugen. Eine derartige Logistik und Redundanz ist für ein intelligentes abiotisches System der hier besprochenen Größe nicht in Sicht.

Auch eine naturähnliche Maschine, die als Energiequelle nur organisches Material aus ihrer unmittelbaren Umwelt benötigt und »in situ« eine gleichartige neue gebären kann, ist auf absehbare Zeit nicht zu realisieren. Möglich wäre z.B. ein selbstorganisierter mikrozellulärer Aufbau (Nanotechnologie) hin zu einem »Nanosapiens«; er wäre aber ethisch nicht zu verantworten. Außerdem wäre es sicher erfolgreicher und preiswerter, das Genom des vorhandenen »Homo sapiens« mit Hilfe der inzwischen verfügbaren

Gentechnologie und der Genschere hin zu dem gewünschten Objekttyp zu manipulieren.

Der Mensch muss und bleibt auch mit hoher Wahrscheinlichkeit im hybriden System der alleinige Garant für die Pflege, den Erhalt und die notwendige Reproduktion und Entwicklung abiotischer intelligenter Systeme. Sobald wird der Mensch nicht vom Computer oder vom Robosapiens verdrängt, das erscheint sicher. Aber der unvermeidlich erratische Mensch ist, wie schon beschrieben, eben auch selbst eine erhebliche potenzielle Störgröße. Daher muss der Mensch, will er dauerhaft das von ihm erschaffene Hybrid erhalten, einige seiner Eigenschaften ändern. Also doch, wie schon angedeutet, ein wenig Spielerei mit dem menschlichen Erbgut? Keine Spielerei, es wird Ernst.

Ein besonderes Merkmal des geschilderten hybriden Gebildes ist seine Intelligenz. Die biotische Intelligenz zusammen mit der Fähigkeit der anorganischen Intelligenz, gewaltige Informationsmengen präzise zu speichern (Monstergedächtnis), rasant zu verarbeiten und wieder bereitzustellen, befähigt den Menschen zu bisher unvorstellbaren physischen und intellektuellen Leistungen. Die Milliarden menschlicher Gehirne mit ihren individuellen neuronalen Netzen, die mit den vielen Millionen in der Welt installierten EDV-Maschinen arbeiten, sowie das weltumspannende gewaltige Draht-, Glasfaser- und Funknetz, das Internet und zahllose gewaltigen Datenbanken (Clouds und Cloud-Computing) bilden ein gewaltiges wissensbasiertes quasi neuronales Netz. Dieses neuronale Netz entspricht dem Prinzip des »Parallel Distributed Processing« (siehe Wikipedia) und kann als Supergehirn der hybriden Gesellschaft bezeichnet werden.

Es gibt noch immer Jäger, Nomaden, Viehzüchter, Kleinbauern mit gemischter Landwirtschaft, Handwerker sowie Medizinmänner, Handaufleger und Schamanen. In Kleinbetrieben werkeln immer noch zahlreiche Menschen an veralteten Werk- und Drehbänken. Aber ein paar Dutzend Automobilkonzerne und eine Schar hochqualifizierter Zulieferbetriebe decken heute den Weltbedarf an Personenkraftwagen, Lastwagen und anderen Motorfahrzeugen. Im Zuge dieses Entwicklungsprozesses verwandelten sich die vormals von Arbeitern wimmelnden Fabrikhallen in Fabrikationsstraßen, in denen nur wenige Menschen EDV-gesteuerte Spezialroboter überwachen und warten. Die weitgehend entvölkerten Fabrikationseinheiten der Metallindustrie sind auch in der Textilindustrie, der chemischen und der pharmazeutischen Industrie sowie auf den Feldern der Landwirtschaft anzutreffen.

Der klassische Industriearbeiter/Landarbeiter wird in den Großbetrieben nur noch vereinzelt benötigt. Die frei gewordenen Arbeitskräfte fanden neue Arbeitsplätze in der wachsenden Verwaltungsbürokratie und in der Dienstleistungsindustrie der wachsenden Gesellschaft. Nicht nur der Handel und die damit erforderliche Logistik, sondern auch die verbesserte soziale Verfassung und Fürsorge verursachten einen enormen Bedarf an Betreuungs-, Pflege- und Verwaltungspersonal sowie an Büroraum. Die besser ausgebildeten Menschen fanden eine neue saubere und körperlich leichtere Arbeit. Sekretärinnen, Buchhalter, Rechtsanwälte, Richter usw. sind entsprechend ihrer herkömmlichen Arbeitsplatzbeschreibung immer noch vorhanden und werden auch benötigt.

Aber alle, die es in die Büros geschafft haben und als »Arbeiter der Stirn« relativ hoch bezahlt werden, sehen ihre Arbeitsplätze plötzlich gefährdet. Die zur künstlichen Intelligenz veredelte EDV schleicht sich auch in unsere intellektuelle Welt ein; in gewisser Weise verdrängt die anorganische Intelligenz die organische. So wird z.B. der gut ausgebildete und gut bezahlte Mensch an der Kasse der Hausbank weitgehend durch den Geldausgabeautomaten ersetzt, und die dahinter nötige Buchhaltung übernimmt die »elektronische Datenverarbeitung (EDV)«. Unsere Zukunft wird wohl bargeldlos sein. Alles wird sich unter elektronischer Kontrolle befinden, einschließlich Buchhaltung, Kontenüberwachung, Überwachung der Geldflüsse durch den Zoll und das Finanzamt. Unsummen von Geld werden rund um den Erdball gejagt, und nur ganz wenige Menschen drücken dabei die Knöpfe. Diese wenigen Entscheidungsträger benötigen zunehmend mehr die Expertise und Hilfe der KI-Algorithmen, um die vernetzten Variablen, z.B. der Finanztransaktionen, zu überblicken; aber auch um schnell auf kleinste Gewinnchancen zu reagieren, zuweilen so schnell, dass der Börsenhandel kollabiert. Und weil die Abhängigkeiten, die Zusammenhänge und somit auch die

Internetkriminalität immer komplexer werden, könnte der Tag kommen, an dem der berühmte Knopf von einem unbestechlichen Zentralcomputer selbst gedrückt werden muss (s.o. Stephan Cramer und Johannes Weyer). Wege dorthin zeigen ansatzweise bereits die Chinesen, auch wenn deren derzeitige Verfasstheit den meisten Menschen zuwider ist.

Eine hyperrevolutionäre Eigenschaft der EDV ist die einfache und schnelle Korrektur, Umschrift, Neuschrift, beliebige Vervielfältigung (copy and paste) und Verarbeitung von Information. Ein Schüler benötigt Jahre, um die für ein Leben erforderliche Datenbasis in seine Gehirnwindungen einzuspeichern und um mit den sich gleichzeitig bildenden operativen intrakraniellen Verschaltungen überhaupt leben und arbeiten zu können. Ein EDV-Datenspeicher erhält in etwa ähnliche Datenmengen in nur wenigen Minuten wie mit einer Art »Nürnberger Trichter« eingeflößt, noch dazu zusammen mit dem benötigten operativen System und den Algorithmen. Die fast simultan erfolgende weltweite Bereitstellung der Daten potenziert die Sozialisation von Information.

Mit nahezu Lichtgeschwindigkeit erfolgen eine weltumspannende Kommunikation und die Verbreitung des zusammengestellten Wissens. Ein Beispiel dafür ist die im Internet bereitgestellte Enzyklopädie Wikipedia. Sie umfasst eine gewaltige Wissensbasis, die sehr aktuell gehalten wird, indem jeder jederzeit sein Wissen als Autor frei einbringen kann; der über Spenden finanzierte Verlag korrigiert, wenn nötig. Fehlinformationen möglich? Natürlich. Bei der Aktualitätsdichte in der Medienrealität sind sie akzeptable Kollateralschäden, die noch dazu von aufmerksamen Lesern zeitnah getilgt und korrigiert werden.

Inzwischen verfügen selbst in wenig entwickelten Ländern breite Bevölkerungsschichten über Smartphones und haben damit Zugang zu enzyklopädischem Wissen. Die einzige Voraussetzung: Sie müssen lernen, es zu nutzen.

Vorerst hat die EDV die so einzigartigen Eigenschaften wie Kreativität, Erfindungsgeist und Kultur zweifellos noch nicht erreicht. Aber der Mensch schreckt nicht davor zurück, wie weiter oben schon ausgeführt, der EDV immer mehr auch kulturelle Kompetenz zu geben. Er baut jetzt schon Prototypen von Maschinen, die das Gehirn simulieren.

Für den Menschen ist im täglichen Kontakt mit der EDV die philosophisch bedeutsame Frage, ob ein Computer einen Geist hat und denken kann, kaum relevant. Jeder, der schon einmal seinen Computer wegen einer Fehlfunktion wild beschimpft hat, behandelt ihn unbewusst wie ein geistiges Wesen, das in der Lage wäre, ihn bewusst zu ärgern. Die Aussage: »Da muss ich mal erst meinen Computer fragen« spricht für sich. Jedes Expertensystem bezieht sein Basiswissen aus Datenbanken. Darauf gestützt werden eine Vielzahl logischer Operationen ausgeführt und richtige Aussagen gemacht. Wenn diese entsprechend aufbereitet werden, kann der Nachrichtenempfänger nicht mehr unterscheiden, ob der Sender ein Mensch oder eine Maschine war (s.a. Turing-Test). Das aus dem schnurlosen Telefon hervorgegangene sogenannte Smartphone ist zu einem Gerät entwickelt worden, das bereits ein kleiner, stets alerter, begleitender Alleswisser ist: Telefon, Computer, Gedächtnis, Fernseher, Fotoapparat, Bankschalter und vieles mehr. Das notwendige Wissen wird dem elektronischen Winzling, wie schon erwähnt, in kürzester Zeit weltweit eingeflößt, und das Smartphone vergisst nichts. Der 200 Gramm schwere Alleswisser ist schon jetzt ständiger Begleiter des Menschen geworden, und zwar nicht nur für einige wenige, sondern auch für Menschen in abgelegenen Dörfern Afrikas und vergessenen Winkeln unserer Erde.

Das Kernproblem der nahen Zukunft ist die unvermeidbare Zwangsmitgliedschaft der schieren Menschenmasse im beschriebenen Hybriden.

Das Heer der Arbeits- und Verdienstlosen wird in fast allen Berufssparten weiter wachsen, denn jetzt werden die Arbeitsplätze sowohl in der Güterproduktion als auch im Dienstleistungsbereich durch die KI-EDV zunehmend obsolet und verursachen eine weitere Welle von Arbeitsuchenden. Wieviele von ihnen in der neuen digitalen Welt Arbeit finden werden, ist noch schwer abzuschätzen, denn es bleibt kaum ein Arbeitsfeld, das nicht, zumindest theoretisch, KI-gesteuert mit Hilfe nur weniger hochqualifizierter Menschen »algorithmiert« werden könnte. Wer also benötigt noch große Arbeitnehmerzahlen, wer zahlt noch massenweise Gehälter und von wem erhält dann der Staat die nötigen Lohn- und Einkommenssteuern, um das soziale Netz zu finanzieren? Wenn auch das Szenario sich in Wirklichkeit so nicht abspielen wird, so deutet die Tendenz des Zeitpfeils doch in diese Richtung.

Die Ursache der bestehenden Ungleichheit und des Gefälles zwischen Reich und Arm in der menschlichen Gesellschaft sind, nach der hier bestehenden Auffassung, die individuellen persönlichen Eigenschaften. Individuelle Eigenschaften befähigen den einen, aus einer billigen Garage heraus ein Weltunternehmen zu entwickeln und Multimilliardär zu werden, den anderen, aus besten Verhältnissen stammend und mit Zugriff auf Betriebsmittel im Überfluss, als Alkoholiker ruiniert zu sterben. Regionale Besonderheiten können Eigenschaften fördern, die zu einem komfortablen Leben und zum Überleben erforderlich sind. Der Philosoph Immanuel Kant empfand eine Intelligenzzunahme der Menschen (Menschen auf dem Mars? Was sonst!) vom Merkur über die Venus und die Erde zu den Planeten fernab der Sonne als logisch, da der Überlebenskampf umso härter sei und umso mehr Verstand erfordere, je weiter die Planeten von der wärmespendenden Sonne entfernt seien! Den logischen Schluss Kants zitierend liegt es nahe zu sagen, dass das auch die unter dem Äquator lebenden Menschen betreffe, wenn man sie mit den weiter nördlich bzw. weiter südlich lebenden vergleicht. Die Kantianer sollte das nicht irritieren. Unbestreitbar aber ist, dass die Menschen unter dem Äquator das ganze Jahr ernten konnten ohne zu säen und keine Maßnahmen vorausplanen mussten, um gelegentliche tödliche Eiseskälte oder Trockenperioden zu überleben. Die im Norden und tief im Süden lebenden Menschen, aber nicht nur sie, mussten hingegen Eigenschaften entwickeln, die ihnen ein Überleben in der kalten Jahreszeit oder in nahezu wasserlosen Landstrichen ermöglichten.

Je unabhängiger das hybride System von der Anzahl der mitarbeitenden Menschen wird, umso mehr werden sich 3 Gesellschaftskategorien herausbilden, nämlich diejenigen, die mit EDV und Hochleistungstechnik (hybride Kategorie) die Massengüter und allgemeine Dienstleistungen bereitstellen, diejenigen, die mit technischer Unterstützung und händisch spezielle Güter herstellen und individuelle Dienstleistungen anbieten, und letztlich die anderweitig Beschäftigten, die Arbeitslosen und die Arbeitsunfähigen. Diese grobe Unterteilung hat fließende Übergänge, zum Teil sind diese schleichend. Das Bruttosozialeinkommen kann überwiegend von relativ wenigen Menschen – der ersten Kategorie – und eng verflochten mit Technik, EDV und KI erwirtschaftet werden. Die Zahl der anderweitig Beschäftigten – das betrifft die zweite und dritte Kategorie – wird wahrscheinlich die Zahl in der ersten Kategorie übertreffen, sodass der kleinere Teil der Gesellschaft den größeren wird alimentieren müssen. Bezeichnungen wie Alimentierung, Arbeitslosengeld, Harz 4 usw. sind schon vom Klang her disqualifizierend. Das Gefühl, Almosenempfänger und abhängig zu sein, wird in der menschlichen Gesellschaft nicht vermieden werden können, aber das Gefühl darf nicht bei der Mehrheit aufkommen, und sei sie zahlenmäßig noch so gering. Das Wertigkeitsgefälle zwischen den Kategorien muss daher eingeebnet werden, aber nicht so weit, dass gesellschaftliche Anreize verloren gehen, etwa weil es sich nicht mehr lohnt, höhere Leistung und damit verbunden höhere Qualität anzustreben. Bisher war die Güte der Wertschöpfung eng an die Person gebunden, und diese wurde dafür entsprechend entlohnt. Im hybriden System ist die Fixierung auf die arbeitende Person nicht gerechtfertigt. Das System erbringt die Wertschöpfungsleistung, und weil der menschliche Anteil des Systems drei Kategorien bildet, ist die Entlohnung gerecht auf diese aufzuteilen. Das klingt nach einer Umlagen-Gesellschaft, und das ist es auch. Solange das System aber insgesamt profitabel wirtschaftet, verbleibt jedem menschlichen Mitglied ein Grundgehalt und ein vom Profit abhängiger Bonus. Die Anhäufung von Kapital auf einzelne Personen wird auf diese Weise verringert. Damit die Dynamik des wirtschaftlichen Systems nicht schläfrig wird, müssen Anreize verbleiben, um in die gewünschte Kategorie wechseln zu können. Das heißt aber auch, dass einem Erwerbsmüden Konditionen geboten werden, die ihm den Wechsel in die zweite und auch dritte Kategorie erleichtern. Die Klassifizierung nach »Eigenschaften« schafft Kategorien, die unabhängig sind von Hautfarbe und Herkunft. Und wenn sich viele mit ähnlichen Eigenschaften zu Gruppen vereinigen, prägen diese Eigenschaften auch Volksgruppierungen, z.B. in bestimmten Regionen. Diese Kategorisierung gibt der Geschichte die nötige Dynamik, sie ist die Triebfeder des Lebens. Die Eigenschaft »sapiens« verlieh dem Menschen die Macht, sich an die Spitze der Nahrungskette zu stellen. Eigenschaften sind genetisch, auch epigenetisch ins Erbgut eingeschrieben, sie werden im Laufe des Lebens erworben und erlernt. Es ist richtig, dass Eigenschaften durch das persönliche Umfeld gefördert, aber auch unwirksam gemacht werden können. Die bestehenden Unterschiede zwischen den Menschen unbedeutend zu machen, indem man die Individuen mit unterschiedlichen Eigenschaften tüchtig im Mixer mischt, bringt im Ergebnis einen Mix mit abgeschwächter Intensität der Eigenschaften. Die Pflege und Weiterbildung der vorhandenen Eigenschaften muss in Gruppen geschehen, die den Einzelnen nicht in eine Übermacht von Hoch- bzw. Unqualifizierten einbettet; das raubt ihm Perspektiven. Es ist einzusehen, dass eine Rotte mathematisch Begabter in Mathe nicht besser wird, wenn ein mathematisch Unbegabter inkludiert wird. Der Unbegabte fühlt sich minderwertig und verpasst gegebenenfalls die Ausbildung seiner anderen vorhandenen Begabungen.

Der Mensch muss lernen, sein Eigenschaftsprofil zu optimieren. Das kann im ungünstigen Fall dazu führen, dass er seine Fähigkeit verbessert, Rauschgift zu verkaufen. Das Risiko, abträgliche Eigenschaften zu optimieren, wird vermindert, indem die Jugendlichen schon sehr früh dazu angehalten werden, die Allwissenheit des beschrieben Hybriden für sich zum Erwerb der eigenen soliden Bildung zu nutzen. Genau das ist die unabdingbare Aufgabe der Gesamtgesellschaft. Nur so wird das Argument beseitigt, dass in einem bestimmten Umfeld die Bildungschancen sehr viel geringer seien als in einem andern. Die Befähigung, im Internet die richtigen Fragen in der richtigen Reihenfolge zu stellen, muss eingepaukt werden: ein Begriff, der an die Zeiten des Rohrstocks als Erziehungsinstrument in der Schule erinnert. Und das ist in diesem Kontext auch so gemeint, denn die Grundbegriffe unserer technisierten Welt müssen jedem Kind eingehämmert werden, damit es gleichberechtigt seinen Platz in Gesellschaft finden kann. Die technische Grundlage dafür ist weitgehend gelegt, denn nachdem selbst todbedrohte fliehende Menschen aus fernen Entwicklungsländern und selbst Kinder ab 10 Jahren bereits über moderne und nicht selten die neuesten Smartphones mit Internetanschluss verfügen, ist die Behauptung, man habe keinen Zugang zu Bildung, schlicht falsch. Richtig ist, dass alle Kinder lernen müssen, das Internet bildungsorientiert zu befragen. Überspitzt gesagt: Ehe man ein Skript von Albert Einstein liest – was möglich ist – muss viel Mathematik, Physik, Quantenmechanik verstanden sein; Englisch zu können ist dabei unabdingbar, selbst wenn man persönlich die Dominanz dieser Sprache missbilligt. Das ist viel Arbeit, und ein eiserner Wille ist hierbei eine willkommene und benötigte Eigenschaft. Einstein zu verstehen ist schön und gut, aber alles über moderne Landwirtschaft, Energie, Grundlagen der Chemie und Physik, der Politik, Geisteswissenschaften usw. zu lernen ist für die Berufswahl ein absolutes MUSS. Wird diese Fähigkeit möglichst allen Kindern vermittelt, so ist jeder, der es wirklich will, in der Lage, fast ohne Lehrer und Bibliothek eine umfassende Bildung zu erwerben. Ist der Zugang zu den Wissensquellen erst einmal erlernt, so verlagert sich die Bringschuld an Bildung auf den Einzelnen. Der Gesellschaft verbleibt dann immer noch die Aufgabe, dafür zu sorgen, dass dem Einzelnen genug Zeit und der nötige Anreiz gegeben wird, um alles das zu verinnerlichen, was ihm an Wissen angeliefert wird. Hilfreich dabei wäre es, das Smartphone beim Warten auf irgendwen und irgendetwas anstatt zur simplen Unterhaltung zum Uploaden und zur Verarbeitung des benötigten Wissens zu nutzen. Die Corona-Pandemie von 2020/2021 mit der Auflage der Kontaktminimierung zwang die Menschheit, simultan und global zur Vermittlung von Wissen die Möglichkeiten der EDV voll zu nutzen. In dieser besonderen Situation konnten die Menschen die Vor- und Nachteile der EDV in einer Art Feldstudie erfahren als eine Möglichkeit, die sich ihnen anderenfalls in dieser Kompaktheit nicht geboten hätte.

Eine überbordende gut informierte und gebildete Menschenmasse könnte oder wird sogar entstehen. Sie ohne Arbeit und ohne Entwicklungsperspektive zu lassen, würde jedoch ins Chaos führen. Die grundlegende Eigenschaft eines Menschen ist der selektierende Fortpflanzungstrieb, sozusagen das Platzhirschsyndrom, das im Tierreich nichts anderes bedeutet als den Freibrief, sich fortpflanzen zu dürfen. Es handelt sich um einen Urtrieb, der genetisch einprogrammiert ist und der streng hierarchisch ausgebildete Machtstrukturen mit Gewinnern und Verlierern, Geheimbünden, Straßengangs und spontan ausuferndem Aufruhr begünstigt. Letzteres können selbst gut organisierte moderne Staaten nicht dauerhaft verhindern. Die mögliche elektronische Totalüberwachung kann das Problem verhüllen, aber die auslösende Ursache nicht beseitigen. Einige die empfindliche Struktur des hybriden Systems störende Eigenschaften sind vermutlich nicht zu eliminieren, und es müssen Aktionsfelder geschaffen werden, in deren Rahmen sie vorteilhaft genutzt werden können.

Unter den oben genannten Kategorien sind es die zweite und dritte Kategorie, denen diverse Aktionsfelder angeboten werden müssen. Die Güter zum Erhalt der Minimalautonomie und zur Abpufferung von Ausfällen im globalisierten Handel könnten diese beiden Kategorien übernehmen. Für sie gelten abweichende Leistungskriterien, die durchaus von vielen Menschen geschätzt werden. Gemischte Unternehmen mit einer weit gefächerten Produktpalette wie z.B. landwirtschaftliche Betriebe, die nach den unterschiedlichsten ideologischen Kriterien gemanagt werden, würden einerseits die Grundautonomie verbessern und könnten die spezifischen Bedürfnisse der verschieden Lebensentwürfe befriedigen, andererseits könnten sie eine beachtliche Anzahl von Menschen darin bestätigen, das Richtige zu tun.

Dem Entwicklungsstand entsprechend werden regional die Übergänge zwischen den Kategorien schärfer und erschweren die Fluktuation zwischen den Kategorien sowie die Implementierung einer als gerecht empfundenen Gleichwertigkeit. Im Unterschied zum technischen Inventar ist der gefühlsbetonte Mensch evolutionär daraufhin programmiert, im Konkurrenzkampf zu gewinnen. Dadurch wird er aber zur erratischen Komponente der hybriden Struktur. Die hochtechnisierten Wertschöpfungsbetriebe mit wenigen sehr technisch orientierten Menschen sind entsprechend weniger gefährdet als die zwei anderen Kategorien. Eine weitere Unterteilung nach der Betriebsgröße wie z.B. internationaler Großkonzern, Mittelstandsbetrieb, Handwerksbetrieb wäre nicht hilfreich. Das alleinige Kriterium ist, ob die Wertschöpfung vorwiegend KI-gesteuert wird, ob sie maschinell oder maschinell assistiert händisch erfolgt, oder aber nur händisch. Die Frage ist hierbei, wer das Geld verdient, das zumindest an den menschlichen Teil des Wertschöpfungsprozesses ausgezahlt werden muss, damit dieser den für sich selbst benötigten Teil der Güter jeder Art aus dem Wertschöpfungsprozess erwerben kann. Jeder von uns benötigt ein ausreichendes monatliches Einkommen, um ein friedliches Neben- und Miteinander innerhalb der Regionen und zwischen den Regionen zu gewährleisten.

Die Betonung liegt auf Regionen, denn nicht nur von Staat zu Staat, sondern auch innerhalb eines Staats und zwischen Staaten gibt es erhebliche regionale Unterschiede. Ein deutliches Nord-Süd-Gefälle, die Mentalität betreffend, herrscht zumindest auf der Nordhalbkugel vor. Unwidersprochen und ungestraft darf man sagen, dass ein Norweger eher kühl und zurückhaltend sei, während ein Italiener einen offenen und lebhaften Eindruck mache. Welche gegensätzlichen Eigenschaften sind es jedoch, die beim Vergleich einzelner Völker und Volksgruppen das Unwort des Rassismus heraufbeschwören? Befragt man Wikipedia zum Schlagwort Rassismus, so windet sich die ansonsten konkret argumentierende Enzyklopädie. Nur ein sehr kleiner Abschnitt nähert sich der Feststellung des Philosophen Kant: »Entsprechende Unterschiede der Erscheinung von Menschen haben ihre Ursache vor allem in <u>Migration</u>, <u>Selektion</u> infolge <u>Evolution</u>, Umwelteinflüssen sowie soziokulturell unterschiedlichen Entwicklungen.« Selbst der Begriff Erscheinung umgeht behutsam die eigentliche Klippe, die der Oberbegriff »Eigenschaften« bildet. Das negativ konnotierte Schlagwort Rassismus erschwert eine nüchterne Bewertung des Einflusses von Eigenschaften einzelner Volksgruppen und innerhalb dieser wiederum einzelner Menschen auf das Zusammenleben mit anderen. Es wurde bereits festgestellt, dass jeder Mensch unabhängig von seiner Hautfarbe und Herkunft entsprechend seines Eigenschaftsprofils seine Position in der menschlichen Gesellschaft finden muss. In diesem Zusammenhang wurde betont, dass jeder und jede begreifen muss, dass es sich auch um eine Bringschuld handelt, wenn es darum geht, sich Eigenschaften anzueignen, die einem in der Gesellschaft, in der man sich befindet, Respekt verschaffen. Das erfordert ein gewisses Maß an Flexibilität und Anpassungsvermögen, denn was in einem Kulturkreis eine geschätzte Eigenschaft ist, kann in einem anderen weniger geschätzt sein. Der Lebenslauf, schulische und akademische Ausbildung, Praktika, berufliche Erfahrungen usw. sind die üblichen Informationsquellen, die enthüllen, ob ein Eigenschaftsmuster eines Menschen mit dem geforderten Profil angemessen übereinstimmt. Ob das bescheinigte Muster stimmig ist, wird sich ohnehin erst später zeigen.

Die sehr unterschiedlichen Eigenschaften des Individuums, der Gruppen, der Völker sind real. Oberstes Gebot muss es sein, die Eigenschaften optimal zu nutzen und die Wertigkeit aller auf ein Niveau zu heben, das von jedem individuell als annehmbar empfunden wird und das dem Einzelnen das Gefühl gibt, auf Augenhöhe mit allen anderen zu leben. Das ist sehr schwer, solange die Mama sagt: »Kind, deine Hände sind dreckig und schwarz«, solange der Papa schwarz arbeitet, ein anderer Schwarzgeld wäscht, solange ein Kind in die Dummenschule geht, die Wirtschaft schon seit einem Jahrhundert vor der »gelben Gefahr« warnt und sklavenähnliche Abhängigkeiten immer noch Realität sind.

Gesellschaftliche Kluften zu schließen, indem man nach Quote Arbeitsbereiche mit Personen unterschiedlicher Eigenschaftsprofile mischt, verursacht Stress. Stress belebt, aber nicht, wenn er bewusst und dauerhaft implementiert wird. Den neuen sozialverträglichen Menschen zu schaffen, das versuchten schon die Revoluzzer der 60er-Jahre und scheiterten kläglich an Egoismen, an Revierkämpfen im engen Kontakt des Kommunenalltags und an den zu unterschiedlichen Eigenschaften der Kommunarden.

Der geschilderte soziale Wandel hat überhaupt nur eine Chance realisiert zu werden, wenn der Mechanismus der Entlohnung befriedigend gelöst werden kann. Es ist einfach zu schreiben, dass ein Grundgehalt und Boni an alle bezahlt werden müssen. Wer oder was ist die Zahlstelle, wer erhält das durch Leistung erhaltene Geld, und wer zahlt es entsprechend dem hier skizzierten Modell aus? Vorgestellt wird ein hybrides Konstrukt, das schon teilweise besteht, und es liegt nahe, diese gewaltige Aufgabe an ein KI-System zu übertragen, dessen Algorithmen demokratisch gebilligt und überwacht werden. Die Interessen der Menschen in den Kategorien müssen parlamentarisch berücksichtigt werden. Ist das nicht weltfremd oder einfach nur absurd? Nicht ganz, denn in der Verwaltung werden schon jetzt die Vorteile der EDV in einem Umfang genutzt, der uns nicht bewusst ist. So erhält z. B. das Finanzamt elektronisch fast alle Information über steuerrelevante Kapitalflüsse – von Banken, Versicherungen, Renten u. a. – und weist sie den einzelnen Steuernummern zu, druckt diese auch auf Wunsch in die vom Steuerpflichtigen abzugebende Steuererklärung. Die also schon teilweise bearbeitete Erklärung wird dem Steuerpflichtigen elektronisch zugestellt, von ihm ergänzt und elektronisch an das Finanzamt geschickt. Der Rechner im Amt errechnet die Steuerschuld und bucht sie automatisch vom Konto des Steuerpflichtigen ab. Dieser Informationsfluss ist gewaltig und nur mit den vorhandenen Großrechnern und Druckmaschinen zu bewältigen. Da tippt kein Heer von Schreibkräften tagelang Texte. Das Beispiel zeigt: Es gibt bereits mehr als nur zarte Anfänge des bevorstehenden Wandels hin zu einer menschlichen hybriden Gesellschaft, wir sind bereits mitten drin. Schwarze Konten sind nur noch schwer zu implementieren und werden obsolet, und zwar genau an dem Tag, an dem es kein Papiergeld mehr geben wird.

Ganz allgemein wird der nötige nachhaltige mentale Wandel, der für den Erhalt einer fortgeschrittenen Hybridisierung erforderlich erscheint, nur durch zielgerichtete gesteuerte Wandlung des evolutionär geprägten menschlichen Genoms verwirklicht werden. Sobald die ethischen Aspekte ausdiskutiert sein werden, – und das wird voraussichtlich heftig werden –, werden Änderungen im Erbgut (freiwillig oder erzwungenermaßen) beginnen. Die Sehnsucht nach dem perfekten Kind – was auch immer gerade als perfekt gelten mag – ist naturgegeben. Wenn für die Wunschauslese geeignete Prozesse gegeben sein werden, werden Eltern das Recht, diese zu nutzen, vehement einfordern, ebenso wie das Recht, Kinder mit pränatal feststellbaren Behinderungen nicht in die Welt setzen zu müssen. Der Begriff »Behinderung« wird, wie schon jetzt, zu erbitterten Kontroversen führen. Sogenannte unethische Praktiken sind bereits gang und gäbe. In Indien werden erheblich mehr weibliche als männliche Föten abgetrieben, seit das Geschlecht pränatal bestimmt werden kann. So kamen 2001 im Punjab pro eintausend Jungen nur noch 793 der ungeliebten Mädchen zur Welt. »Bete zur Göttin«, sagen die schwangeren Frauen. Das bedeutet unumwunden: Töte den Fötus! (Jochen Buchsteiner, Frankfurter Allgemeine Zeitung, 30. November 2005, S. 9). In Deutschland kann eine Schwangerschaft relativ leicht abgebrochen, also bereits bestehendes gesundes Leben vernichtet werden, aber die pränatale Diagnose bezüglich Früherkennung von Erbkrankheiten ist faktisch nicht erlaubt. Widersprüchlicher geht es wohl kaum.

Das Gehirn selbst wird zukünftig mit Erfolg im positiven Sinne manipuliert werden. Der Sender 3SAT strahlte Anfang 2006 eine dreiteilige Serie über die Funktion des menschlichen Gehirns aus und befasste sich insbesondere mit dem Phänomen des schon beschriebenen Autismus. Die vorgestellten Fallbeispiele zeigten, dass das menschliche Gehirn, wenn man es dazu befähigt, prinzipiell Daten fehlerlos speichern kann, und dass es die Daten so schnell wie ein Computer verarbeitet. Wobei das »Man-befähigt-es« durch einen Unfall, einen Schlaganfall oder durch pränatale Einflussnahme ausgelöst sein kann. Ein gefürchteter Gewalttäter erlitt im Gefängnis einen Gehirnschlag, den er nicht nur überlebte, sondern der ihn zum friedfertigen, sehr begabten Maler und Dichter werden ließ. Ein Autist flog im Helikopter über Rom und konnte danach die überflogenen Gebäude detailgetreu zeichnen. Die Beispiele zeigen, dass unsere neuronalen Fähigkeiten noch nicht annähernd ausgeschöpft sind. Der Widerstreit der Großhirnrinde mit dem limbischen System wird schrittweise gemildert werden können.

Somit stellt sich die Frage einer ganz neuen Evolutionsmöglichkeit für die Menschheit: Soll der entwicklungsgeschichtlich bedingte Aufbau des menschlichen Gehirns unangetastet bleiben, oder aber greifen wir selbst ein, erfinden uns sozusagen immer schneller neu?

Weit im Vorfeld werden zuerst Konstrukte aus Nervengewebe und elektronischen Komponenten für Behinderte bereitgestellt werden können. Ansätze dafür sind z. B. in der Medizin sehr deutlich. Elektronische Chips als Sensoren und Brücken zum menschlichen informationsverarbeitenden Nervenapparat befinden sich bereits im Experimentalstadium. Im Technikmuseum in Wolfsburg kann man mit einer die Hirnströme registrierenden Binde um die Stirn eine Kugel gedanklich ins Ziel steuern, und zwar ohne auch nur einen Finger zu rühren. Der Gelähmte und der Blinde verfügen schon jetzt über denkgesteuerte Hilfsapparaturen zu ihrer Unterstützung, aber auch Schreibprogramme kommen ihnen zur Hilfe. Vermutlich schrieb der schwerbehinderte Astrophysiker Hawking seine Texte auf diese Weise.

Nicht zuletzt wird der Wunsch nach ewiger Jugend einige ethische Barrieren hinwegschwemmen. Sodann werden sich Schwerverbrecher (frei nach dem Motto: »Singer hat doch Recht, sie konnten nicht anders«) zu sozialverträglichen Mitgliedern der Gesellschaft umwandeln lassen – oder lassen müssen, was vermutlich billiger und menschlicher ist, als sie in überfüllten Haft- und Heilanstalten auf Kosten des Steuerzahlers unterzubringen.

Persönliche Klone als persönliches Reserve-Organlager sind wiederum wenig wahrscheinlich. Der wahrscheinlichere Weg, Fehlfunktionen und Ausfälle von Organen zu beseitigen, wird die Reproduktion von Organen durch Zellorganisation aus körpereigenen Zellkulturen sein. Dafür gibt es jetzt schon Beispiele.

Damit das hybride System überhaupt über längere Zeiträume lebensfähig bleibt, müssen dem Menschen, wie schon mehrfach erwähnt, weitergehende Verbesserungen des sozialen Verhaltens in die Gene eingeschrieben werden.

Eng damit verbunden sind allerdings ein erheblicher Verlust an persönlicher Freiheit sowie eine Wandlung der gesellschaftlichen Normen. Hier die Prognose des Autors: Die Menschheit wird das nicht nur akzeptieren müssen, sie wird es sogar wollen. Die menschliche Kreativität wird mit Gewalt die bereitstehenden Möglichkeiten bis hin zu künstlich erzeugtem Leben nutzen. Menschenrechte hin, Menschenrechte her, zukünftige Regierungen – mit ihrem zu jedem zukünftigen Zeitpunkt determinierten Wissen – werden durch die Ereignisse gezwungen werden, eine diesbezügliche Entwicklung zu fördern anstatt sie zu bremsen. Wer weiß schon genau, was in der Zukunft nötig sein wird. Nach Coyne (s.a. Kapitel 18) weiß nicht einmal Gott, was nicht gewusst werden kann.

Schon in naher Zukunft wird sich ein unvermeidlicher Eingriff in das menschliche Erbgut als Folge der vom Menschen selbst unterdrückten Auslese der Fittesten ergeben. Ein Teil der Menschheit hat nur ein bis zwei Kinder, die, gleichgültig wie lebenstauglich sie sind, bis ins hohe Alter gedopt mit Medikamenten am Leben erhalten werden. Ein anderer Teil hat dagegen noch sieben bis zehn und mehr Kinder, die nicht zuletzt aufgrund der verbesserten Fürsorge durch Familie, aber auch durch die WHO und durch andere Organisationen mehrheitlich das Erwachsenenalter erreichen. Ein Ausleseeffekt findet also auch bei dieser Gruppe nicht mehr statt. In den Folgegenerationen reichert sich dadurch fehlerhaftes Erbgut zwangsläufig an.

Angesichts dieses Dilemmas bleiben nur zwei Möglichkeiten: Entweder stellen wir der Medizin unbegrenzt Mittel zur Behandlung einer exponentiell steigenden Zahl nicht fitter Menschen zur Verfügung, oder aber die Mittel werden genutzt, um Technologien zu entwickeln, deren Aufgabe es sein wird, Erbgut zu reparieren anstatt Föten zu töten. Das genetische Programm »Reparieren«, heißt in der Gilde der EDV-Programmierer: »Bugs (Fehler) eliminieren«. Deutschland ist diesbezüglich besonders engstirnig. Aber es erheben sich auch Stimmen dagegen. Am 13. Februar 2011 erschien in der Frankfurter Allgemeinen Sonntagszeitung auf Seite 53 ein Artikel mit dem Titel: »Meine Gene deine Gene«. Dort steht zu lesen, dass jeder Mensch in seinem Erbgut Fehler trägt. Wenn zwei Fehler in einer Partnerschaft zusammenkommen, können schwerbehinderte Kinder geboren werden. Soll man das aber testen, noch ehe sie gezeugt werden? Tests, mit denen das möglich ist, werden vorgestellt. Das schlimme Wort Eugenik wird genannt und gesagt, dass wissenschaftlich begründete Eugenik jetzt nicht mehr Science-Fiction sei, und dass ferner bei Untersuchungen von Erbgut im Durchschnitt pro Teilnehmer knapp drei Mutationen aus dem Katalog des Schreckens gefunden wurden. Der Autor dieser Schrift (Siegbert Gorbach) hat am 7. Mai 1994 in einem in der Frankfurter Allgemeinen Zeitung veröffentlichten Leserbrief auf die Problematik der Zunahme von fehlerhaften Genen hingewiesen und dazu ermahnt, die Forschungen auf diesem Gebiet nicht länger zu behindern. Durch den oben genannten Artikel wird seine Forderung gestützt.

Das beschriebene Supergehirn wird vielleicht den schon voraussehbaren Kollaps unserer Gesellschaft verhindern können, wenn entartete (Achtung Unwort!) Gehirne frühzeitig daran gehindert werden, ihren zerstörerischen Einfluss zu entfalten. Ob wir es wollen oder nicht, wir müssen uns auf die Selektion (Zuchtwahl) verträglicher menschlicher Objekte ernsthaft vorbereiten. Mit allen biologischen Wesen, die uns dienen müssen, haben wir das bereits exzessiv getan. Nachdem aber Verhaltensforscher zunehmend – sagen wir einmal salopp – das Seelenleben der tierischen Lebenswelten enthüllen und nachweisen, dass sie Sprachen sprechen und dass sie alle ein Bewusstsein besitzen, dessen Umfang durch die Attribute ihres Lebens gegeben ist, beginnen wir, nicht zuletzt dank unermüdlicher Naturforscher, allmählich zu verstehen: Es ist für uns mehr als peinlich, ja sogar unethisch, Kühe in Milchfabriken umzufunktionieren, indem wir sie lebenslang KI-gesteuert vom Käfig mit Energietankstelle zur Melkmaschine und wieder zurückschicken. Auch Fleischfabrikationsstraßen, wo am Fließband Schweine in Massentierhaltung produziert, geschlachtet, mundgerecht konfektioniert und als Massenware an die unkontrolliert wachsende Masse Mensch verfüttert werden, sind unethisch.

Nur ein Aspekt soll die Größe der übrigen nicht minder wichtigen Probleme veranschaulichen: Ein in etwa ausgeglichener Wohlstand aller Menschen im Kollektiv muss gewährleistet sein, damit die von Funk und Fernsehen bis in die letzte Hütte verbreiteten Bilder vom Wohlleben und vom zügellosen Treiben der »Reichen« (das man vordergründig verachtet, zugleich aber für sich selbst glühend wünscht) nicht zu kritischen sozialen Unruhen führen, die das hybride Gebilde zerstören können.

Jedenfalls nützen die Nahrungsmittelhilfen der Hilfsindustrie, die einer Bevölkerungsgruppe das Überleben für das nächste und auch für die folgenden Jahre garantieren, wenig. Die Unterstützten werden frohgemut ihre Anzahl verdoppeln und verdreifachen und verzweifelt die proportional wachsende Unterstützung einfordern. Die »Hilfsindustrie« zeigt in einem Spendenaufruf eine wimmelnde Schar großäugiger Kinder um einen hageren Mann, der im Interview darauf hinweist, dass er seine zehnköpfige Familie von dem von ihm bewirtschafteten Flecken Land nicht ernähren kann, und der betont, dass er dringend Hilfe von den Reichen (mit nur ein bis zwei Kindern) benötigt. Solche Situationen sind real und erschütternd, aber kalten Herzens betrachtet sind sie eine Zumutung, denn: Wie kann ein Familienvater es wagen, 10 Kinder zu zeugen, die er absehbar nicht versorgen kann? Und wie kann er noch dazu die Bevölkerung der Welt auffordern, die Menschenrechte befolgend die Kosten für die Entwicklung dieser Kinder zu tragen? Der Mann müsste eigentlich wissen, dass seine Ressourcen niemals ausreichen werden, um alle Familienmitglieder, wenn sie denn überleben, ausreichend zu versorgen, und dass praktisch 90% seiner Nachkommen irgendwann abwandern werden müssen. Aber wohin? Natürlich in die Megastädte, und mit Vorliebe in die der überalterten Gesellschaften. Eine Migration in einen mit Pulver, Blei und Seuchen fast leergefegten amerikanischen Kontinent ist nicht mehr möglich, und so leicht lässt sich auch kein Kontinent mehr leerfegen. Die Zukunft der Menschheit ist nicht ohne drastische Beschränkungen der persönlichen Freiheiten gesichert. Da müssen einige veraltete und untaugliche Grundgesetze gründlich umgeschrieben werden.

Die Aufstände im arabischen Raum 2011 sind erste bedeutungsvolle Anzeichen für einen Wunsch nach einem grundlegenden sozialen und gesellschaftlichen Wandel. Dort entdecken Völker mit einem relativ hohen Anteil an gut ausgebildeten Jugendlichen plötzlich ihr Defizit in Bezug auf ihre industrielle Entwicklung. Ein Defizit, das zum Entsetzen der jungen Betroffenen weder von Diktatoren noch von Demokraten und schon gar nicht per Revolution beseitigt werden kann. Religiöser Fatalismus deckt hie und da noch so manches zu, aber wie lange noch?

Wie störanfällig und in der Folge doch auch flexibel und wandelbar das schon bestehende System sich angesichts eines der wahrscheinlichsten Störfaktoren erweist, das zeigt die Covod-19-Pandemie von 2020/2021. Sie verdeutlichte, wie vorteilhaft eine weltweite intelligente Vernetzung der EDV (globales Gehirn) für die menschliche Gesellschaft ist. Die Pandemie fegte Büros, Festhallen, Opern, Hotels, Gaststätten und Hörsäle fast leer, aber die Wirtschaft insgesamt kollabierte nicht. Die Grundversorgung der Bevölkerung mit Lebensmitteln und Produkten von Gütern der Großindustrie blieb weitgehend erhalten, und zwar dank der Automation und der EDV, die bereits implementiert waren. Online wurde von zu Hause die Grundversorgung organisiert und der Einsatz von Personen und Kontakten auf ein Minimum reduziert. Damit wurde zum Entsetzen vieler die verfassungsrechtlich garantierte Freiheit des Einzelnen dramatisch eingeschränkt. Es zeigte sich ein durchaus wahrscheinliches, aber noch sehr mildes Bild der zukünftigen menschlichen Massengesellschaft.

26 Fazit

Leben ist Physik, Chemie, Information, Geist, und entsprechend der Definition von Erwin Schrödinger ein thermodynamischer Prozess. Vor allem ist Leben aber Bewusstsein und Geist, gebildet aus dem gewaltigen Fluss von Information. Der gealterte Quantenphysiker Max Planck schrieb 1944 sein Fazit. Wenn man es liest und dabei Geist als Information begreift, die ohne physischen Träger nicht existiert (s.a. Kapitel 11), dann ist das, was er mitteilte, im vorliegenden Kontext stimmig. Hier das Zitat: »Da es im ganzen Weltall aber weder eine intelligente Kraft noch eine ewige Kraft gibt (es ist der Menschheit nicht gelungen, das heißersehnte Perpetuum Mobile zu erfinden), so müssen wir hinter dieser Kraft einen bewussten intelligenten Geist annehmen. Dieser Geist ist der Urgrund aller Materie. Nicht die sichtbare, aber vergängliche Materie ist das Reale, Wahre, Wirkliche. Die Materie bestünde ohne den Geist überhaupt nicht, sondern der unsichtbare, unsterbliche Geist ist das Wahre. Da es aber Geist an sich ebenfalls nicht geben kann, sondern jeder Geist einem Wesen (Materie-Energie) zugehört, müssen wir zwingend Geistwesen annehmen. Da aber auch Geistwesen nicht aus sich selber sein können, sondern geschaffen werden müssen, so scheue ich mich nicht, diesen geheimnisvollen Schöpfer ebenso zu benennen, wie ihn alle Kulturvölkern der Erde früherer Jahrtausende genannt haben: Gott.« So ähnlich sagte es schon Nicolaus von Kues (s. Kapitel 18). Das ist Pantheismus, sehr unpersönlich und ziemlich gleichgültig in Bezug auf das Leben, und erst recht einzelnes Leben.

Im Vergleich zur Temperatur der hell leuchtenden Sterne ist Leben nur im Tiefkühlraum des Universums bei etwa 300 +/- 30 Kelvin möglich, da die für das Leben erforderlichen Eigenschaften biologischer Materie nur in diesem schmalen Temperaturbereich gegeben sind, und damit der unveränderbare Rahmen für biotische Existenz. Die physikalisch-chemischen Gegebenheiten sind auf unserer Erde schon so lange erfüllt, dass aus unbelebter Materie belebte entstehen konnte. So unwahrscheinlich die dafür notwendigen chemischen Reaktionen auch gewesen sind, sie ereigneten sich, weil sie auf Grund des zum jeweiligen Zeitpunkt existierenden chemischen

Reaktionsumfeldes möglich waren. Die für das Leben naturgegebenen physikalisch-chemischen Rahmenbedingungen determinieren das für uns erreichbare materielle Limit, das auch unser geistiges ist, denn Geist kann nur materiell artikuliert werden: akustisch, symbolisch, z.b. als Folge von Bits, Schrift, Bild, aber auch als Figur und in Form sakraler Bauten. Auch das metaphysisch gedachte Paradies ist nur physisch vorstellbar und kann nur physisch artikuliert werden: ewige Jagdgründe, silbrige Bäche in grünen Wiesen, Treffen im Himmel mit seinen Lieben usw. Selbst das Eingehen in das Nichts wird zum besonderen Nirwana, denn ein »Nichts« ist kein Nichts, wenn irgendetwas darin eingeht.

Sofern keine neueren nachprüfbaren Erkenntnisse veröffentlicht werden, haben wir in unserem Universum keinen immateriellen Zufluchtsort. Auch bleibt die Materie, aus der wir zum Zeitpunkt unseres Todes bestanden, bis zum letzten Atom erhalten, das Bewusstsein und das Geistige dagegen nicht, sie erlöschen. Daran muss sich die Menschheit nicht nur gewöhnen, sie muss auch lernen, damit zu leben. Vielleicht kann hier ja die Philosophie helfen.

Akut hat die Menschheit nicht nur das spirituelle Problem zu lösen, sondern einige materielle Probleme, denn die Anzahl an Menschen hat sozusagen ein Allzeithoch erreicht.

Es wurde versucht, anhand dieser Schrift darzulegen, dass wir mit der von uns geschaffenen Technik bereits ein untrennbares hybrides Gebilde sind, das technisch sehr wohl in der Lage wäre, für die angewachsene Weltbevölkerung den Bedarf an Gütern und Energie auf Dauer zu gewährleisten, ohne die natürlichen Ressourcen zu erschöpfen. Ob vom Menschen mehr oder weniger beschleunigt, es werden Eiszeiten und Heißzeiten kommen und gehen, wie schon seit Milliarden Jahren. Sie zu überleben ist prinzipiell möglich, denn sonst gäbe es uns heute nicht. Nach einer relativ kurzen Evolutionszeit hat der Mensch ein Muster von Eigenschaften erworben, das ihm bisher nicht nur das Überleben in der jeweils gegebenen, aber nicht verstandenen Natur ermöglichte, sondern das ihn auch an die Spitze der Nahrungskette stellte. Auf der Basis der innerhalb von 2,5 Jahrhunderten erworbenen naturwissenschaftlichen Erkenntnisse konnte der Mensch technische Hilfsmittel erschaffen, die es ihm zumindest theoretisch gestatten, selbst extremen Veränderungen seiner Umwelt dauerhaft zu begegnen und dabei sogar den erreichten Wohlstand zu gewährleisten. Der Begriff theoretisch impliziert an dieser Stelle, dass die Wahrscheinlichkeit, das Mögliche zu erreichen, vom Autor als nicht sehr hoch eingeschätzt wird. Es gibt real existierend Lebewesen, die ihre Art über Millionen Jahre hinweg erhalten haben, z.B. die Kellerassel. Ihre Lebensbedingungen hinsichtlich Kost, Logis und kultureller Entfaltung waren und sind allerdings nicht gerade anspruchsvoll.

Will die Menschheit auch nur annähernd ihre Existenz über sehr lange Zeiträume sichern, so muss sie ihr Eigenschaftenmuster bedeutend verändern und die erschaffene Technik konsequent dafür einsetzen. Allerdings ist es vorerst aussichtslos zu hoffen, dadurch globale Klimaschwankungen verhindern zu können. Wir müssen uns vielmehr darauf konzentrieren, Überlebestrategien zu ersinnen, die auch künstliche Umweltbedingungen in glühend heißen Wüsten oder unter kilometermächtigen Eisschilden der nächsten Eiszeit mit einbeziehen. Die technischen Voraussetzungen, um geeigneten Wohnraum über, aber auch unter der Erde mit geeigneten Klimabedingungen zu schaffen, besitzt die Menschheit. Selbst einer Blockade des Zugangs zu klassischen Lebensmitteln kann dank der chemischen Technologie (Synthese von Lebensmitteln) nicht nur theoretisch begegnet werden (s.a. Kapitel 24). Wie schon so oft in diesem Text betont wurde: Voraussetzung dafür ist ein freier Zugang zu Energie. Auch wenn, wie beschrieben, der von uns nutzbare Anteil der eingestrahlten Sonnenenergie einstweilen nur theoretisch dafür hinreichend ist, könnte es notwendig werden, ihn – den Zugang zu Energie – mit Hilfe der Atomenergie zu potenzieren (z.B. durch notwendig werdende Klimaanlagen für alle und unter allen Klimabedingungen). Hingegen wäre es voreilig, extrem unsozial und derzeit wenig hilfreich, jetzt schon damit zu beginnen, Energie und technisches Gerät für die Erschließung von Zufluchtsorten im erdnahen Universum, z.B. auf dem Mars, für wenig Auserwählte abzuzweigen. Bis die Erde so öde und lebensfeindlich wie der Mars werden wird, würde mehr Zeit vergehen als die Menschheit für sich überhaupt erhoffen darf.

Die existenzgefährdende Größe für den Menschen ist er selbst.

Die Evolution schuf mit den Menschen Gehirne, die ein ausgeprägtes Selbstbewusstsein ermöglichen, abstrakt denken können und immer mehr Antworten auf die zentrale faustische Frage finden: »Was ist es, was die Welt im Innersten zusammenhält?« Antworten darauf wurden in dieser Schrift schon gegeben. Nun weiß der Mensch schon viel und nutzte sein Wissen und er hat sich bezüglich des biologischen Postulats: »Fressen und gefressen werden« zumindest letzterem nachhaltig entzogen. Aber entwicklungsgeschichtlich gehört der Mensch zu der Art Säugetier, die in hierarchisch strukturierten Rudeln/Familien/Stämmen lebten. Das Alphaindividuum, aber auch jedes Mitglied des Rudels muss seinen Platz in der Hierarchie stets aufs Neue gegen nachwachsende Konkurrenten behaupten und wird dabei zwangsläufig irgendwann zum Versager. Vereinigen sich einige Rudel/Stämme zu einem Volk, so potenzieren sich die Zahl der nach Macht Strebenden und die damit verbundenen Probleme. Ein Volk hat andere Eigenschaften als ein Rudel/Stamm, besteht aber aus Mitgliedern unterschiedlicher Rudel/Stämme, deren genetisch eingeschriebene Eigenschaften verbleiben und unbewusst Ursache vieler positiver als auch negativer Wirkungen sind. Und weil das so ist, ist der Mensch in dem geschaffenen Mensch-Technik-Hybriden die eingebaute Bruchstelle. Um den Hybriden über lange Zeiträume – und das sollte doch unser Ziel sein – halbwegs störungsfrei am Leben zu erhalten, muss die menschliche Gesellschaft einige Eigenschaften dauerhaft eliminieren und andere Eigenschaften implementieren. Schon Erwin Schrödinger schrieb in der bereits erwähnten Abhandlung über Materie und Geist in der Sprache seiner Zeit, aber doch in Übereinstimmung mit dem Autor hierzu: »… sehe ich aber ein Anzeichen dafür, dass wir am Beginn einer biologischen Umbildung von egoistischer zu altruistischer Einstellung stehen, einer Umbildung des Menschen zu einem »animal sociale«. Für das einzeln lebende Tier ist der Egoismus eine arterhaltende Tugend, wird aber artschädlich für das in Gemeinschaft lebende. Eine Tierart, die zur Staatenbildung schreitet, ohne den Egoismus einzuschränken, wird zugrunde gehen. Phylogenetisch weit ältere Staatenbildner, z.B. die Ameisen, Termiten, Bienen, haben ihn längst abgelegt. Dagegen ist bei ihnen die nächste Stufe, der Nationalegoismus, oder kurz Nationalismus, noch voll im Schwung.«

Die Ameisen sind befähigt, in sehr großer Zahl hinreichend störungsfrei zusammen zu leben und unermüdlich und widerspruchslos ihre zugewiesene Aufgabe in der Masse aller Ameisen zu erledigen. Entwicklungsgeschichtlich ist der Mensch zu einem derart determinierten Leben nicht befähigt.

Darüber nachzudenken, wie das Dilemma in einer globalisierten vernetzten Welt eliminiert werden könnte, war das Ziel auch dieses Buches. Aber die Analyse der realen Situation führte eigentlich zu dem Schluss: Das Dilemma ist dem menschlichen Leben immanent. Es kann eigentlich nur gelöst werden, wenn das Muster der menschlichen Eigenschaften umprogrammiert wird: eine Forderung, die hier zu stellen eigentlich überflüssig ist, denn sie kann derzeit nicht realisiert werden. Die zunehmende Dominanz der KI könnte hilfreich sein, schafft aber zusätzliche Probleme. Sie vermindert die soziale Homogenität durch die Erfordernisse der differenzierten Eigenschaftsmuster im Erwerbsleben. Lösungswege sind z.B. urchristliche, aber auch kommunistische Ansätze, die jedoch in der Praxis am oben beschriebenen persönlichen Machtstreben und an der Treue des Einzelnen zum Clan (Rudel) bisher scheitern.

Fakt ist: Die menschliche Gesellschaft wird einen Paradigmenwechsel hinnehmen müssen, um ihren Zusammenbruch zu verhindern. Der Mensch hat nach einem Zusammenbruch des jetzt schon bestehenden hybriden Gebildes durchaus noch eine Chance, weiter zu existieren, der Maschinenpark in der bestehenden Qualität jedoch vermutlich nicht. Die Lebensqualität würde sich von der jetzt gewohnten dramatisch unterscheiden und die Artengesellschaft ganz neu formatieren. Die Lebenserwartung der Menschen würde sinken, und nicht das Auto, sondern der Wolf im Walde oder irgendein anderer »Wolf« würde von der dann noch sehr jungen, aber schon gebrechlichen Großmutter den lauschenden, nicht am Computer spielenden Kindern als sehr gefährlich für Leib und Leben beschrieben. Die Hirten würden ihre Schafe durch den überwachsenen Technikmüll und die himmelhohen Ruinenstädte ebenso unwissend treiben wie weiland die Hirten ihre Schafe inmitten der Ruinen der prächtigen Welt des antiken Rom. Die Kellerasseln hingegen würden unverdrossen so weiter leben wie schon seit Millionen Jahren. Diejenigen, die Gott/ Götter als »spiritus rector» nicht fallen lassen können, sind im Recht, solange

sie ihn als denjenigen anerkennen, der ihnen die Naturgesetze als unabdingbare Rahmenbedingungen gab, denen keiner entrinnen kann, und solange sie
Gott im Sinne des Evangelisten Johannes als Logos begreifen.

Anhang: Literaturverzeichnis, Index, Dimensionen, Hinweise

Hinweis zum Literaturverzeichnis

Die im Literaturverzeichnis aufgelisteten Zitate sind im Text mit Namen und Jahreszahl kursiv gekennzeichnet. Häufig war es angezeigt, die Literaturstelle in den Textfluss einzubinden. In diesen Fällen sind die Autorennamen nicht kursiv gedruckt. Wissen, das in Enzyklopädien jedermann offen zugänglich ist, wurde frei verarbeitet.

Bazanella, A. D., Krämer, D., Peters, M. (2010):
Nachrichten aus der Chemie,
58, Heft 12, S. 1226 – 1230, 2010

Blackmore, S. (1999):
The Meme Machine. Oxford University Press, 1999

Brockhaus Multimedial (2004):
Bibliographisches Institut & F. A. Brockhaus AG, 2004

Cramer, St., Weyer, J. (2007):
Interaktion, Risiko und Governance in hybriden Systemen.
Dolata, U., Werle, R. (Hg.):
Gesellschaft und die Macht der Technik.
Sozioökonomischer und institutioneller Wandel Technisierung
Campus, Frankfurt a.M., S. 267-286, 2007

Cusanus, Nicolaus (2005):
Philosophische und theologische Schriften, auf der Grundlage der Übersetzung von Anton Scharpff,
Wiesbaden, 2005, ISBN 3-86539-009-9, S. 119

Dawkins, R. (1976):
The Selfish Gene. Oxford University Press, 1976

Dawkins, R. (2006):
The God Delusion. Bantam Press, London, 2006

Dawkins, R. (2007):
Der Gotteswahn. Ullstein Buchverlag GmbH, Berlin, 2007

Federsel, Ch., Jackstell, R., Beller, M. (2010):
Angewandte Chemie 122, 6392 – 6395, August 23, 2010

Friederici, A. D. (2010):
Spektrum der Wissenschaft, Januar 2010, S. 70

Gorbach, S. (2012):
Über 80, über das Selbst, über Gott und eine neue Welt
epubli GmbH.

Haile, S. M., Steinfeld, A. (2010):
Sience, Vol. 220, no. 6012, S. 1797 ff, 2010

Hawking, St., Mlodinow, L. (2010):
Der Große Entwurf. Rowohlt, 2010

Hofstadter, D. R. (1985):
Goedel, Escher, Bach, Endloses Geflochtenes Band.
Klett-Cotta, Stuttgart, 1985

Krempl, St. (1997):
www.viadrina.euv-frankfurt o.de/~sk/505e97/infosoc/
DefInfo.html, mit dem Titel: Rätsel, Information,
Geheimnis des Wissens

Libet, B. (1985):
The Behavioral and Brain. Sciences 8, 529 ff, 198

McGinn, C. (1998):
Can We Solve the Mind-Body Problem?
Mind 98, S. 349-66, 1998

Metzinger, T. (1999):
Subjekt und Selbstmodell: Die Perspektivität des phänomenalen Bewusstseins vor dem Hintergrund einer naturalisti-
schen Theorie mentaler Repräsentation.
mentis, Paderborn 1999

Moser, F. (1989):
Bewusstsein in Raum und Zeit.
Lykam, Buchverlagsgesellschaft m.b.H., Graz

Nagel, Th. (1974):
Wie fühlt es sich an. eine Fledermaus zu sein?
The Philosophical Review . Vol. 83, No. 4, pp. 435-450

Newberg, A., Rause, V. (2003):
Der gedachte Gott. Piper 2003

Nicolaus von Kues, siehe unter Cusanus, Nicolaus

Paeger, J., 2006 – 2009.
Ökosystem Erde. www.kosystem-erde.de

Pauen, M. (2001):
Grundprobleme der Philosophie des Geistes.
Fischer Taschenbuchverlag GmbH 2001

Ruder, H., Nollert, H.-P. (2005):
Spektrum der Wissenschaft, Juli 2005, 56 – 65

Seebaß, G. (1993):
Freiheit und Determinismus.
Zeitschrift für philosophische Forschung 47, 1-22 und
223-245, 1993

Shannon, C. E. (1948):
A mathematical theory of communication.
Bell System Tech. J. 27, 379 – 423, 623 – 656, 1948

Singer, W. (2004):
Frankfurter Allgemeine Zeitung, Nr. 6, S. 33, 2004

Süsskind, L. Das Informationsparadoxon bei Schwarzen Löchern.
Spektrum der Wissenschaft, 01 06 1997

Turing, A. (1950):
Computing Machinery and Intelligence.
Mind 59, S. 433 ff, 1950

Volkmer, M. (2007):
Basiswissen Kernenergie.
www.kernfragen.de/kernfragen/documentpool/
018 basiswissen2007.pdf

Wiener, N. (1948):
Cybernetics or Control and Communication in the Animal
and the Machine.
2nd ed. Cambridge, MA, MIT Press, 1948

Dimensionen

Atto 10^{-18} = 0,000 000 000 000 000 001

Femto 10^{-15} = 0,000 000 000 000 001

Pico 10^{-12} = 0,000 000 000 001

Nano 10^{-9} = 0,000 000 001 (ppb = Part per billion)

Mikro 10^{-6} = 0,000 001 (ppm =parts per million)

Milli 10^{-3} = 0,001

Einheit 10^{0} = 1

Kilo 10^{3} = 1 000

Mega 10^{6} = 1 000 000

Giga 10^{9} = 1 000 000 000

Tera 10^{12} = 1 000 000 000 000

Peta 10^{15} = 1 000 000 000 000 000

Exa 10^{18} = 1 000 000 000 000 000 000

Einige häufig benutzte Beziehungen:

1 Jahr (a) hat 31.536.000 Sekunden

1 Stunde (h) hat 3.600 Sekunden

1 Kalorie (cal) = 4.19 Joule (1/4,19*3600 kWh)

1 Wattsekunde (Ws) = $2,78*10^{-7}$ kW

Hinweis:

Beim Umrechnen einer Menge in verschiedene Einheiten muss beachtet werden, dass die Menge, die angegeben wird, unverändert bleibt. Z.B. Energie

(Joule J = Ws). 1J = 1W*1s = 1/1000 kWs = 1/1000*3600 kWh = 1/4,19 cal = 1/4,19*1000 kcal usw. Jeder Ausdruck repräsentiert je 1 Joule.

Umgekehrt: kWh in Joule: Die Weltbevölkerung nutzte 2017 für sich 122*1015kWh = 122*1015*1000*3600 Ws = 4,39*1023 Ws = 4,39 1023 J.

Hilfreich zum Verständnis der Energieformen sind die folgenden Beziehungen:

Menge der transportierten Energie E

Menge Potenzial: SI Einheit

Volumen	Druck N*m = J
Elektrische Ladung	Elektrisches Potenzial I*V = J
Impuls	Geschwindigkeit N*m*s = J
Entropie	Temperatur. S*T = J
Stoffmenge	Chemisches Potenzial. S*mol = J

Index